Mythologies

Roland Barthes

Mythologies

Éditions du Seuil

Le monde où l'on catche a été publié dans *Esprit*,
L'Écrivain en vacances dans *France-Observateur*,
et les autres mythologies dans *Les Lettres nouvelles*.

TEXTE INTÉGRAL

ISBN 2-02-000585-9
(ISBN 2-02-002582-5, 1ʳᵉ publication)

© Éditions du Seuil, 1957

Les textes des *Mythologies* ont été écrits entre 1954 et 1956 ; le livre lui-même a paru en 1957.

On trouvera ici deux déterminations : d'une part une critique idéologique portant sur le langage de la culture dite de masse ; d'autre part un premier démontage sémiologique de ce langage : je venais de lire Saussure et j'en retirai la conviction qu'en traitant les « représentations collectives » comme des systèmes de signes on pouvait espérer sortir de la dénonciation pieuse et rendre compte *en détail* de la mystification qui transforme la culture petite-bourgeoise en nature universelle.

Les deux gestes qui sont à l'origine de ce livre – c'est évident – ne pourraient plus être tracés aujourd'hui de la même façon (ce pour quoi je renonce à le corriger) ; non que la matière en ait disparu ; mais la critique idéologique, en même temps que l'exigence en resurgissait brutalement (mai 1968), s'est subtilisée ou du moins demande à l'être ; et l'analyse sémiologique, inaugurée, du moins en ce qui me concerne, par le texte final des *Mythologies*, s'est développée, précisée, compliquée, divisée ; elle est devenue le lieu théorique où peut se jouer, en ce siècle et dans notre Occident, une certaine libération du signifiant. Je ne pourrais donc, dans leur forme passée (ici présente) écrire de nouvelles mythologies.

Cependant, ce qui demeure, outre l'ennemi capital (la Norme bourgeoise), c'est la conjonction nécessaire de ces deux gestes : pas de dénonciation sans son instrument d'analyse fine, pas de sémiologie qui finalement ne s'assume comme une *sémio-clastie*.

R. B.
Février 1970

Avant-propos

Les textes qui suivent ont été écrits chaque mois pendant environ deux ans, de 1954 à 1956, au gré de l'actualité. J'essayais alors de réfléchir régulièrement sur quelques mythes de la vie quotidienne française. Le matériel de cette réflexion a pu être très varié (un article de presse, une photographie d'hebdomadaire, un film, un spectacle, une exposition), et le sujet très arbitraire : il s'agissait évidemment de mon actualité.

Le départ de cette réflexion était le plus souvent un sentiment d'impatience devant le « naturel » dont la presse, l'art, le sens commun affublent sans cesse une réalité qui, pour être celle dans laquelle nous vivons, n'en est pas moins parfaitement historique : en un mot, je souffrais de voir à tout moment confondues dans le récit de notre actualité, Nature et Histoire, et je voulais ressaisir dans l'exposition décorative de ce-qui-va-de-soi, l'abus idéologique qui, à mon sens, s'y trouve caché.

La notion de mythe m'a paru dès le début rendre compte de ces fausses évidences : j'entendais alors le mot dans un sens traditionnel. Mais j'étais déjà persuadé d'une chose dont j'ai essayé ensuite de tirer toutes les conséquences : le mythe est un langage. Aussi, m'occupant des faits en apparence les plus éloignés de toute littérature (un combat de catch, un plat cuisiné, une exposition de plastique), je ne pensais pas sortir de cette sémiologie générale de notre monde bourgeois, dont j'avais abordé le versant littéraire dans des essais précédents. Ce n'est pourtant qu'après avoir exploré un certain nombre de faits d'actualité, que j'ai tenté de définir d'une façon méthodique le mythe contemporain : texte que j'ai laissé bien entendu à la fin de ce volume, puisqu'il ne fait que systématiser des matériaux antérieurs.

Ecrits mois après mois, ces essais ne prétendent pas à un développement organique : leur lien est d'insistance, de répétition. Car je ne sais si, comme dit le proverbe, les choses répétées plaisent, mais je crois que du moins elles signifient. Et ce que j'ai cherché en tout ceci, ce sont des significations. Est-ce que ce sont mes *significations ? Autrement dit, est-ce qu'il y a une mythologie du mythologue ? Sans doute, et le lecteur verra bien lui-même mon pari. Mais à vrai dire, je ne pense pas que la question se pose tout à fait de cette façon. La « démystification », pour employer encore un mot qui commence à s'user, n'est pas une opération olympienne. Je veux dire que je ne puis me prêter à la croyance traditionnelle qui postule un divorce de nature entre l'objectivité du savant et la subjectivité de l'écrivain, comme si l'un était doué d'une « liberté » et l'autre d'une « vocation », propres toutes deux à escamoter ou à sublimer les limites réelles de leur situation : je réclame de vivre pleinement la contradiction de mon temps, qui peut faire d'un sarcasme la condition de la vérité.*

R.B.

1

Mythologies

Le monde où l'on catche

... La vérité emphatique du geste dans les grandes circonstances de la vie.

(Baudelaire)

La vertu du catch, c'est d'être un spectacle excessif. On trouve là une emphase qui devait être celle des théâtres antiques. D'ailleurs le catch est un spectacle de plein air, car ce qui fait l'essentiel du cirque ou de l'arène, ce n'est pas le ciel (valeur romantique réservée aux fêtes mondaines), c'est le caractère dru et vertical de la nappe lumineuse : du fond même des salles parisiennes les plus encrassées, le catch participe à la nature des grands spectacles solaires, théâtre grec et courses de taureaux : ici et là, une lumière sans ombre élabore une émotion sans repli.

Il y a des gens qui croient que le catch est un sport ignoble. Le catch n'est pas un sport, c'est un spectacle, et il n'est pas plus ignoble d'assister à une représentation catchée de la Douleur qu'aux souffrances d'Arnolphe ou d'Andromaque. Bien sûr, il existe un faux catch qui se joue à grands frais avec les apparences inutiles d'un sport régulier ; cela n'a aucun intérêt. Le vrai catch, dit improprement catch d'amateurs, se joue dans des salles de seconde zone, où le public s'accorde spontanément à la nature spectaculaire du combat, comme fait le public d'un cinéma de banlieue. Ces mêmes gens s'indignent ensuite de ce que le catch soit un sport truqué (ce qui, d'ailleurs, devrait lui enlever de son ignominie). Le public se moque complètement de savoir si le combat est truqué ou non, et il a raison ; il se confie à la première vertu du spectacle, qui est d'abolir tout mobile et toute conséquence : ce qui lui importe, ce n'est pas ce qu'il croit, c'est ce qu'il voit.

Ce public sait très bien distinguer le catch de la boxe ; il sait que la boxe est un sport janséniste, fondé sur la démonstration d'une excellence ; on peut parier sur l'issue d'un combat de boxe : au catch, cela n'aurait aucun sens. Le match de boxe est une histoire qui se construit sous les yeux du spectateur ; au catch, bien au contraire, c'est chaque moment qui est intelligible, non la durée. Le spectateur ne s'intéresse pas à la montée d'une fortune, il attend l'image momentanée de certaines passions. Le catch exige donc une lecture immédiate des sens juxtaposés, sans qu'il soit nécessaire de les lier. L'avenir rationnel du combat n'intéresse pas l'amateur de catch, alors qu'au contraire un match de boxe implique toujours une science du futur. Autrement dit, le catch est une somme de spectacles, dont aucun n'est une fonction : chaque moment impose la connaissance totale d'une passion qui surgit droite et seule, sans s'étendre jamais vers le couronnement d'une issue.

Ainsi la fonction du catcheur, ce n'est pas de gagner c'est d'accomplir exactement les gestes qu'on attend de lui. On dit que le judo contient une part secrète de symbolique ; même dans l'efficience, il s'agit de gestes retenus, précis mais courts, dessinés juste mais d'un trait sans volume. Le catch au contraire propose des gestes excessifs, exploités jusqu'au paroxysme de leur signification. Dans le judo, un homme à terre y est à peine, il roule sur lui-même, il se dérobe, il esquive la défaite, ou, si elle est évidente, il sort immédiatement du jeu ; dans le catch, un homme à terre y est exagérément, emplissant jusqu'au bout la vue des spectateurs, du spectacle intolérable de son impuissance.

Cette fonction d'emphase est bien la même que celle du théâtre antique, dont le ressort, la langue et les accessoires (masques et cothurnes) concouraient à l'explication exagérément visible d'une Nécessité. Le geste du catcheur vaincu signifiant au monde une défaite que, loin de masquer, il accentue et *tient* à la façon d'un point d'orgue, correspond au masque antique chargé de signifier le ton tragique du spectacle. Au catch, comme sur les anciens théâtres, on n'a pas honte de sa douleur, on sait pleurer, on a le goût des larmes.

Chaque signe du catch est donc doué d'une clarté totale puisqu'il faut toujours tout comprendre sur-le-champ. Dès que les adversaires sont sur le Ring, le public est investi par l'évidence des rôles. Comme au théâtre, chaque type physique exprime à l'excès l'emploi qui a été assigné au combattant. Thauvin, quinquagénaire obèse et croulant, dont l'espèce de hideur asexuée inspire toujours des surnoms féminins, étale dans sa chair les caractères de l'ignoble, car son rôle est de figurer ce qui, dans le concept classique du « salaud » (concept clef de tout combat de catch), se présente comme organiquement répugnant. La nausée volontairement inspirée par Thauvin va donc très loin dans l'ordre des signes : non seulement on se sert ici de la laideur pour signifier la bassesse, mais encore cette laideur est tout entière rassemblée dans une qualité particulièrement répulsive de la matière : l'affaissement blafard d'une viande morte (le public appelle Thauvin « la barbaque »), en sorte que la condamnation passionnée de la foule ne s'élève plus hors de son jugement, mais bien de la zone la plus profonde de son humeur. On s'empoissera donc avec frénésie dans une image ultérieure de Thauvin toute conforme à son départ physique : ses actes répondront parfaitement à la viscosité essentielle de son personnage.

C'est donc le corps du catcheur qui est la première clef du combat. Je sais dès le début que tous les actes de Thauvin, ses trahisons, ses cruautés et ses lâchetés, ne décevront pas la première image qu'il me donne de l'ignoble : je puis me reposer sur lui d'accomplir intelligemment et jusqu'au bout tous les gestes d'une certaine bassesse informe et de remplir ainsi à pleins bords l'image du salaud le plus répugnant qui soit : le salaud-pieuvre. Les catcheurs ont donc un physique aussi péremptoire que les personnages de la Comédie italienne, qui affichent par avance, dans leur costume et leurs attitudes, le contenu futur de leur rôle : de même que Pantalon ne peut être jamais qu'un cocu ridicule, Arlequin un valet astucieux et le Docteur un pédant imbécile, de même Thauvin ne sera jamais que le traître ignoble, Reinières (grand blond au corps mou et aux cheveux fous) l'image troublante de la passivité, Mazaud (petit coq arrogant) celle de la fatuité grotesque, et Orsano (zazou féminisé apparu dès l'abord dans une robe de chambre bleu et rose) celle, doublement piquante, d'une « salope » vindicative (car je ne pense pas que le public de l'Elysée-Montmartre suive Littré et prenne le mot « salope » pour un masculin).

Le physique des catcheurs institue donc un signe de base qui contient en germe tout le combat. Mais ce germe prolifère car c'est à chaque moment du combat, dans chaque situation nouvelle, que le corps du catcheur jette au public le divertissement merveilleux d'une humeur qui rejoint naturellement un geste. Les différentes lignes de signification s'éclairent les unes les autres, et forment le plus intelligible des spectacles. Le catch est comme une écriture diacritique : au-dessus de la signification fondamentale de son corps, le catcheur dispose des explications épisodiques mais toujours bien venues, aidant sans cesse à la lecture du combat par des gestes, des attitudes et des mimiques qui portent l'intention à son maximum d'évidence. Ici, le catcheur triomphe par un rictus ignoble lorsqu'il tient le bon sportif sous ses genoux ; là, il adresse à la foule un sourire suffisant, annonciateur de la vengeance prochaine ; là encore, immobilisé à terre, il frappe le sol à grands coups de ses bras pour signifier à tous la nature intolérable de sa situation ; là enfin, il dresse un ensemble compliqué de signes destinés à faire comprendre qu'il incarne à bon droit l'image toujours divertissante du mauvais coucheur, fabulant intarissablement autour de son mécontentement.

Il s'agit donc d'une véritable Comédie Humaine, où les nuances les plus sociales de la passion (fatuité, bon droit, cruauté raffinée, sens du « paiement ») rencontrent toujours par bonheur le signe le plus clair qui puisse les recueillir, les exprimer et les porter triomphalement jusqu'aux confins de la salle. On comprend qu'à ce degré, il n'importe plus que la passion soit authentique ou non. Ce que le public réclame, c'est l'image de la passion, non la passion elle-même. Il n'y a pas plus un problème de vérité au catch qu'au théâtre. Ici comme là ce qu'on attend, c'est la figuration intelligible de situations morales ordinairement secrètes. Cet évidement de l'intériorité au profit de ses signes extérieurs, cet épuisement du contenu par la forme, c'est le principe même de l'art classique triomphant. Le catch est une pantomime immédiate, infiniment plus efficace que la pantomime théâtrale, car le geste du catcheur n'a besoin d'aucune fabulation, d'aucun décor, en un mot d'aucun transfert pour paraître vrai.

Chaque moment du catch est donc comme une algèbre qui dévoile instantanément la relation d'une cause et de son effet figuré. Il y a certainement chez les amateurs de catch une sorte de plaisir intellectuel à *voir* fonctionner aussi parfaitement la mécanique morale : certains catcheurs, grands comédiens, divertissent à l'égal d'un personnage de Molière, parce qu'ils réussissent à imposer une lecture immédiate de leur intériorité : un catcheur du caractère arrogant et ridicule (comme on dit qu'Harpagon est un caractère), Armand Mazaud, met toujours la salle en joie par la rigueur mathématique de ses transcriptions, poussant le dessin de ses gestes jusqu'à l'extrême pointe de leur signification, et donnant à son combat l'espèce d'emportement et de précision d'une grande dispute scolastique, dont l'enjeu est à la fois le triomphe de l'orgueil et le souci formel de la vérité.

Ce qui est ainsi livré au public, c'est le grand spectacle de la Douleur, de la Défaite, et de la Justice. Le catch présente la douleur de l'homme avec toute l'amplification des masques tragiques : le catcheur qui souffre sous l'effet d'une prise réputée cruelle (un bras tordu, une jambe coincée) offre la figure excessive de la Souffrance ; comme une Pietà primitive, il laisse regarder son visage exagérément déformé par une affliction intolérable. On comprend bien qu'au catch, la pudeur serait déplacée, étant contraire à l'ostentation volontaire du spectacle, à cette Exposition de la Douleur, qui est la finalité même du combat. Aussi tous les actes générateurs de souffrances sont-ils particulièrement spectaculaires, comme le geste d'un prestidigitateur qui montre bien haut ses cartes : on ne comprendrait pas une douleur qui apparaîtrait sans cause intelligible ; un geste secret effectivement cruel transgresserait les lois non écrites du catch et ne serait d'aucune efficacité sociologique, comme un geste fou ou parasite. Au contraire, la souffrance paraît infligée avec ampleur et conviction, car il faut que tout le monde constate non seulement que l'homme souffre, mais encore et surtout comprenne pourquoi il souffre. Ce que les catcheurs appellent une prise, c'est-à-dire une figure quelconque qui permet d'immobiliser indéfiniment l'adversaire et de le tenir à sa merci, a précisément pour fonction de préparer d'une façon conventionnelle, donc intelligible, le spectacle de la souffrance, d'installer méthodiquement les conditions de la souffrance : l'inertie du vaincu permet au vainqueur (momentané) de s'établir dans sa cruauté et de transmettre au public cette paresse terrifiante du tortionnaire qui est sûr de la suite de ses gestes : frotter rudement le museau de l'adversaire impuissant ou racler sa colonne vertébrale d'un poing profond et régulier, accomplir du moins la surface visuelle de ces gestes, le catch est le seul sport à donner une image aussi extérieure de la torture. Mais ici encore, seule l'image est dans le champ du jeu, et le spectateur ne souhaite pas la souffrance réelle du combattant, il goûte seulement la perfection d'une iconographie. Ce n'est pas vrai que le catch soit un spectacle sadique : c'est seulement un spectacle intelligible.

Il y a une autre figure encore plus spectaculaire que la prise, c'est la manchette, cette grande claque des avant-bras, ce coup de poing larvé dont on assomme la poitrine de l'adversaire, dans un bruit flasque et dans l'affaissement exagéré du corps vaincu. Dans la manchette, la catastrophe est portée à son maximum d'évidence, à tel point qu'à la limite, le geste n'apparaît plus que comme un symbole ; c'est aller trop loin, c'est sortir des règles morales du catch, où tout signe doit être excessivement clair, mais ne doit pas laisser transparaître son intention de clarté ; le public crie alors « Chiqué », non parce qu'il regrette l'absence d'une souffrance effective, mais parce qu'il condamne l'artifice : comme au théâtre, on sort du jeu autant par excès de sincérité que par excès d'apprêt.

On a déjà dit tout le parti que les catcheurs tiraient d'un certain style physique, composé et exploité pour développer devant
les yeux du public une image totale de la Défaite. La mollesse
des grands corps blancs qui s'écroulent à terre d'une pièce ou
s'effondrent dans les cordes en battant des bras, l'inertie des
catcheurs massifs réfléchis pitoyablement par toutes les surfaces
élastiques du Ring, rien ne peut signifier plus clairement et plus
passionnément l'abaissement exemplaire du vaincu. Privée de
tout ressort, la chair du catcheur n'est plus qu'une masse
immonde répandue à terre et qui appelle tous les acharnements
et toutes les jubilations. Il y a là un paroxysme de signification
à l'antique qui ne peut que rappeler le luxe d'intentions des
triomphes latins. A d'autres moments, c'est encore une figure
antique qui surgit de l'accouplement des catcheurs, celle du
suppliant, de l'homme rendu à merci, plié, à genoux, les bras
levés au-dessus de la tête, et lentement abaissé par la tension
verticale du vainqueur. Au catch, contrairement au judo, la
Défaite n'est pas un signe conventionnel, abandonné dès qu'il
est acquis : elle n'est pas une issue, mais bien au contraire une
durée, une exposition, elle reprend les anciens mythes de la
Souffrance et de l'Humiliation publiques : la croix et le pilori.
Le catcheur est comme crucifié en pleine lumière, aux yeux de
tous. J'ai entendu dire d'un catcheur étendu à terre : « Il est
mort, le petit Jésus, là, en croix », et cette parole ironique
découvrait les racines profondes d'un spectacle qui accomplit
les gestes mêmes des plus anciennes purifications.

Mais ce que le catch est surtout chargé de mimer, c'est un
concept purement moral : la justice. L'idée de paiement est
essentielle au catch et le « Fais-le souffrir » de la foule signifie
avant tout un « Fais-le payer ». Il s'agit donc, bien sûr, d'une
justice immanente. Plus l'action du « salaud » est basse, plus le
coup qui lui est justement rendu met le public en joie : si le
traître – qui est naturellement un lâche – se réfugie derrière les
cordes en arguant de son mauvais droit par une mimique effron-
tée, il y est impitoyablement rattrapé et la foule jubile à voir la
règle violée au profit d'un châtiment mérité. Les catcheurs
savent très bien flatter le pouvoir d'indignation du public en lui

proposant la limite même du concept de Justice, cette zone extrême de l'affrontement où il suffit de sortir encore un peu plus de la règle pour ouvrir les portes d'un monde effréné. Pour un amateur de catch, rien n'est plus beau que la fureur vengeresse d'un combattant trahi qui se jette avec passion, non sur un adversaire heureux mais sur l'image cinglante de la déloyauté. Naturellement, c'est le mouvement de la Justice qui importe ici beaucoup plus que son contenu : le catch est avant tout une série quantitative de compensations (œil pour œil, dent pour dent). Ceci explique que les retournements de situations possèdent aux yeux des habitués du catch une sorte de beauté morale : ils en jouissent comme d'un épisode romanesque bien venu, et plus le contraste est grand entre la réussite d'un coup et le retour du sort, plus la fortune d'un combattant est proche de sa chute et plus le mimodrame est jugé satisfaisant. La Justice est donc le corps d'une transgression possible ; c'est parce qu'il y a une Loi que le spectacle des passions qui la débordent a tout son prix.

On comprendra donc que sur cinq combats de catch, un seul environ soit régulier. Une fois de plus il faut entendre que la régularité est ici un emploi ou un genre, comme au théâtre : la règle ne constitue pas du tout une contrainte réelle, mais l'apparence conventionnelle de la régularité. Aussi, en fait, un combat régulier n'est rien d'autre qu'un combat exagérément poli : les combattants mettent du zèle, non de la rage à s'affronter, ils savent rester maîtres de leurs passions, ils ne s'acharnent pas sur le vaincu, ils s'arrêtent de combattre dès qu'on leur en donne l'ordre, et se saluent à l'issue d'un épisode particulièrement ardu où ils n'ont cependant pas cessé d'être loyaux l'un envers l'autre. Il faut naturellement lire que toutes ces actions polies sont signalées au public par les gestes les plus conventionnels de la loyauté : se serrer la main, lever les bras, s'éloigner ostensiblement d'une prise stérile qui nuirait à la perfection du combat.

Inversement la déloyauté n'existe ici que par ses signes excessifs : donner un grand coup de pied au vaincu, se réfugier derrière les cordes en invoquant ostensiblement un droit purement formel, refuser de serrer la main à son partenaire avant ou après le combat, profiter de la pause officielle pour revenir en traître sur le dos de l'adversaire, lui donner un coup défendu hors du regard de l'arbitre (coup qui n'a évidemment de valeur et d'emploi que parce qu'en fait la moitié de la salle peut le voir et s'en indigner). Le Mal étant le climat naturel du catch, le combat régulier prend surtout une valeur d'exception ; l'usager s'en étonne, et le salue au passage comme un retour anachronique et un peu sentimental à la tradition sportive (« ils sont drôlement réguliers, ceux-là ») ; il se sent tout d'un coup ému devant la bonté générale du monde, mais mourrait sans doute d'ennui et d'indifférence si les catcheurs ne retournaient bien vite à l'orgie des mauvais sentiments, qui font seuls du bon catch.

Extrapolé, le catch régulier ne pourrait conduire qu'à la boxe ou au judo, alors que le catch véritable tient son originalité de tous les excès qui en font un spectacle et non un sport. La fin d'un match de boxe ou d'une rencontre de judo est sèche comme le point conclusif d'une démonstration. Le rythme du catch est tout différent, car son sens naturel est celui de l'amplification rhétorique : l'emphase des passions, le renouvellement des paroxysmes, l'exaspération des répliques ne peuvent naturellement déboucher que dans la plus baroque des confusions. Certains combats, et des plus réussis, se couronnent d'un charivari final, sorte de fantasia effrénée où règlements, lois du genre, censure arbitrale et limites du Ring sont abolis, emportés dans un désordre triomphant qui déborde dans la salle et entraîne pêle-mêle les catcheurs, les soigneurs, l'arbitre et les spectateurs.

On a déjà noté qu'en Amérique le catch figure une sorte de combat mythologique entre le Bien et le Mal (de nature parapolitique, le mauvais catcheur étant toujours censé être un Rouge). Le catch français recouvre une tout autre héroïsation, d'ordre éthique et non plus politique. Ce que le public cherche ici, c'est la construction progressive d'une image éminemment morale : celle du salaud parfait. On vient au catch pour assister aux aventures renouvelées d'un grand premier rôle, personnage unique, permanent et multiforme comme Guignol ou Scapin, inventif en figures inattendues et pourtant toujours fidèle à son emploi. Le salaud se dévoile comme un caractère de Molière ou un portrait de La Bruyère, c'est-à-dire comme une entité classique, comme une essence, dont les actes ne sont que des épiphénomènes significatifs disposés dans le temps. Ce caractère stylisé n'appartient à aucune nation ni à aucun parti, et que le catcheur s'appelle Kuzchenko (surnommé Moustache à cause de Staline), Yerpazian, Gaspardi, Jo Vignola ou Nollières, l'usager ne lui suppose d'autre patrie que celle de la « régularité ».

Qu'est-ce donc qu'un salaud pour ce public composé, paraît-il, en partie d'irréguliers ? Essentiellement un instable, qui admet les règles seulement quand elles lui sont utiles et transgresse la continuité formelle des attitudes. C'est un homme imprévisible, donc asocial. Il se réfugie derrière la Loi quand il juge qu'elle lui est propice et la trahit quand cela lui est utile ; tantôt il nie la limite formelle du Ring et continue de frapper un adversaire protégé légalement par les cordes, tantôt il rétablit cette limite et réclame la protection de ce qu'un instant avant il ne respectait pas. Cette inconséquence, bien plus que la trahison ou la cruauté, met le public hors de lui : froissé non dans sa morale mais dans sa logique, il considère la contradiction des arguments comme la plus ignoble des fautes. Le coup interdit ne devient irrégulier que lorsqu'il détruit un équilibre quantitatif et trouble le compte rigoureux des compensations ; ce qui est condamné par le public, ce n'est nullement la transgression de pâles règles officielles, c'est le défaut de vengeance, c'est le défaut de pénalité. Aussi, rien de plus excitant pour la foule que le coup de pied emphatique donné à un salaud vaincu ; la joie de punir est à son comble lorsqu'elle s'appuie sur une justification mathématique, le mépris est alors sans frein : il ne s'agit plus d'un « salaud » mais d'« une salope », geste oral de l'ultime dégradation.

Une finalité aussi précise exige que le catch soit exactement ce que le public en attend. Les catcheurs, hommes de grande expérience, savent parfaitement infléchir les épisodes spontanés du combat vers l'image que le public se fait des grands thèmes merveilleux de sa mythologie. Un catcheur peut irriter ou dégoûter, jamais il ne déçoit, car il accomplit toujours jusqu'au bout, par une solidification progressive des signes, ce que le public attend de lui. Au catch, rien n'existe que totalement, il n'y a aucun symbole, aucune allusion, tout est donné exhaustivement ; ne laissant rien dans l'ombre, le geste coupe tous les sens parasites et présente cérémonialement au public une signification pure et pleine, ronde à la façon d'une Nature. Cette emphase n'est rien d'autre que l'image populaire et ancestrale de l'intelligibilité parfaite du réel. Ce qui est mimé par le catch, c'est donc une intelligence idéale des choses, c'est une euphorie des hommes, haussés pour un temps hors de l'ambiguïté constitutive des situations quotidiennes et installés dans la vision panoramique d'une Nature univoque, où les signes correspondraient enfin aux causes, sans obstacle, sans fuite et sans contradiction.

Lorsque le héros ou le salaud du drame, l'homme qui a été vu quelques minutes auparavant possédé par une fureur morale, grandi jusqu'à la taille d'une sorte de signe métaphysique, quitte la salle de catch, impassible, anonyme, une petite valise à la main et sa femme à son bras, nul ne peut douter que le catch détient le pouvoir de transmutation qui est propre au Spectacle et au Culte. Sur le Ring et au fond même de leur ignominie volontaire, les catcheurs restent des dieux, parce qu'ils sont, pour quelques instants, la clef qui ouvre la Nature, le geste pur qui sépare le Bien du Mal et dévoile la figure d'une Justice enfin intelligible.

L'acteur d'Harcourt

En France, on n'est pas acteur si l'on n'a pas été photographié par les Studios d'Harcourt. L'acteur d'Harcourt est un dieu ; il ne fait jamais rien : il est saisi *au repos.*

Un euphémisme, emprunté à la mondanité, rend compte de cette posture : l'acteur est supposé « à la ville ». Il s'agit naturellement d'une ville idéale, cette ville des comédiens où rien n'est que fêtes et amours alors que sur la scène tout est travail, « don » généreux et éprouvant. Et il faut que ce changement surprenne au plus haut point ; il faut que nous soyons saisis de trouble en découvrant suspendue aux escaliers du théâtre, comme un sphynx à l'entrée du sanctuaire, l'image olympienne d'un acteur qui a dépouillé la peau du monstre agité, trop humain, et retrouve enfin son essence intemporelle. L'acteur prend ici sa revanche : obligé par sa fonction sacerdotale à jouer quelquefois la vieillesse et la laideur, en tout cas la dépossession de lui-même, on lui fait retrouver un visage idéal, détaché (comme chez le teinturier) des impropriétés de la profession. Passé de la « scène » à la « ville », l'acteur d'Harcourt n'abandonne nullement le « rêve » pour la « réalité ». C'est tout le contraire : sur scène, bien charpenté, osseux, charnel, de peau épaisse sous le fard ; à la ville, plane, lisse, le visage poncé par la vertu, aéré par la douce lumière du studio d'Harcourt. A la scène, quelquefois vieux, tout au moins accusant un âge ; à la ville, éternellement jeune, fixé à jamais au sommet de la beauté. A la scène, trahi par la matérialité d'une voix trop musclée comme les mollets d'une danseuse ; à la ville, idéalement silencieux, c'est-à-dire mystérieux, plein du secret profond que l'on suppose à toute beauté qui ne parle pas. A la scène enfin, engagé par force dans des gestes triviaux ou héroïques, de toute manière efficaces ; à la ville, réduit à un visage épuré de tout mouvement.

Encore ce pur visage est-il rendu entièrement inutile – c'est-à-dire luxueux – par l'angle aberrant de la vue, comme si l'appareil d'Harcourt, autorisé par privilège à capter cette beauté non terrestre, devait se placer dans les zones les plus improbables d'un espace raréfié, et comme si ce visage qui flotte entre le sol grossier du théâtre et le ciel radieux de la « ville », ne pouvait être que surpris, dérobé un court instant à son intemporalité de nature, puis abandonné dévotement à sa course solitaire et royale ; tantôt plongée maternellement vers la terre qui s'éloigne, tantôt levée, extatique, la face de l'acteur semble rejoindre sa demeure céleste dans une ascension sans hâte et sans muscles, au contraire de l'humanité spectatrice qui, appartenant à une classe zoologique différente et n'étant apte au mouvement que par les jambes (et non par le visage), doit regagner à pied son appartement. (Il faudrait bien un jour tenter une psychanalyse historique des iconographies tronquées. Marcher est peut-être – mythologiquement – le geste le plus trivial, donc le plus humain. Tout rêve, toute image idéale, toute promotion sociale suppriment d'abord les jambes, que ce soit par le portrait ou par l'auto.)

Réduites à un visage, à des épaules, à des cheveux, les actrices témoignent ainsi de la vertueuse irréalité de leur sexe – en quoi elles sont à la ville manifestement des anges, après avoir été sur scène des amantes, des mères, des garces et des soubrettes. Les hommes, eux, à l'exception des jeunes premiers dont il est admis qu'ils appartiennent plutôt au genre angélique, puisque leur visage reste, comme celui des femmes, en position d'évanescence, les hommes affichent leur virilité par quelque attribut citadin, une pipe, un chien, des lunettes, une cheminée-accoudoir, objets triviaux mais nécessaires à l'expression de la masculinité, audace seulement permise aux mâles, et par laquelle l'acteur « à la ville » manifeste à la manière des dieux et des rois en goguette, qu'il ne craint pas d'être parfois un homme comme les autres, pourvu de plaisirs (la pipe), d'affections (le chien), d'infirmités (les lunettes) et même de domicile terrestre (la cheminée).

L'iconographie d'Harcourt sublime la matérialité de l'acteur et continue une « scène » nécessairement triviale, puisqu'elle fonctionne, par une « ville » inerte et par conséquent idéale. Statut paradoxal, c'est la scène qui est réalité, ici ; la ville, elle, est mythe, rêve, merveilleux. L'acteur, débarrassé de l'enveloppe trop incarnée du métier rejoint son essence rituelle de héros, d'archétype humain situé à la limite des normes physiques des autres hommes. Le visage est ici un objet romanesque ; son impassibilité, sa pâte divine suspendent la vérité quotidienne, et donnent le trouble, le délice et finalement la sécurité d'une vérité supérieure. Par un scrupule d'illusion bien propre à une époque et à une classe sociale trop faibles à la fois pour la raison pure et le mythe puissant, la foule des entractes qui s'ennuie et se montre, déclare que ces faces irréelles sont celles-là mêmes de la ville et se donne ainsi la bonne conscience rationaliste de supposer un homme derrière l'acteur : mais au moment de dépouiller le mime, le studio d'Harcourt, à point survenu, fait surgir un dieu, et tout, dans ce public bourgeois, à la fois blasé et vivant de mensonge, tout est satisfait.

Par voie de conséquence, la photographie d'Harcourt est pour le jeune comédien un rite d'initiation, un diplôme de haut compagnonnage, sa véritable carte d'identité professionnelle. Est-il vraiment intronisé, tant qu'il n'a pas touché la Sainte Ampoule d'Harcourt ? Ce rectangle où se révèle pour la première fois sa tête idéale, son air intelligent, sensible ou malicieux, selon l'emploi qu'il se propose à vie, c'est l'acte solennel par quoi la société entière accepte de l'abstraire de ses propres lois physiques et lui assure la rente perpétuelle d'un visage qui reçoit en don, au jour de ce baptême, tous les pouvoirs ordinairement refusés, du moins simultanément, à la chair commune : une splendeur inaltérable, une séduction pure de toute méchanceté, une puissance intellectuelle qui n'accompagne pas forcément l'art ou la beauté du comédien.

Voilà pourquoi les photographies de Thérèse Le Prat ou d'Agnès Varda, par exemple, sont d'avant-garde : elles laissent toujours à l'acteur son visage d'incarnation et l'enferment franchement, avec une humilité exemplaire, dans sa fonction sociale, qui est de « représenter », et non de mentir. Pour un mythe aussi aliéné que celui des visages d'acteurs, ce parti est très révolutionnaire : ne pas suspendre aux escaliers les d'Harcourt classiques, bichonnés, alanguis, angélisés ou virilisés (selon le sexe), c'est une audace dont bien peu de théâtres se payent le luxe.

Les Romains au cinéma

Dans le *Jules César* de Mankiewicz, tous les personnages ont une frange de cheveux sur le front. Les uns l'ont frisée, d'autres filiforme, d'autres huppée, d'autres huilée, tous l'ont bien peignée, et les chauves ne sont pas admis, bien que l'Histoire romaine en ait fourni un bon nombre. Ceux qui ont peu de cheveux n'ont pas été quittes à si bon compte, et le coiffeur, artisan principal du film, a su toujours leur soutirer une dernière mèche, qui a rejoint elle aussi le bord du front, de ces fronts romains, dont l'exiguïté a de tout temps signalé un mélange spécifique de droit, de vertu et de conquête.

Qu'est-ce donc qui est attaché à ces franges obstinées ? Tout simplement l'affiche de la Romanité. On voit donc opérer ici à découvert le ressort capital du spectacle, qui est le *signe*. La mèche frontale inonde d'évidence, nul ne peut douter d'être à Rome, autrefois. Et cette certitude est continue : les acteurs parlent, agissent, se torturent, débattent des questions « universelles », sans rien perdre, grâce à ce petit drapeau étendu sur le front, de leur vraisemblance historique : leur généralité peut même s'enfler en toute sécurité, traverser l'Océan et les siècles, rejoindre la binette yankee des figurants d'Hollywood, peu importe, tout le monde est rassuré, installé dans la tranquille certitude d'un univers sans duplicité, où les Romains sont romains par le plus lisible des signes, le cheveu sur le front.

Un Français, aux yeux de qui les visages américains gardent encore quelque chose d'exotique, juge comique le mélange de ces morphologies de gangsters-shérifs, et de la petite frange romaine : c'est plutôt un excellent gag de music-hall. C'est que, pour nous, le signe fonctionne avec excès, il se discrédite en laissant apparaître sa finalité. Mais cette même frange amenée sur le seul front naturellement latin du film, celui de Marlon Brando, nous en impose sans nous faire rire, et il n'est pas exclu qu'une part du succès européen de cet acteur soit due à l'intégration parfaite de la capillarité romaine dans la morpholo-

gie générale du personnage. A l'opposé, Jules César est
incroyable, avec sa bouille d'avocat anglo-saxon déjà rodée par
mille seconds rôles policiers ou comiques, lui dont le crâne
bonasse est péniblement ratissé par une mèche de coiffeur.

Dans l'ordre des significations capillaires, voici un sous-
signe, celui des surprises nocturnes : Portia et Calpurnia,
éveillées en pleine nuit, ont les cheveux ostensiblement négli-
gés ; la première, plus jeune, a le désordre flottant, c'est-à-dire
que l'absence d'apprêt y est en quelque sorte au premier degré ;
la seconde, mûre, présente une faiblesse plus travaillée : une
natte contourne le cou et revient par-devant l'épaule droite, de
façon à imposer le signe traditionnel du désordre, qui est l'asy-
métrie. Mais ces signes sont à la fois excessifs et dérisoires : ils
postulent un « naturel » qu'ils n'ont même pas le courage d'ho-
norer jusqu'au bout : ils ne sont pas « francs ».

Autre signe de ce *Jules César* : tous les visages suent sans
discontinuer : hommes du peuple, soldats, conspirateurs, tous
baignent leurs traits austères et crispés dans un suintement
abondant (de vaseline). Et les gros plans sont si fréquents, que,
de toute évidence, la sueur est ici un attribut intentionnel.
Comme la frange romaine ou la natte nocturne, la sueur est, elle
aussi, un signe. De quoi ? de la moralité. Tout le monde sue
parce que tout le monde débat quelque chose en lui-même ;
nous sommes censés être ici dans le lieu d'une vertu qui se travaille horriblement, c'est-à-dire dans le lieu même de la tragédie, et c'est la sueur qui a charge d'en rendre compte : le
peuple, traumatisé par la mort de César, puis par les arguments
de Marc-Antoine, le peuple sue, combinant économiquement,
dans ce seul signe, l'intensité de son émotion et le caractère
fruste de sa condition. Et les hommes vertueux, Brutus, Cas-
sius, Casca, ne cessent eux aussi de transpirer, témoignant par
là de l'énorme travail physiologique qu'opère en eux la vertu
qui va accoucher d'un crime. Suer, c'est penser (ce qui repose
évidemment sur le postulat, bien propre à un peuple d'hommes
d'affaires, que : penser est une opération violente, cataclys-
mique, dont la sueur est le moindre signe). Dans tout le film, un
seul homme ne sue pas, reste glabre, mou, étanche : César. Evi-

demment, César, *objet* du crime, reste sec, car lui, il ne sait pas, *il ne pense pas,* il doit garder le grain net, solitaire et poli d'une pièce à conviction.

Ici encore, le signe est ambigu : il reste à la surface mais ne renonce pas pour autant à se faire passer pour une profondeur ; il veut faire comprendre (ce qui est louable), mais se donne en même temps pour spontané (ce qui est triché), il se déclare à la fois intentionnel et irrépressible, artificiel et naturel, produit et trouvé. Ceci peut nous introduire à une morale du signe. Le signe ne devrait se donner que sous deux formes extrêmes : ou franchement intellectuel, réduit par sa distance à une algèbre, comme dans le théâtre chinois, où un drapeau signifie totalement un régiment ; ou profondément enraciné, inventé en quelque sorte à chaque fois, livrant une face interne et secrète, signal d'un moment et non plus d'un concept (c'est alors, par exemple, l'art de Stanislavsky). Mais le signe intermédiaire (la frange de la romanité ou la transpiration de la pensée) dénonce un spectacle dégradé, qui craint autant la vérité naïve que l'artifice total. Car s'il est heureux qu'un spectacle soit fait pour rendre le monde plus clair, il y a une duplicité coupable à confondre le signe et le signifié. Et c'est une duplicité propre au spectacle bourgeois : entre le signe intellectuel et le signe viscéral, cet art dispose hypocritement un signe bâtard, à la fois elliptique et prétentieux, qu'il baptise du nom pompeux de « naturel ».

L'écrivain en vacances

Gide lisait du Bossuet en descendant le Congo. Cette posture résume assez bien l'idéal de nos écrivains « en vacances », photographiés par *le Figaro* : joindre au loisir banal le prestige d'une vocation que rien ne peut arrêter ni dégrader. Voilà donc un bon reportage, bien efficace sociologiquement, et qui nous renseigne sans tricher sur l'idée que notre bourgeoisie se fait de ses écrivains.

Ce qui semble d'abord la surprendre et la ravir, cette bourgeoisie, c'est sa propre largeur de vues à reconnaître que les
écrivains sont eux aussi gens à prendre communément des
vacances. Les « vacances » sont un fait social récent, dont il
serait d'ailleurs intéressant de suivre le développement mythologique. D'abord fait scolaire, elles sont devenues, depuis les
congés payés, un fait prolétarien, du moins laborieux. Affirmer
que ce fait peut désormais concerner des écrivains, que les spé-
cialistes de l'âme humaine sont eux aussi soumis au statut général du travail contemporain, c'est une manière de convaincre
nos lecteurs bourgeois qu'ils marchent bien avec leur temps :
on se flatte de reconnaître la nécessité de certains prosaïsmes,
on s'assouplit aux réalités « modernes » par les leçons de Siegfried et de Fourastié.

Bien entendu, cette prolétarisation de l'écrivain n'est accordée qu'avec parcimonie, et pour être mieux détruite par la suite.
A peine pourvu d'un attribut social (les vacances en sont un fort
agréable), l'homme de lettres retourne bien vite dans l'empyrée
qu'il partage avec les professionnels de la vocation. Et le
« naturel » dans lequel on éternise nos romanciers est en fait
institué pour traduire une contradiction sublime : celle d'une
condition prosaïque, produite, hélas, par une époque bien matérialiste, et du statut prestigieux que la société bourgeoise
concède libéralement à ses hommes de l'esprit (pourvu qu'ils
lui soient inoffensifs).

Ce qui prouve la merveilleuse singularité de l'écrivain, c'est
que pendant ces fameuses vacances, qu'il partage fraternelle-
ment avec les ouvriers et les calicots, il ne cesse, lui, sinon de
travailler, du moins de produire. Faux travailleur, c'est aussi un
faux vacancier. L'un écrit ses souvenirs, un autre corrige des
épreuves, le troisième prépare son prochain livre. Et celui qui
ne fait rien l'avoue comme une conduite vraiment paradoxale,
un exploit d'avant-garde, que seul un esprit fort peut se permettre d'afficher. On connaît à cette dernière forfanterie qu'il
est très « naturel » que l'écrivain écrive toujours, en toutes
situations. D'abord cela assimile la production littéraire à une
sorte de sécrétion involontaire, donc tabou, puisqu'elle échappe

aux déterminismes humains : pour parler plus noblement, l'écrivain est la proie d'un dieu intérieur qui parle en tous moments, sans se soucier, le tyran, des vacances de son médium. Les écrivains sont en vacances, mais leur Muse veille, et accouche sans désemparer.

Le second avantage de cette logorrhée, c'est que par son caractère impératif, elle passe tout naturellement pour l'essence même de l'écrivain. Celui-ci concède sans doute qu'il est pourvu d'une existence humaine, d'une vieille maison de campagne, d'une famille, d'un short, d'une petite fille, etc., mais contrairement aux autres travailleurs qui changent d'essence, et ne sont plus sur la plage que des estivants, l'écrivain, lui, garde partout sa nature d'écrivain ; pourvu de vacances, il affiche le signe de son humanité ; mais le dieu reste, on est écrivain comme Louis XIV était roi, même sur la chaise percée. Ainsi la fonction de l'homme de lettres est un peu aux travaux humains ce que l'ambroisie est au pain : une substance miraculeuse, éternelle, qui condescend à la forme sociale pour se faire mieux saisir dans sa prestigieuse différence. Tout cela introduit à la même idée d'un écrivain surhomme, d'une sorte d'être différentiel que la société met en vitrine pour mieux jouer de la singularité factice qu'elle lui concède.

L'image bonhomme de « l'écrivain en vacances » n'est donc rien d'autre que l'une de ces mystifications retorses que la bonne société opère pour mieux asservir ses écrivains : rien n'expose mieux la singularité d'une « vocation » que d'être contredite – mais non niée bien loin de là – par le prosaïsme de son incarnation : c'est une vieille ficelle de toutes les hagiographies. Aussi voit-on ce mythe des « vacances littéraires » s'étendre fort loin, bien au-delà de l'été : les techniques du journalisme contemporain s'emploient de plus en plus à donner de l'écrivain un spectacle prosaïque. Mais on aurait bien tort de prendre cela pour un effort de démystification. C'est tout le contraire. Sans doute il peut me paraître touchant et même flatteur, à moi simple lecteur, de participer par la confidence à la vie quotidienne d'une race sélectionnée par le génie : je sentirais sans doute délicieusement fraternelle une humanité où je sais par les journaux que tel grand écrivain porte des pyjamas bleus, et que tel jeune romancier a du goût pour « les jolies filles, le reblochon et le miel de lavande ». N'empêche que le solde de l'opération c'est que l'écrivain devient encore un peu plus vedette, quitte un peu davantage cette terre pour un habitat céleste où ses pyjamas et ses fromages ne l'empêchent nullement de reprendre l'usage de sa noble parole démiurgique.

Pourvoir publiquement l'écrivain d'un corps bien charnel, révéler qu'il aime le blanc sec et le bifteck bleu, c'est me rendre encore plus miraculeux, d'essence plus divine, les produits de son art. Bien loin que les détails de sa vie quotidienne me rendent plus proche et plus claire la nature de son inspiration, c'est toute la singularité mythique de sa condition que l'écrivain accuse, par de telles confidences. Car je ne puis que mettre au compte d'une surhumanité l'existence d'êtres assez vastes pour porter des pyjamas bleus dans le temps même où ils se manifestent comme conscience universelle, ou bien encore professer l'amour des reblochons de cette même voix dont ils annoncent leur prochaine Phénoménologie de l'Ego. L'alliance spectaculaire de tant de noblesse et de tant de futilité signifie que l'on croit encore à la contradiction : totalement miraculeuse, chacun de ses termes l'est aussi : elle perdrait évidemment tout son intérêt dans un monde où le travail de l'écrivain serait désacralisé au point de paraître aussi naturel que ses fonctions vestimentaires ou gustatives.

La croisière du Sang bleu

Depuis le Couronnement, les Français languissaient après un renouveau de l'actualité monarchique, dont ils sont extrêmement friands ; l'embarquement d'une centaine de princes sur un yacht grec, l'*Agamemnon*, les a beaucoup distraits. Le Couronnement d'Elisabeth était un thème pathétique, sentimental ; la croisière du Sang bleu est un épisode piquant : les rois ont joué aux hommes, comme dans une comédie de Flers et Caillavet ; il en est résulté mille situations cocasses par leurs contradictions, du type Marie-Antoinette-jouant-à-la-laitière. La pathologie d'un tel amusement est lourde : puisque l'on s'amuse d'une contradiction, c'est qu'on en suppose les termes fort éloignés ; autrement dit, les rois sont d'une essence surhumaine, et lorsqu'ils empruntent temporairement certaines formes de vie démocratique, il ne peut s'agir que d'une incarnation contre nature, possible seulement par condescendance. Afficher que les rois sont capables de prosaïsme, c'est reconnaître que ce statut ne leur est pas plus naturel que l'angélisme au commun des mortels, c'est constater que le roi est encore de droit divin.

Ainsi les gestes neutres de la vie quotidienne ont pris, sur l'*Agamemnon*, un caractère exorbitant d'audace, comme ces fantaisies créatives où la Nature transgresse ses règnes : les rois se rasent eux-mêmes ! Ce trait a été rapporté par notre grande presse comme un acte d'une singularité incroyable, comme si, en lui, les rois consentaient à risquer toute leur royauté, professant d'ailleurs par là même leur foi dans sa nature indestructible. Le roi Paul portait une chemisette à manches courtes, la reine Frédérique une robe *imprimée*, c'est-à-dire non plus singulière, mais dont le dessin peut se retrouver sur le corps de simples mortels : autrefois les rois se déguisaient en bergers ; aujourd'hui, s'habiller pour quinze jours dans un Uniprix, tel est pour eux le signe du déguisement. Autre statut démocratique : se lever à six heures du matin. Tout ceci renseigne par antiphrase sur une certaine idéalité de la vie quotidienne : porter des manchettes, se faire raser par un larbin, se lever tard. En renonçant à ces privilèges, les rois les repoussent dans le ciel du rêve : leur sacrifice – tout temporaire – fixe dans leur éternité les signes du bonheur quotidien.

Ce qui est plus curieux, c'est que ce caractère mythique de nos rois est aujourd'hui laïcisé mais nullement conjuré par le biais d'un certain scientisme, les rois sont définis par la pureté de leur race (le Sang bleu), comme des chiots, et le navire, lieu privilégié de toute clôture, est une sorte d'arche moderne, où se conservent les principales variations de l'espèce monarchique. A tel point qu'on y suppute ouvertement les chances de certains

appariements ; enfermés dans leur haras navigant, les pur-sang
sont à l'abri de toutes noces bâtardes, tout leur est (annuelle-
ment ?) préparé pour qu'ils puissent se reproduire entre eux ;
aussi peu nombreux sur terre que les « pug dogs », le navire les
fixe et les rassemble, constitue une « réserve » temporaire où
l'on garde, et par chance où l'on risque de perpétuer une curiosité ethnographique aussi bien protégée qu'un parc à Sioux.

Les deux thèmes séculaires se mêlent, celui du Roi-Dieu et
celui du Roi-Objet. Mais ce ciel mythologique n'est tout de
même pas si inoffensif à la Terre. Les mystifications les plus
éthérées, les amusants détails de la croisière du Sang bleu, tout
ce baratin anecdotique, dont la grande presse a saoulé ses lecteurs, n'est pas donné impunément : forts de leur divinité ren-
flouée, les princes font démocratiquement de la politique : le
comte de Paris abandonne l'*Agamemnon* pour venir à Paris
« surveiller » le sort de la CED, et l'on envoie le jeune Juan
d'Espagne au secours du fascisme espagnol.

Critique muette et aveugle

Les critiques (littéraires ou dramatiques) usent souvent de
deux arguments assez singuliers. Le premier consiste à décréter
brusquement l'objet de la critique ineffable et par conséquent la
critique inutile. L'autre argument, qui reparaît lui aussi périodiquement, consiste à s'avouer trop bête, trop béotien pour comprendre un ouvrage réputé philosophique : une pièce d'Henri
Lefebvre sur Kierkegaard a ainsi provoqué chez nos meilleurs
critiques (et je ne parle pas de ceux qui font ouvertement profession de bêtise) une feinte panique d'imbécillité (dont le but
était évidemment de discréditer Lefebvre en le reléguant dans le
ridicule de la cérébralité pure).

Pourquoi donc la critique proclame-t-elle périodiquement son
impuissance ou son incompréhension ? Ce n'est certainement
pas par modestie : rien de plus à l'aise qu'un tel confessant
qu'il ne comprend rien à l'existentialisme, rien de plus ironique

et donc de plus assuré qu'un autre avouant tout penaud qu'il n'a pas la chance d'être initié à la philosophie de l'Extraordinaire ; et rien de plus militaire qu'un troisième plaidant pour l'ineffable poétique.

Tout cela signifie en fait que l'on se croit d'une intelligence assez sûre pour que l'aveu d'une incompréhension mette en cause la clarté de l'auteur, et non celle de son propre cerveau : on mime la niaiserie, c'est pour mieux faire le public se récrier, et l'entraîner ainsi avantageusement d'une complicité d'impuissance à une complicité d'intelligence. C'est une opération bien connue des salons Verdurin : « Moi dont c'est le métier d'être intelligent, je n'y comprends rien : or vous non plus vous n'y comprendriez rien ; donc, c'est que vous êtes aussi intelligents que moi. »

Le vrai visage de ces professions saisonnières d'inculture, c'est ce vieux mythe obscurantiste selon lequel l'idée est nocive, si elle n'est contrôlée par le « bon sens » et le « sentiment » : le Savoir, c'est le Mal, tous deux ont poussé sur le même arbre : la culture est permise à condition de proclamer périodiquement la vanité de ses fins et les limites de sa puissance (voir aussi à ce sujet les idées de M. Graham Greene sur les psychologues et les psychiatres) ; la culture idéale ne devrait être qu'une douce effusion rhétorique, l'art des mots pour témoigner d'un mouillement passager de l'âme. Ce vieux couple romantique du cœur et de la tête n'a pourtant de réalité que dans une imagerie d'origine vaguement gnostique, dans ces philosophies opiacées qui ont toujours formé finalement l'appoint des régimes forts, où l'on se débarrasse des intellectuels en les envoyant s'occuper un peu de l'émotion et de l'ineffable. En fait, toute réserve sur la culture est une position terroriste. Faire métier de critique et proclamer que l'on ne comprend rien à l'existentialisme ou au marxisme (car par un fait exprès ce sont surtout ces philosophies-là que l'on avoue ne pas comprendre), c'est ériger sa cécité ou son mutisme en règle universelle de perception, c'est rejeter du monde le marxisme et l'existentialisme : « Je ne comprends pas, donc vous êtes idiots. »

Mais si l'on redoute ou si l'on méprise tellement dans une
œuvre ses fondements philosophiques, et si l'on réclame si fort
le droit de n'y rien comprendre et de n'en pas parler, pourquoi
se faire critique ? Comprendre, éclairer, c'est pourtant votre
métier. Vous pouvez évidemment juger la philosophie au nom
du bon sens ; l'ennui, c'est que si le « bon sens » et le « sentiment » ne comprennent rien à la philosophie, la philosophie,
elle, les comprend fort bien. Vous n'expliquez pas les philosophes, mais eux vous expliquent. Vous ne voulez pas comprendre la pièce du marxiste Lefebvre, mais soyez sûrs que le
marxiste Lefebvre comprend parfaitement bien votre incompréhension, et surtout (car je vous crois plus retors qu'incultes)
l'aveu délicieusement « inoffensif » que vous en faites.

Saponides et détergents

Le premier Congrès mondial de la Détergence (Paris, septembre 1954) a autorisé le monde à se laisser aller à l'euphorie
d'*Omo* : non seulement les produits détergents n'ont aucune
action nocive sur la peau, mais même ils peuvent peut-être sauver les mineurs de la silicose. Or ces produits sont depuis
quelques années l'objet d'une publicité si massive, qu'ils font
aujourd'hui partie de cette zone de la vie quotidienne des Français, où les psychanalyses, si elles se tenaient à jour, devraient
bien porter un peu leur regard. On pourrait alors utilement
opposer à la psychanalyse des liquides purificateurs *(Javel)*,
celle des poudres saponidées *(Lux, Persil)* ou détergentes *(Rai,
Paic, Crio, Omo)*. Les rapports du remède et du mal, du produit
et de la saleté sont très différents dans l'un ou l'autre cas.

Par exemple, les eaux de *Javel* ont toujours été senties
comme une sorte de feu liquide dont l'action doit être soigneusement mesurée, faute de quoi l'objet lui-même est atteint,
« brûlé » ; la légende implicite de ce genre de produit repose sur
l'idée d'une modification violente, abrasive de la matière : les
répondants sont d'ordre chimique ou mutilant : le produit

« tue » la saleté. Au contraire, les poudres sont des éléments séparateurs ; leur rôle idéal est de libérer l'objet de son imperfection circonstancielle : on « chasse » la saleté, on ne la tue plus ; dans l'imagerie *Omo,* la saleté est un petit ennemi malingre et noir qui s'enfuit à toutes jambes du beau linge pur, rien qu'à la menace du jugement d'*Omo.* Les chlores et les ammoniacs sont sans aucun doute les délégués d'une sorte de feu total, sauveur mais aveugle ; les poudres sont au contraire sélectives, elles poussent, conduisent la saleté à travers la trame de l'objet, elles sont une fonction de police, non de guerre. Cette distinction a ses répondants ethnographiques : le liquide chimique prolonge le geste de la lavandière battant son linge, et les poudres remplacent plutôt celui de la ménagère pressant et roulant la lessive le long du lavoir incliné.

Mais dans l'ordre même des poudres, il faut encore opposer à la publicité psychologique, la publicité psychanalytique (j'entends ce mot sans y attacher une signification d'école particulière). Par exemple, la Blancheur *Persil* fonde son prestige sur l'évidence d'un résultat ; on met en mouvement la vanité, le paraître social, en donnant à comparer deux objets dont l'un est *plus* blanc que l'autre. La publicité *Omo* indique aussi l'effet du produit (sous une forme d'ailleurs superlative), mais surtout découvre le procès de son action ; elle engage ainsi le consommateur dans une sorte de mode vécu de la substance, le rend complice d'une délivrance et non plus seulement bénéficiaire d'un résultat : la matière est ici pourvue d'états-valeurs.

Omo en utilise deux, assez nouveaux dans l'ordre des détergents : le profond et le mousseux. Dire qu'*Omo* nettoie en profondeur (voir la saynète du Cinéma-Publicité), c'est supposer que le linge est profond, ce qu'on n'avait jamais pensé, et ce qui est incontestablement le magnifier, l'établir comme un objet flatteur à ces obscures poussées d'enveloppement et de caresse qui sont dans tout corps humain. Quant à la mousse, sa signification de luxe est bien connue : d'abord, elle a une apparence d'inutilité ; ensuite sa prolifération abondante, facile, infinie presque, laisse supposer dans la substance dont elle sort, un germe vigoureux, une essence saine et puissante, une grande richesse d'éléments actifs sous un petit volume originel; enfin elle flatte chez le consommateur une imagination aérienne de la matière, un mode de contact à la fois léger et vertical, poursuivi comme un bonheur aussi bien dans l'ordre gustatif (foies gras, entremets, vins) que dans celui des vêtements (mousselines, tulles) et dans celui des savons (vedette prenant son bain). La mousse peut même être signe d'une certaine spiritualité, dans la mesure où l'esprit est réputé pouvoir tirer tout de rien, une grande surface d'effets d'un petit volume de causes (les crèmes ont une tout autre psychanalyse, d'ordre sopitif: elles abolissent les rides, la douleur, le feu, etc.). L'important, c'est d'avoir su masquer la fonction abrasive du détergent sous l'image délicieuse d'une substance à la fois profonde et aérienne qui peut régir l'ordre moléculaire du tissu sans l'attaquer. Euphorie qui ne doit d'ailleurs pas faire oublier qu'il y a un plan où *Persil* et *Omo*, c'est tout comme: le plan du trust anglo-hollandais *Unilever*,

Le Pauvre et le Prolétaire

Le dernier gag de Charlot, c'est d'avoir fait passer la moitié de son prix soviétique dans les caisses de l'abbé Pierre. Au fond, cela revient à établir une égalité de nature entre le prolétaire et le pauvre. Charlot a toujours vu le prolétaire sous les traits du pauvre: d'où la force humaine de ses représentations, mais aussi leur ambiguïté politique. Ceci est bien visible dans ce film admirable, *les Temps modernes*. Charlot y frôle sans cesse le thème prolétarien, mais ne l'assume jamais politiquement; ce qu'il nous donne à voir, c'est le prolétaire encore aveugle et mystifié, défini par la nature immédiate de ses besoins et son aliénation totale aux mains de ses maîtres (patrons et policiers). Pour Charlot, le prolétaire est encore un homme qui a faim: les représentations de la faim sont toujours épiques chez Charlot: grosseur démesurée des sandwiches, fleuves de lait, fruits qu'on jette négligemment à peine mordus;

par dérision, la machine à manger (d'essence patronale) ne fournit que des aliments parcellés et visiblement fades. Englué dans sa famine, l'homme-Charlot se situe toujours juste au-dessous de la prise de conscience politique : la grève est pour lui une catastrophe parce qu'elle menace un homme réellement aveuglé par sa faim ; cet homme ne rejoint la condition ouvrière qu'au moment où le pauvre et le prolétaire coïncident sous le regard (et les coups) de la police. Historiquement, Charlot recouvre à peu près l'ouvrier de la Restauration, le manœuvre révolté contre la machine, désemparé par la grève, fasciné par le problème du pain (au sens propre du mot), mais encore incapable d'accéder à la connaissance des causes politiques et à l'exigence d'une stratégie collective.

Mais c'est précisément parce que Charlot figure une sorte de prolétaire brut, encore extérieur à la Révolution, que sa force représentative est immense. Aucune œuvre socialiste n'est encore arrivée à exprimer la condition humiliée du travailleur avec autant de violence et de générosité. Seul Brecht, peut-être, a entrevu la nécessité pour l'art socialiste de prendre toujours l'homme à la veille de la Révolution, c'est-à-dire l'homme seul, encore aveugle, sur le point d'être ouvert à la lumière révolutionnaire par l'excès « naturel » de ses malheurs En montrant l'ouvrier déjà engagé dans un combat conscient, subsumé sous la Cause et le Parti, les autres œuvres rendent compte d'une réalité politique nécessaire, mais sans force esthétique.

Or Charlot, conformément à l'idée de Brecht, montre sa cécité au public de telle sorte que le public voit à la fois l'aveugle et son spectacle ; voir quelqu'un ne pas voir, c'est la meilleure façon de voir intensément ce qu'il ne voit pas : ainsi au Guignol, ce sont les enfants qui dénoncent à Guignol ce qu'il feint de ne pas voir. Par exemple, Charlot dans sa cellule, choyé par ses gardiens, y mène la vie idéale du petit-bourgeois américain : les jambes croisées, il lit son journal sous un portrait de Lincoln, mais la suffisance adorable de la posture la discrédite complètement, fait qu'il n'est plus possible de s'y réfugier sans remarquer la nouvelle aliénation qu'elle contient. Les plus légers enlisements sont ainsi rendus vains, et le pauvre est sans

cesse coupé de ses tentations. En somme, c'est pour cela que
l'homme-Charlot triomphe de tout : c'est parce qu'il échappe
de tout, rejette toute commandite, et n'investit jamais dans
l'homme que l'homme seul. Son anarchie, discutable politiquement, représente en art la forme peut-être la plus efficace de la
révolution.

Martiens

Le mystère des Soucoupes Volantes a d'abord été tout terrestre : on supposait que la soucoupe venait de l'inconnu soviétique, de ce monde aussi privé d'intentions claires qu'une autre
planète. Et déjà cette forme du mythe contenait en germe son
développement planétaire ; si la soucoupe d'engin soviétique est
devenu si facilement engin martien, c'est qu'en fait la mythologie occidentale attribue au monde communiste l'altérité même
d'une planète : l'URSS est un monde intermédiaire entre la
Terre et Mars.

Seulement, dans son devenir, le merveilleux a changé de sens,
on est passé du mythe du combat à celui de jugement. Mars en
effet, jusqu'à nouvel ordre, est impartial : Mars vient sur terre
pour juger la Terre, mais avant de condamner, Mars veut observer, entendre. La grande contestation URSS-USA est donc
désormais sentie comme un état coupable, parce qu'ici le danger
est sans mesure avec le bon droit ; d'où le recours mythique à un
regard céleste, assez puissant pour intimider les deux parties.
Les analystes de l'avenir pourront expliquer les éléments figura-
tifs de cette puissance, les thèmes oniriques qui la composent : la
rondeur de l'engin, le lisse de son métal, cet état superlatif du
monde que serait une matière sans couture : *a contrario*, nous
comprenons mieux tout ce qui dans notre champ perceptif participe au thème du Mal : les angles, les plans irréguliers, le bruit,
le discontinu des surfaces. Tout cela a déjà été minutieusement
posé dans les romans d'anticipation, dont la psychose martienne
ne fait que reprendre à la lettre les descriptions.

Ce qu'il y a de plus significatif, c'est que Mars est implicitement douée d'un déterminisme historique calqué sur celui de la
Terre. Si les soucoupes sont les véhicules de géographes martiens
venus observer la configuration de la Terre, comme l'a dit tout
haut je ne sais quel savant américain, et comme sans doute beaucoup le pensent tout bas, c'est que l'histoire de Mars a mûri au
même rythme que celle de notre monde, et produit des géographes dans le même siècle où nous avons découvert la géographie et la photographie aérienne. La seule avance est celle du
véhicule lui-même, Mars n'étant ainsi qu'une Terre rêvée, douée
d'ailes parfaites comme dans tout rêve d'idéalisation. Probablement que si nous débarquions à notre tour en Mars telle que nous
l'avons construite, nous n'y trouverions que la Terre elle-même,
et entre ces deux produits d'une même Histoire, nous ne saurions
démêler lequel est le nôtre. Car pour que Mars en soit rendue au
savoir géographique, il faut bien qu'elle ait eu, elle aussi, son
Strabon, son Michelet, son Vidal de La Blache et, de proche en
proche, les mêmes nations, les mêmes guerres, les mêmes savants
et les mêmes hommes que nous.

La logique oblige qu'elle ait aussi les mêmes religions, et
bien entendu, singulièrement la nôtre, à nous Français. Les
Martiens, a dit *le Progrès de Lyon,* ont eu nécessairement un
Christ ; partant ils ont aussi un pape (et voilà d'ailleurs le
schisme ouvert) : faute de quoi ils n'auraient pu se civiliser au
point d'inventer la soucoupe interplanétaire. Car, pour ce journal, la religion et le progrès technique étant au même titre des
biens précieux de la civilisation, l'une ne peut aller sans
l'autre : *Il est inconcevable,* y écrit-on, *que des êtres ayant atteint
un tel degré de civilisation qu'ils puissent arriver jusqu'à nous par
leurs propres moyens, soit « païens ». Ils doivent être déistes,
reconnaissant l'existence d'un dieu et ayant leur propre religion.*

Ainsi toute cette psychose est fondée sur le mythe de l'Identique, c'est-à-dire du Double. Mais ici comme toujours, le
Double est en avance, le Double est Juge. L'affrontement de
l'Est et de l'Ouest n'est déjà plus le pur combat du Bien et du
Mal, c'est une sorte de mêlée manichéiste, jetée sous les yeux
d'un troisième Regard ; il postule l'existence d'une Sur-Nature

au niveau du ciel, parce que c'est au ciel qu'est la Terreur : le ciel est désormais, sans métaphore, le champ d'apparition de la mort atomique. Le juge naît dans le même lieu où le bourreau menace.

Encore ce Juge – ou plutôt ce Surveillant – vient-on de le voir soigneusement réinvesti par la spiritualité commune, et différer fort peu, en somme, d'une pure projection terrestre. Car c'est l'un des traits constants de toute mythologie petite-bourgeoise, que cette impuissance à imaginer l'Autre. L'altérité est le concept le plus antipathique au « bon sens ». Tout mythe tend fatalement à un anthropomorphisme étroit, et, qui pis est, à ce que l'on pourrait appeler un anthropomorphisme de classe. Mars n'est pas seulement la Terre, c'est la Terre petite-bourgeoise, c'est le petit canton de mentalité, cultivé (ou exprimé) par la grande presse illustrée. A peine formée dans le ciel, Mars est ainsi *alignée* par la plus forte des appropriations, celle de l'identité.

L'opération Astra

Insinuer dans l'Ordre le spectacle complaisant de ses servitudes, c'est devenu désormais un moyen paradoxal mais péremptoire de le gonfler. Voici le schéma de cette nouvelle démonstration : prendre la valeur d'ordre que l'on veut restaurer ou développer, manifester d'abord longuement ses petitesses, les injustices qu'elle produit, les brimades qu'elle suscite, la plonger dans son imperfection de nature ; puis au dernier moment la sauver *malgré* ou plutôt *avec* la lourde fatalité de ses tares. Des exemples ? Il n'en manque pas.

Prenez une armée ; manifestez sans fard le caporalisme de ses chefs, le caractère borné, injuste de sa discipline, et dans cette tyrannie bête, plongez un être moyen, faillible mais sympathique, archétype du spectateur. Et puis, au dernier moment, renversez le chapeau magique, et tirez-en l'image d'une armée triomphante, drapeaux au vent, adorable, à laquelle, comme la femme de Sganarelle, on ne peut être que fidèle, quoique battu *(From here to eternity, Tant qu'il y aura des hommes).*

Prenez une autre armée : posez le fanatisme scientifique de ses ingénieurs, leur aveuglement ; montrez tout ce qu'une rigueur si inhumaine détruit : des hommes, des couples. Et puis sortez votre drapeau, sauvez l'armée par le progrès, accrochez la grandeur de l'une au triomphe de l'autre (*les Cyclones* de Jules Roy). L'Eglise enfin : dites d'une façon brûlante son pharisaïsme, l'étroitesse d'esprit de ses bigots, indiquez que tout ceci peut être meurtrier, ne cachez aucune des misères de la foi. Et puis, *in extremis*, laissez entendre que la lettre, si ingrate soit-elle, est une voie de salut pour ses victimes elles-mêmes, et justifiez le rigorisme moral par la sainteté de ceux qu'il accable (*Living Room* de Graham Greene).

C'est une sorte d'homéopathie : on guérit les doutes contre l'Eglise, contre l'Armée, par le mal même de l'Eglise et de l'Armée. On inocule un mal contingent pour prévenir ou guérir un mal essentiel. S'insurger contre l'inhumanité des valeurs d'ordre, pense-t-on, c'est une maladie commune, naturelle, excusable ; il ne faut pas la heurter de front, mais plutôt l'exorciser comme une possession : on fait jouer au malade la représentation de son mal, on l'amène à connaître le visage même de sa révolte, et la révolte disparaît d'autant plus sûrement qu'une fois distancé, regardé, l'ordre n'est plus qu'un mixte manichéen, donc fatal, gagnant sur les deux tableaux et par conséquent bénéfique. Le mal immanent de la servitude est racheté par le bien transcendant de la religion, de la patrie, de l'Eglise, etc. Un peu de mal « avoué » dispense de reconnaître beaucoup de mal caché.

On peut retrouver dans la publicité un schéma romanesque qui rend bien compte de cette nouvelle vaccine. Il s'agit de la publicité *Astra*. L'historiette commence toujours par un cri d'indignation adressé à la margarine : « Une mousse à la margarine ? C'est impensable ! » « De la margarine ? Ton oncle sera furieux ! » Et puis les yeux s'ouvrent, la conscience s'assouplit, la margarine est un délicieux aliment, agréable, digeste, économique, utile en toute circonstance. On connaît la morale de la fin : « Vous voilà débarrassés d'un préjugé qui vous coûtait cher ! » C'est de la même façon que l'Ordre vous délivre de vos préjugés progressistes. L'Armée, valeur idéale ? C'est impensable ; voyez ses brimades, son caporalisme, l'aveuglement toujours possible de ses chefs. L'Église, infaillible ? Hélas, c'est bien douteux : voyez ses bigots, ses prêtres sans pouvoir, son conformisme meurtrier. Et puis le bon sens fait ses comptes : que sont les menues scories de l'ordre au prix de ses avantages ? Il vaut bien le prix d'un vaccin. Qu'importe, *après tout*, que la margarine ne soit que de la graisse, si son rendement est supérieur à celui du beurre ? Qu'importe, *après tout*, que l'ordre soit un peu brutal ou un peu aveugle, s'il nous permet de vivre à bon marché ? Nous voilà, nous aussi, débarrassés d'un préjugé qui nous coûtait cher, trop cher, qui nous coûtait trop de scrupules, trop de révoltes, trop de combats et trop de solitude.

Conjugales

On se marie beaucoup dans notre bonne presse illustrée : grands mariages (le fils du maréchal Juin et la fille d'un inspecteur des Finances, la fille du duc de Castries et le baron de Vitrolles), mariages d'amour (Miss Europe 53 et son ami d'enfance), mariages (futurs) de vedettes (Marlon Brando et Josiane Mariani, Raf Vallone et Michèle Morgan). Naturellement, tous ces mariages ne sont pas saisis au même moment ; car leur vertu mythologique n'est pas la même.

Le grand mariage (aristocratique ou bourgeois) répond à la fonction ancestrale et exotique de la noce : il est à la fois potlatch entre les deux familles et spectacle de ce potlatch aux yeux de la foule qui entoure la consomption des richesses. La foule est nécessaire ; donc le grand mariage est toujours saisi sur la place publique, devant l'église ; c'est là qu'on brûle l'argent et qu'on en aveugle l'assemblée ; on jette dans le brasier les uniformes et les habits, l'acier et les cravates (de la Légion d'honneur), l'Armée et le Gouvernement, tous les grands emplois du théâtre bourgeois, les attachés militaires (attendris), un capitaine de la Légion (aveugle) et la foule parisienne (émue). La force, la loi, l'esprit, le cœur, toutes ces valeurs d'ordre sont jetées ensemble dans la noce, consumées dans le potlatch mais par là même instituées plus solidement que jamais, prévaricant grassement la richesse naturelle de toute union. Un « grand mariage », il ne faut pas l'oublier, est une opération fructueuse de comptabilité, qui consiste à faire passer au crédit de la nature le lourd débit de l'Ordre, à absorber dans l'euphorie publique du Couple « la triste et sauvage histoire des hommes » : l'Ordre se nourrit sur l'Amour ; le mensonge, l'exploitation, la cupidité, tout le mal social bourgeois est renfloué par la vérité du couple.

L'union de Sylviane Carpentier, Miss Europe 53, et de son ami d'enfance, l'électricien Michel Warembourg permet de développer une image différente, celle de la chaumière heureuse. Grâce à son titre, Sylviane aurait pu mener la carrière brillante d'une star, voyager, faire du cinéma, gagner beaucoup d'argent ; sage et modeste, elle a renoncé à « la gloire éphémère » et, fidèle à son passé, elle a épousé un électricien de Palaiseau. Les jeunes époux nous sont ici présentés dans la phase postnuptiale de leur union, en train d'établir les habitudes de leur bonheur et de s'installer dans l'anonymat d'un petit confort : on arrange le deux-pièces-cuisine, on prend le petit déjeuner, on va au cinéma, on fait le marché.

Ici l'opération consiste évidemment à mettre au service du modèle petit-bourgeois, toute la gloire naturelle du couple : que ce bonheur, par définition mesquin, puisse être cependant *choisi*, voilà qui renfloue les millions de Français qui le partagent par condition. La petite-bourgeoisie peut être fière du ralliement de Sylviane Carpentier, tout comme autrefois l'Eglise tirait force et prestige de quelque prise de voile aristocratique : le mariage modeste de Miss Europe, son entrée touchante, après tant de gloire, dans le deux-pièces-cuisine de Palaiseau, c'est M. de Rancé choisissant la Trappe, ou Louise de La Vallière le Carmel : grande gloire pour la Trappe, le Carmel et Palaiseau.

L'amour-plus-fort-que-la-gloire relance ici la morale du statu quo social : il n'est pas sage de sortir de sa condition, il est glorieux d'y rentrer. En échange de quoi, la condition elle-même peut développer ses avantages, qui sont essentiellement ceux de la fuite. Le bonheur est, dans cet univers, de jouer à une sorte d'enfermement domestique : questionnaires « psychologiques », trucs, bricolages. appareils ménagers, emplois du temps, tout ce paradis ustensile d'*Elle* ou de *L'Express* glorifie la clôture du foyer, son introversion pantouflarde, tout ce qui l'occupe, l'infantilise, l'innocente et le coupe d'une responsabilité sociale élargie. « Deux cœurs, une chaumière. » Pourtant, le monde existe aussi. Mais l'amour spiritualise la chaumière, et la chaumière masque le taudis : on exorcise la misère par son image idéale, la pauvreté.

Le mariage de vedettes, lui, n'est presque jamais présenté que sous son aspect futur. Ce qu'il développe, c'est le mythe à peu près pur du Couple (du moins dans le cas de Vallone-Morgan ; pour Brando, les éléments sociaux dominent encore, on le verra à l'instant). La conjugalité est donc à la limite du superflu, reléguée sans précaution dans un avenir problématique : Marlon Brando *va* épouser Josiane Mariani (mais seulement quand il aura tourné vingt nouveaux films) ; Michèle Morgan et Raf Vallone formeront *peut-être* un nouveau couple civil (mais il faudra d'abord que Michèle divorce). Il s'agit en fait d'un hasard donné comme assuré dans la mesure même où son importance est marginale, soumise à cette convention très générale qui veut que publiquement le mariage soit toujours la finalité « naturelle » de l'accouplement. Ce qui importe, c'est, sous la caution d'un mariage hypothétique, de faire passer la réalité charnelle du couple.

Le (futur) mariage de Marlon Brando est encore, lui, tout chargé de complexes sociaux : c'est celui de la bergère et du seigneur. Josiane, fille d'un « modeste » pêcheur de Bandol, accomplie cependant, puisqu'elle a sa première partie de bachot et parle couramment l'anglais (thème des « perfections » de la jeune fille à marier), Josiane a touché l'homme le plus ténébreux du cinéma, sorte de compromis entre Hippolyte et quelque sultan solitaire et sauvage. Mais cet enlèvement d'une humble Française par le monstre hollywoodien n'est total que dans son mouvement de retour : le héros enchaîné par l'amour semble reverser tous ses prestiges sur la petite ville française, la plage, le marché, les cafés et les épiceries de Bandol ; en fait, c'est Marlon qui est fécondé par l'archétype petit-bourgeois de toutes les lectrices d'hebdomadaires illustrés. « Marlon, dit *Une semaine du monde,* Marlon, en compagnie de sa (future) belle-maman et de sa (future) épouse, comme un petit-bourgeois français, fait une paisible promenade apéritive. » La réalité impose au rêve son décor et son statut, la petite-bourgeoisie française étant manifestement aujourd'hui dans une phase d'impérialisme mythique. Au premier degré, le prestige de Marlon est d'ordre musculaire, vénusien ; au second degré, il est d'ordre social : Marlon est consacré par Bandol, bien plus qu'il ne la consacre.

Dominici
ou le triomphe de la Littérature

Tout le procès Dominici s'est joué sur une certaine idée de la psychologie, qui se trouve être comme par hasard celle de la Littérature bien-pensante. Les preuves matérielles étant incertaines ou contradictoires, on a eu recours aux preuves mentales ; et où les prendre sinon dans la mentalité même des accusateurs ? On a donc reconstitué de chic mais sans l'ombre d'un doute, les mobiles et l'enchaînement des actes ; on a fait comme ces archéologues qui vont ramasser de vieilles pierres aux quatre coins du champ de fouille, et avec leur ciment tout moderne mettent debout un délicat reposoir de Sésostris, ou encore qui reconstituent une religion morte il y a deux mille ans en puisant au vieux fonds de la sagesse universelle, qui n'est en fait que leur sagesse à eux, élaborée dans les écoles de la IIIe République.

De même pour la « psychologie » du vieux Dominici. Est-ce vraiment la sienne ? On n'en sait rien. Mais on peut être sûr que c'est bien la psychologie du président d'assises ou de l'avocat général. Ces deux mentalités, celle du vieux rural alpin et celle

du personnel justicier, ont-elles la même mécanique ? Rien n'est
moins sûr. C'est pourtant au nom d'une psychologie « universelle » que le vieux Dominici a été condamné : descendue de
l'empyrée charmant des romans bourgeois et de la psychologie
essentialiste, la Littérature vient de condamner un homme à
l'échafaud. Ecoutez l'avocat général : « Sir Jack Drummond, je
vous l'ai dit, avait peur. Mais il sait que la meilleure façon de
se défendre, c'est encore d'attaquer. Il se précipite donc sur cet
homme farouche et prend le vieil homme à la gorge. Il n'y a
pas un mot d'échangé. Mais pour Gaston Dominici, le simple
fait qu'on veuille lui faire toucher terre des épaules est impensable. Il n'a pas pu, physiquement, supporter cette force qui
soudain s'opposait à lui. » C'est plausible comme le temple de
Sésostris, comme la Littérature de M. Genevoix. Seulement,
fonder l'archéologie ou le roman sur un « Pourquoi pas ? », cela
ne fait de mal à personne. Mais la Justice ? Périodiquement,
quelque procès, et pas forcément fictif comme celui de *l'Etran-
ger*, vient vous rappeler qu'elle est toujours disposée à vous
prêter un cerveau de rechange pour vous condamner sans
remords, et que, cornélienne, elle vous peint tel que vous
devriez être et non tel que vous êtes.

Ce transport de Justice dans le monde de l'accusé est possible grâce à un mythe intermédiaire, dont l'officialité fait toujours grand usage, que ce soit celle des cours d'assises ou celle
des tribunes littéraires, et qui est la transparence et l'universalité
du langage. Le président d'assises, qui lit *le Figaro*, n'éprouve
visiblement aucun scrupule à dialoguer avec le vieux chevrier
« illettré ». N'ont-ils pas en commun une même langue et la
plus claire qui soit, le français ? Merveilleuse assurance de
l'éducation classique, où les bergers conversent sans gêne avec
les juges ! Mais ici encore, derrière la morale prestigieuse (et
grotesque) des versions latines et des dissertations françaises,
c'est la tête d'un homme qui est en jeu.

La disparité des langages, leur clôture impénétrable, ont
pourtant été soulignées par quelques journalistes, et Giono en a
donné de nombreux exemples dans ses comptes rendus d'au-
dience. On y constate qu'il n'est pas besoin d'imaginer des bar-

rières mystérieuses, des malentendus à la Kafka. Non, la syntaxe, le vocabulaire, la plupart des matériaux élémentaires, analytiques, du langage se cherchent aveuglément sans se joindre, mais nul n'en a scrupule : (« Etes-vous allé au pont ? – Allée ? il n'y a pas d'allée, je le sais, j'y suis été. ») Naturellement tout le monde feint de croire que c'est le langage officiel qui est de sens commun, celui de Dominici n'étant qu'une variété ethnologique, pittoresque par son indigence. Pourtant, ce langage présidentiel est tout aussi particulier, chargé de clichés irréels, langage de rédaction scolaire, non de psychologie concrète (à moins que la plupart des hommes ne soient obligés, hélas, d'avoir la psychologie du langage qu'on leur apprend). Ce sont tout simplement deux particularités qui s'affrontent. Mais l'une a les honneurs, la loi, la force pour soi.

Et ce langage « universel » vient relancer à point la psychologie des maîtres : elle lui permet de prendre toujours autrui pour un objet, de décrire et de condamner en même temps. C'est une psychologie adjective, elle ne sait que pourvoir ses victimes d'attributs, ignore tout de l'acte en dehors de la catégorie coupable où on le fait entrer de force. Ces catégories, ce sont celles de la comédie classique ou d'un traité de graphologie : vantard, coléreux, égoïste, rusé, paillard, dur, l'homme n'existe à ses yeux que par les « caractères » qui le désignent à la société comme objet d'une assimilation plus ou moins facile, comme sujet d'une soumission plus ou moins respectueuse. Utilitaire, mettant entre parenthèses tout état de conscience, cette psychologie prétend cependant fonder l'acte sur une intériorité préalable, elle postule « l'âme » ; elle juge l'homme comme une « conscience », sans s'embarrasser de l'avoir premièrement décrit comme un objet.

Or cette psychologie-là, au nom de quoi on peut très bien aujourd'hui vous couper la tête, elle vient en droite ligne de notre littérature traditionnelle, qu'on appelle en style bourgeois, littérature du Document humain. C'est au nom du document humain que le vieux Dominici a été condamné. Justice et littérature sont entrées en alliance, ont échangé leurs vieilles techniques, dévoilant ainsi leur identité profonde, se compromettant impudemment l'une par l'autre. Derrière les juges, dans des fauteuils curules, les écrivains (Giono, Salacrou). Au pupitre de l'accusation, un magistrat ? Non, un « conteur extra-ordinaire », doué d'un « esprit incontestable » et d'une « verve éblouissante » (selon le satisfecit choquant accordé par *le Monde* à l'avocat général). La police elle-même fait ici ses gammes d'écriture. (Un commissaire divisionnaire : « Jamais je n'ai vu menteur plus comédien, joueur plus méfiant, conteur plus plaisant, finaud plus matois, septuagénaire plus gaillard, despote plus sûr de lui, calculateur plus retors, dissimulateur plus rusé… Gaston Dominici, c'est un étonnant Frégoli d'âmes humaines, et de pensées animales. Il n'a pas plusieurs visages, le faux patriarche de la Grand-Terre, il en a cent ! ») Les anti-thèses, les métaphores, les envolées, c'est toute la rhétorique classique qui accuse ici le vieux berger. La justice a pris le masque de la littérature réaliste, du conte rural, cependant que la littérature elle-même venait au prétoire chercher de nou-veaux documents « humains », cueillir innocemment sur le visage de l'accusé et des suspects, le reflet d'une psychologie que pourtant, par voie de justice, elle avait été la première à lui imposer.

Seulement, en face de la littérature de réplétion (donnée tou-jours comme littérature du « réel » et de l'« humain »), il y a une littérature du déchirement : le procès Dominici a été aussi cette littérature-là. Il n'y a pas eu ici que des écrivains affamés de réel et des conteurs brillants dont la verve « éblouissante » emporte la tête d'un homme ; quel que soit le degré de culpabi-lité de l'accusé, il y a eu aussi le spectacle d'une terreur dont nous sommes tous menacés, celle d'être jugés par un pouvoir qui ne veut entendre que le langage qu'il nous prête. Nous sommes tous Dominici en puissance, non meurtriers, mais accusés privés de langage, ou pire, affublés, humiliés, condam-nés sous celui de nos accusateurs. Voler son langage à un homme au nom même du langage, tous les meurtres légaux commencent par là.

Iconographie de l'abbé Pierre

Le mythe de l'abbé Pierre dispose d'un atout précieux : la tête de l'abbé. C'est une belle tête, qui présente clairement tous les signes de l'apostolat : le regard bon, la coupe franciscaine, la barbe missionnaire, tout cela complété par la canadienne du prêtre-ouvrier et la canne du pèlerin. Ainsi sont réunis les chiffres de la légende et ceux de la modernité.

La coupe de cheveux, par exemple, à moitié rase, sans apprêt et surtout sans forme, prétend certainement accomplir une coiffure entièrement abstraite de l'art et même de la technique, une sorte d'état zéro de la coupe : il faut bien se faire couper les cheveux, mais que cette opération nécessaire n'implique au moins aucun mode particulier d'existence : qu'elle soit, sans pourtant être quelque chose. La coupe de l'abbé Pierre, conçue visiblement pour atteindre un équilibre neutre entre le cheveu court (convention indispensable pour ne pas se faire remarquer) et le cheveu négligé (état propre à manifester le mépris des autres conventions) rejoint ainsi l'archétype capillaire de la sainteté : le saint est avant tout un être sans contexte formel ; l'idée de mode est antipathique à l'idée de sainteté.

Mais où les choses se compliquent – à l'insu de l'abbé, il faut le souhaiter – c'est qu'ici comme ailleurs, la neutralité finit par fonctionner comme *signe* de la neutralité, et si l'on voulait vraiment passer inaperçu, tout serait à recommencer. La coupe zéro, elle, affiche tout simplement le franciscanisme ; conçue d'abord négativement pour ne pas contrarier l'apparence de la sainteté, bien vite elle passe à un mode superlatif de signification, elle *déguise* l'abbé en saint François. D'où la foisonnante fortune iconographique de cette coupe dans les illustrés et au cinéma (où il suffira à l'acteur Reybaz de la porter pour se confondre absolument avec l'abbé).

Même circuit mythologique pour la barbe : sans doute peut-elle être simplement l'attribut d'un homme libre, détaché des conventions quotidiennes de notre monde et qui répugne à perdre le temps de se raser : la fascination de la charité peut avoir raisonnablement ces sortes de mépris ; mais il faut bien constater que la barbe ecclésiastique a elle aussi sa petite mythologie. On n'est point barbu au hasard, parmi les prêtres ; la barbe y est surtout attribut missionnaire ou capucin, elle ne peut faire autrement que de *signifier* apostolat et pauvreté ; elle abstrait un peu son porteur du clergé séculier ; les prêtres glabres sont censés plus temporels, les barbus plus évangéliques : l'horrible Frolo était rasé, le bon Père de Foucauld barbu ; derrière la barbe, on appartient un peu moins à son évêque, à la hiérarchie, à l'Eglise politique ; on semble plus libre, un peu franc-tireur, en un mot plus primitif, bénéficiant du prestige des premiers solitaires, disposant de la rude franchise des fondateurs du monachisme, dépositaires de l'esprit contre la lettre : porter la barbe, c'est explorer d'un même cœur la Zone, la Britonnie ou le Nyassaland.

Evidemment, le problème n'est pas de savoir comment cette forêt de *signes* a pu couvrir l'abbé Pierre (encore qu'il soit à vrai dire assez surprenant que les attributs de la bonté soient des sortes de pièces transportables, objets d'un échange facile entre la réalité, l'abbé Pierre de *Match*, et la fiction, l'abbé Pierre du film, et qu'en un mot l'apostolat se présente dès la première minute tout prêt, tout équipé pour le grand voyage des reconstitutions et des légendes). Je m'interroge seulement sur l'énorme consommation que le public fait de ces signes. Je le vois rassuré par l'identité spectaculaire d'une morphologie et d'une vocation ; ne doutant pas de l'une parce qu'il connaît l'autre ; n'ayant plus accès à l'expérience même de l'apostolat que par son bric-à-brac et s'habituant à prendre bonne conscience devant le seul magasin de la sainteté ; et je m'inquiète d'une société qui consomme si avidement l'affiche de la charité qu'elle en oublie de s'interroger sur ses conséquences, ses emplois et ses limites. J'en viens alors à me demander si la belle et touchante iconographie de l'abbé Pierre n'est pas l'alibi dont une bonne partie de la nation s'autorise, une fois de plus, pour substituer impunément les signes de la charité à la réalité de la justice.

Romans et Enfants

A en croire *Elle,* qui rassemblait naguère sur une même photographie soixante-dix romancières, la femme de lettres constitue une espèce zoologique remarquable : elle accouche pêle-mêle de romans et d'enfants. On annonce par exemple : *Jacqueline Lenoir (deux filles, un roman); Marina Grey (un fils, un roman); Nicole Dutreil (deux fils, quatre romans),* etc.

Qu'est-ce que cela veut dire ? Ceci : écrire est une conduite glorieuse, mais hardie ; l'écrivain est un « artiste », on lui reconnaît un certain droit à la bohème ; comme il est chargé en général, du moins dans la France d'*Elle,* de donner à la société les raisons de sa bonne conscience, il faut bien payer ses services : on lui concède tacitement le droit de mener une vie un peu personnelle. Mais attention : que les femmes ne croient pas qu'elles peuvent profiter de ce pacte sans s'être d'abord soumises au statut éternel de la féminité. Les femmes sont sur la terre pour donner des enfants aux hommes ; qu'elles écrivent tant qu'elles veulent, qu'elles décorent leur condition, mais surtout qu'elles n'en sortent pas : que leur destin biblique ne soit pas troublé par la promotion qui leur est concédée, et qu'elles payent aussitôt par le tribut de leur maternité cette bohème attachée naturellement à la vie d'écrivain.

Soyez donc courageuses, libres ; jouez à l'homme, écrivez comme lui ; mais ne vous en éloignez jamais ; vivez sous son regard, compensez vos romans par vos enfants ; courez un peu votre carrière, mais revenez bien vite à votre condition. Un roman, un enfant, un peu de féminisme, un peu de conjugalité, attachons l'aventure de l'art aux pieux solides du foyer : tous deux profiteront beaucoup de ce va-et-vient ; en matière de mythes, l'entraide se pratique toujours fructueusement.

Par exemple, la Muse donnera son sublime aux humbles fonctions ménagères ; et en revanche, à titre de remerciement pour ce bon office, le mythe de la natalité prête à la Muse, de réputation parfois un peu légère, la caution de sa respectabilité, le décor touchant de la nursery. Ainsi tout est pour le mieux dans le meilleur des mondes – celui d'*Elle* : que la femme prenne confiance, elle peut très bien accéder comme les hommes au statut supérieur de la création. Mais que l'homme se rassure bien vite : on ne lui enlèvera pas sa femme pour autant, elle n'en restera pas moins par nature une génitrice disponible. *Elle* joue prestement une scène à la Molière ; dit oui d'un côté et non de l'autre, s'affaire à ne désobliger personne ; comme don Juan entre ses deux paysannes, *Elle* dit aux femmes : vous valez bien les hommes ; et aux hommes : votre femme ne sera jamais qu'une femme.

L'homme semble d'abord absent de ce double accouchement ; enfants et romans ont l'air de venir aussi seuls les uns que les autres, n'appartenant qu'à la mère ; pour un peu, et à force de voir soixante-dix fois œuvres et gosses dans la même parenthèse, on croirait qu'ils sont tous fruits d'imagination et de rêve, produits miraculeux d'une parthénogenèse idéale qui donnerait en une seule fois à la femme les joies balzaciennes de la création et les joies tendres de la maternité. Où est donc l'homme dans ce tableau de famille ? Nulle part et partout, comme un ciel, un horizon, une autorité qui, à la fois, détermine et enferme une condition. Tel est ce monde d'*Elle* : les femmes y sont toujours une espèce homogène, un corps constitué, jaloux de ses privilèges, encore plus amoureux de ses servitudes ; l'homme n'y est jamais à l'intérieur, la féminité est pure, libre, puissante ; mais l'homme est partout autour, il presse de toutes parts, il fait exister ; il est de toute éternité l'absence créatrice, celle du dieu racinien : monde sans hommes, mais tout entier constitué par le regard de l'homme, l'univers féminin d'*Elle* est très exactement celui du gynécée.

Il y a dans toute démarche d'*Elle* ce double mouvement : fermez le gynécée, et puis seulement alors, lâchez la femme dedans. Aimez, travaillez, écrivez, soyez femmes d'affaires ou de lettres, mais rappelez-vous toujours que l'homme existe, et que vous n'êtes pas faites comme lui : votre ordre est libre à condition de dépendre du sien ; votre liberté est un luxe, elle n'est possible que si vous reconnaissez d'abord les obligations

de votre nature. Ecrivez, si vous voulez, nous en serons toutes
très fières ; mais n'oubliez pas non plus de faire des enfants, car
cela est de votre destin. Morale jésuite : prenez des accommo-
dements avec la morale de votre condition, mais ne lâchez
jamais sur le dogme qui la fonde.

Jouets

Que l'adulte français voit l'Enfant comme un autre lui-
même, il n'y en a pas de meilleur exemple que le jouet français.
Les jouets courants sont essentiellement un microcosme adulte ;
ils sont tous reproductions amoindries d'objets humains,
comme si aux yeux du public l'enfant n'était en somme qu'un
homme plus petit, un homunculus à qui il faut fournir des
objets à sa taille.

Les formes inventées sont très rares : quelques jeux de
construction, fondés sur le génie de la bricole, proposent seuls
des formes dynamiques. Pour le reste, le jouet français *signifie
toujours quelque chose,* et ce quelque chose est toujours entièrement socialisé, constitué par les mythes ou les techniques de la
vie moderne adulte : l'Armée, la Radio, les Postes, la Médecine
(trousses miniatures de médecin, salles d'opération pour poupées), l'Ecole, la Coiffure d'Art (casques à onduler), l'Aviation
(parachutistes), les Transports (Trains, Citroën, Vedette, Vespa,
Stations-services), la Science (Jouets martiens).

Que les jouets français préfigurent *littéralement* l'univers des
fonctions adultes ne peut évidemment que préparer l'enfant à
les accepter toutes, en lui constituant avant même qu'il réflé-
chisse l'alibi d'une nature qui a créé de tout temps des soldats,
des postiers et des vespas. Le jouet livre ici le catalogue de tout
ce dont l'adulte ne s'étonne pas : la guerre, la bureaucratie, la
laideur, les Martiens, etc. Ce n'est pas tant, d'ailleurs, l'imitation qui est signe d'abdication, que sa littéralité : le jouet français est comme une tête réduite de Jivaro, où l'on retrouve à la
taille d'une pomme les rides et les cheveux de l'adulte. Il existe

par exemple des poupées qui urinent; elles ont un œsophage, on leur donne le biberon, elles mouillent leurs langes; bientôt, sans nul doute, le lait dans leur ventre se transformera en eau. On peut par là préparer la petite fille à la causalité ménagère, la « conditionner » à son futur rôle de mère. Seulement, devant cet univers d'objets fidèles et compliqués, l'enfant ne peut se constituer qu'en propriétaire, en usager, jamais en créateur; il n'invente pas le monde, il l'utilise : on lui prépare des gestes sans aventure, sans étonnement et sans joie. On fait de lui un petit propriétaire pantouflard qui n'a même pas à inventer les ressorts de la causalité adulte; on les lui fournit tout prêts : il n'a qu'à se servir, on ne lui donne jamais rien à parcourir. Le moindre jeu de construction, pourvu qu'il ne soit pas trop raffiné, implique un apprentissage du monde bien différent : l'enfant n'y crée nullement des objets significatifs, il lui importe peu qu'ils aient un nom adulte : ce qu'il exerce, ce n'est pas un usage, c'est une démiurgie : il crée des formes qui marchent, qui roulent, il crée une vie, non une propriété; les objets s'y conduisent eux-mêmes, ils n'y sont plus une matière inerte et compliquée dans le creux de la main. Mais cela est plus rare : le jouet français est d'ordinaire un jouet d'imitation, il veut faire des enfants usagers, non des enfants créateurs.

L'embourgeoisement du jouet ne se reconnaît pas seulement à ses formes, toutes fonctionnelles, mais aussi à sa substance. Les jouets courants sont d'une matière ingrate, produits d'une chimie, non d'une nature. Beaucoup sont maintenant moulés dans des pâtes compliquées; la matière plastique y a une apparence à la fois grossière et hygiénique, elle éteint le plaisir, la douceur, l'humanité du toucher. Un signe consternant, c'est la disparition progressive du bois, matière pourtant idéale par sa fermeté et sa tendreur, la chaleur naturelle de son contact; le bois ôte, de toute forme qu'il soutient, la blessure des angles trop vifs le froid chimique du métal; lorsque l'enfant le manie et le cogne, il ne vibre ni ne grince, il a un son sourd et net à la fois; c'est une substance familière et poétique, qui laisse l'enfant dans une continuité de contact avec l'arbre, la table, le plancher. Le bois ne blesse, ni ne se détraque; il ne se casse pas, il s'use, peut durer longtemps, vivre avec l'enfant, modifier peu à peu les rapports de l'objet et de la main ; s'il meurt, c'est en diminuant, non en se gonflant, comme ces jouets mécaniques qui disparaissent sous la hernie d'un ressort détraqué. Le bois fait des objets essentiels, des objets de toujours. Or il n'y a presque plus de ces jouets en bois, de ces bergeries vosgiennes, possibles, il est vrai, dans un temps d'artisanat. Le jouet est désormais chimique, de substance et de couleur : son matériau même introduit à une cénesthésie de l'usage, non du plaisir. Ces jouets meurent d'ailleurs très vite, et une fois morts, ils n'ont pour l'enfant aucune vie posthume.

Paris n'a pas été inondé

Malgré les embarras ou les malheurs qu'elle a pu apporter à des milliers de Français, l'inondation de janvier 1955 a participé de la Fête, plus que de la catastrophe.

D'abord, elle a dépaysé certains objets, rafraîchi la perception du monde en y introduisant des points insolites et pourtant explicables : on a vu des autos réduites à leur toit, des réverbères tronqués, leur tête seule surnageant comme un nénuphar, des maisons coupées comme des cubes d'enfants, un chat bloqué plusieurs jours sur un arbre. Tous ces objets quotidiens ont paru tout d'un coup séparés de leurs racines, privés de la substance raisonnable par excellence, la Terre. Cette rupture a eu le mérite de rester curieuse, sans être magiquement menaçante : la nappe d'eau a agi comme un truquage réussi mais connu, les hommes ont eu le plaisir de voir des formes modifiées, mais somme toute « naturelles », leur esprit a pu rester fixé sur l'effet sans régresser dans l'angoisse vers l'obscurité des causes. La crue a bouleversé l'optique quotidienne, sans pourtant la dériver vers le fantastique ; les objets ont été partiellement oblitérés, non déformés : le spectacle a été singulier mais raisonnable.

Toute rupture un peu ample du quotidien introduit à la Fête : or, la crue n'a pas seulement choisi et dépaysé certains objets,

elle a bouleversé la cénesthésie même du paysage, l'organisation ancestrale des horizons : les lignes habituelles du cadastre,
les rideaux d'arbres, les rangées de maisons, les routes, le lit
même du fleuve, cette stabilité angulaire qui prépare si bien les
formes de la propriété, tout cela a été gommé, étendu de l'angle
au plan : plus de voies, plus de rives, plus de directions ; une
substance plane qui ne va nulle part, et qui suspend ainsi le
devenir de l'homme. le détache d'une raison, d'une ustensilité
des lieux.

Le phénomène le plus troublant est certainement la disparition même du fleuve : celui qui est la cause de tout ce boule-
versement, n'est plus, l'eau n'a plus de cours, le ruban de la
rivière, cette forme élémentaire de toute perception géographique, dont les enfants, justement, sont si friands, passe de la
ligne au plan, les accidents de l'espace n'ont plus aucun
contexte, il n'y a plus de hiérarchie entre le fleuve, la route,
les champs, les talus, les vagues terrains ; la vue panoramique
perd son pouvoir majeur, qui est d'organiser l'espace comme
une juxtaposition de fonctions. C'est donc au centre même des
réflexes optiques que la crue porte son trouble. Mais ce
trouble n'est pas *visuellement* menaçant (je parle des photos de
presse, seul moyen de consommation vraiment collective de
l'inondation) : l'appropriation de l'espace est suspendue, la
perception est étonnée, mais la sensation globale reste douce,
paisible, immobile et liante ; le regard est entraîné dans une
dilution infinie ; la rupture du visuel quotidien n'est pas de
l'ordre du tumulte : c'est une mutation dont on ne voit que le
caractère accompli, ce qui en éloigne l'horreur.

A cet apaisement de la vue, engagée par le débordement des
fleuves calmes dans un suspens des fonctions et des *noms* de la
topographie terrestre, correspond évidemment tout un mythe
heureux du glissement : devant les photos d'inondation, chaque
lecteur se sent glisser par procuration. D'où le grand succès des
scènes où l'on voit des barques marcher dans la rue : ces scènes
sont nombreuses, journaux et lecteurs s'en sont montrés gour-
mands. C'est que l'on y voit accompli dans le réel le grand rêve
mythique et enfantin du marcheur aquatique. Après des millé-

naires de navigation, le bateau reste encore un objet surprenant : il produit des envies, des passions, des rêves : enfants dans leur jeu ou travailleurs fascinés par la croisière, tous y voient l'instrument même de délivrance, la résolution toujours étonnante d'un problème inexplicable au bon sens : marcher sur l'eau. L'inondation relance le thème, lui donne pour cadre piquant la rue de tous les jours : on va en bateau chez l'épicier, le curé entre en barque dans son église, une famille va aux provisions en canoë.

A cette sorte de gageure, s'ajoute l'euphorie de reconstruire le village ou le quartier, de lui donner des chemins nouveaux, d'en user un peu comme d'un lieu théâtral, de varier le mythe enfantin de la cabane, par l'approche difficile de la maison-refuge, défendue par l'eau même, comme un château fort ou un palais vénitien. Fait paradoxal, l'inondation a fait un monde plus disponible, maniable avec la sorte de délectation que l'enfant met à disposer ses jouets, à les explorer et à en jouir. Les maisons n'ont plus été que cubes, les rails lignes isolées, les troupeaux masses transportées et c'est le petit bateau, le jouet superlatif de l'univers enfantin, qui est devenu le mode possessif de cet espace disposé, étalé, et non plus enraciné.

Si l'on passe des mythes de sensation aux mythes de valeur, l'inondation garde la même réserve d'euphorie : la presse a pu y développer très facilement une dynamique de la solidarité et reconstituer au jour le jour la crue comme un événement groupeur d'hommes. Cela tient essentiellement à la nature *prévisible* du mal : il y avait par exemple quelque chose de chaud et d'actif dans la façon dont les journaux assignaient d'avance à la crue son jour de maximum ; le délai à peu près scientifique imparti à l'éclatement du mal a pu rassembler les hommes dans une élaboration rationnelle du remède : barrages, colmatages, évacuations. Il s'agit de la même euphorie industrieuse qui fait rentrer une récolte ou du linge avant l'orage, lever un pont-levis dans un roman d'aventures, en un mot lutter contre la nature par la seule arme du temps.

Menaçant Paris, la crue a pu même s'envelopper un peu dans le mythe quarante-huitard : les Parisiens ont élevé des « barri-

cades », ils ont défendu leur ville à l'aide de pavés contre le
fleuve ennemi. Ce mode de résistance légendaire a beaucoup
séduit, soutenu par toute une imagerie du mur d'arrêt, de la
tranchée glorieuse, du rempart de sable qu'édifient les gosses
sur la plage en luttant de vitesse contre la marée. C'était plus
noble que le pompage des caves, dont les journaux n'ont pu
tirer grand effet, les concierges ne comprenant pas à quoi ser-
vait d'étancher une eau que l'on rejetait dans le fleuve en crue.
Mieux valait développer l'image d'une mobilisation armée, le
concours de la troupe, les canots pneumatiques à moto-godilles,
le sauvetage « des enfants, des vieillards et des malades », la
rentrée biblique des troupeaux, toute cette fièvre de Noé emplissant l'Arche. Car l'Arche est un mythe heureux : l'humanité y
prend ses distances à l'égard des éléments, elle s'y concentre et
y élabore la conscience nécessaire de ses pouvoirs, faisant sortir
du malheur même l'évidence que le monde est maniable.

Bichon chez les Nègres

Match nous a raconté une histoire qui en dit long sur le mythe
petit-bourgeois du Nègre : un ménage de jeunes professeurs a
exploré le pays des Cannibales pour y faire de la peinture ; ils
ont emmené avec eux leur bébé de quelques mois, Bichon. On
s'est beaucoup extasié sur le courage des parents et de l'enfant.

D'abord, il n'y a rien de plus irritant qu'un héroïsme sans
objet. C'est une situation grave pour une société que de se
mettre à développer gratuitement les *formes* de ses vertus. Si les
dangers courus par le jeune Bichon (torrents, fauves, maladies,
etc.) étaient réels, il était proprement stupide de les lui imposer,
sous le seul prétexte d'aller faire du dessin en Afrique et pour
satisfaire au panache douteux de fixer sur la toile « une
débauche de soleil et de lumière » ; il est encore plus condam-
nable de faire passer cette stupidité pour une belle audace, bien
décorative et touchante. On voit comment fonctionne ici le courage : c'est un acte formel et creux, plus il est immotivé, plus il

inspire de respect ; on est en pleine civilisation scoute, où le code des sentiments et des valeurs est complètement détaché des problèmes concrets de solidarité ou de progrès, C'est le vieux mythe du « caractère » c'est-à-dire du « dressage ». Les exploits de Bichon sont de même sorte que les ascensions spectaculaires : des démonstrations d'ordre éthique, qui ne reçoivent leur valeur finale que de la publicité qu'on leur donne. Aux formes socialisées du sport collectif correspond souvent dans nos pays une forme superlative du sport-vedette ; l'effort physique n'y fonde pas un apprentissage de l'homme à son groupe, mais plutôt une morale de la vanité, un exotisme de l'endurance, une petite mystique de l'aventure, coupée monstrueusement de toute préoccupation de sociabilité.

Le voyage des parents de Bichon dans une contrée située d'ailleurs très vaguement, et donnée surtout comme le Pays des Nègres Rouges, sorte de lieu romanesque dont on atténue, sans en avoir l'air, les caractères trop réels, mais dont le nom légendaire propose déjà une ambiguïté terrifiante entre la couleur de leur teinture et le sang humain qu'on est censé y boire, ce voyage nous est livré ici sous le vocabulaire de la conquête : on part non armé sans doute, mais « la palette et le pinceau à la main », c'est tout comme s'il s'agissait d'une chasse ou d'une expédition guerrière, décidée dans des conditions matérielles ingrates (les héros sont toujours pauvres, notre société bureaucratique ne favorise pas les nobles départs), mais riche de son courage – et de sa superbe (ou grotesque) inutilité. Le jeune Bichon, lui, joue les Parsifal, il oppose sa blondeur, son innocence, ses boucles et son sourire, au monde infernal des peaux noires et rouges aux scarifications et aux masques hideux. Naturellement, c'est la douceur blanche qui est victorieuse : Bichon soumet « les mangeurs d'hommes » et devient leur idole (les Blancs sont décidément faits pour être des dieux). Bichon est un bon petit Français, il adoucit et soumet sans coup férir les sauvages : à deux ans, au lieu d'aller au bois de Boulogne, il travaille déjà pour sa patrie, tout comme son papa, qui, on ne sait trop pourquoi, partage la vie d'un peloton de méharistes et traque « les pillards » dans le maquis.

On a déjà deviné l'image du Nègre qui se profile derrière ce petit roman bien tonique : d'abord le Nègre fait peur, il est cannibale ; et si l'on trouve Bichon héroïque, c'est qu'il risque en fait d'être mangé. Sans la présence implicite de ce risque, l'histoire perdrait toute vertu de choc, le lecteur n'aurait pas peur ; aussi, les confrontations sont multipliées où l'enfant blanc est seul, abandonné, insouciant et exposé dans un cercle de Noirs potentiellement menaçants (la seule image pleinement rassurante du Nègre sera celle du *boy*, du barbare domestiqué, couplé d'ailleurs avec cet autre lieu commun de toutes les bonnes histoires d'Afrique : le boy voleur qui disparaît avec les affaires du maître). A chaque image, on doit frémir de ce qui aurait pu arriver : on ne le précise jamais, la narration est « objective » ; mais en fait elle repose sur la collusion pathétique de la chair blanche et de la peau noire, de l'innocence et de la cruauté, de la spiritualité et de la magie ; la Belle enchaîne la Bête, Daniel se fait lécher par les lions, la civilisation de l'âme soumet la barbarie de l'instinct.

L'astuce profonde de l'opération-Bichon, c'est de donner à voir le monde nègre par les yeux de l'enfant blanc : tout y a évidemment l'apparence d'un *guignol*. Or comme cette réduction recouvre très exactement l'image que le sens commun se fait des arts et des coutumes exotiques, voilà le lecteur de *Match* confirmé dans sa vision infantile, installé un peu plus dans cette impuissance à imaginer autrui que j'ai déjà signalée à propos des mythes petits-bourgeois. Au fond, le Nègre n'a pas de vie pleine et autonome : c'est un objet bizarre ; il est réduit à une fonction parasite, celle de distraire les hommes blancs par son baroque vaguement menaçant : l'Afrique, c'est un guignol un peu dangereux.

Et maintenant, si l'on veut bien mettre en regard de cette imagerie générale (*Match* : un million et demi de lecteurs, environ), les efforts des ethnologues pour démystifier le fait nègre, les précautions rigoureuses qu'ils observent déjà depuis fort longtemps lorsqu'ils sont obligés de manier ces notions ambiguës de « Primitifs » ou d'« Archaïques », la probité intellectuelle d'hommes comme Mauss, Lévi-Strauss ou Leroi-Gourhan aux prises avec de vieux termes raciaux camouflés, on comprendra mieux l'une de nos servitudes majeures : le divorce accablant de la connaissance et de la mythologie. La science va vite et droit en son chemin ; mais les représentations collectives ne suivent pas, elles sont des siècles en arrière, maintenues stagnantes dans l'erreur par le pouvoir, la grande presse et les valeurs d'ordre.

Nous vivons encore dans une mentalité pré-voltairienne, voilà ce qu'il faut sans cesse dire. Car du temps de Montesquieu ou de Voltaire, si l'on s'étonnait des Persans ou des Hurons, c'était du moins pour leur prêter le bénéfice de l'ingénuité. Voltaire n'écrirait pas aujourd'hui les aventures de Bichon comme l'a fait *Match* : il imaginerait plutôt quelque Bichon cannibale (ou coréen) aux prises avec le « guignol » napalmisé de l'Occident.

Un ouvrier sympathique

Le film de Kazan *Sur les quais* est un bon exemple de mystification. Il s'agit, on le sait sans doute, d'un beau docker indolent et légèrement brute (Marlon Brando), dont la conscience s'éveille peu à peu grâce à l'Amour et à l'Eglise (donnée sous forme d'un curé de choc, de style spellmanien). Comme cet éveil coïncide avec l'élimination d'un syndicat frauduleux et abusif et semble engager les dockers à résister à quelques-uns de leurs exploiteurs, certains se sont demandé si l'on n'avait pas affaire à un film courageux, à un film de « gauche », destiné à montrer au public américain le problème ouvrier.

En fait, il s'agit encore une fois de cette vaccine de la vérité, dont j'ai indiqué le mécanisme tout moderne à propos d'autres films américains : on dérive sur un petit groupe de gangsters la fonction d'exploitation du grand patronat, et par ce petit mal confessé, fixé comme une légère et disgracieuse pustule, on détourne du mal réel, on évite de le nommer, on l'exorcise.

Il suffit pourtant de décrire objectivement les « rôles » du film de Kazan pour établir sans conteste son pouvoir mystificateur : le prolétariat est ici constitué par un groupe d'êtres veules, courbant le dos sous une servitude qu'ils voient bien sans avoir le courage de l'ébranler ; l'Etat (capitaliste) se confond avec la Justice absolue, il est le seul recours possible contre le crime et l'exploitation : si l'ouvrier parvient jusqu'à l'Etat, jusqu'à sa police et ses commissions d'enquête, il est sauvé. Quant à l'Eglise, sous les apparences d'un modernisme m'as-tu-vu, elle n'est rien de plus qu'une puissance médiatrice entre la misère constitutive de l'ouvrier et le pouvoir paternel de l'Etat-patron. A la fin d'ailleurs, tout ce petit prurit de justice et de conscience s'apaise bien vite, se résout dans la grande stabilité d'un ordre bienfaisant, où les ouvriers travaillent, où les patrons se croisent les bras, et où les prêtres bénissent les uns et les autres dans leurs justes fonctions.

C'est la fin même, d'ailleurs, qui trahit le film, au moment où beaucoup ont cru que Kazan signalait astucieusement son progressisme : dans la dernière séquence, on voit Brando, par un effort surhumain, parvenir à se présenter en bon ouvrier consciencieux devant le patron qui l'attend. Or ce patron est visiblement caricaturé. On a dit : voyez comme Kazan ridiculise perfidement les capitalistes.

C'est ici le cas ou jamais d'appliquer la méthode de démystification proposée par Brecht, et d'examiner les conséquences de l'adhésion que dès le début du film nous donnons au personnage principal. Il est évident que Brando est pour nous un héros positif, auquel, malgré ses défauts, la foule entière accroche son cœur, selon ce phénomène de participation hors duquel, en général, on ne veut pas voir de spectacle possible. Lorsque ce héros, plus grand encore d'avoir retrouvé sa conscience et son courage, blessé, à bout de forces et pourtant tenace, se dirige vers le patron qui lui rendra du travail, notre communion ne connaît plus de bornes, nous nous identifions totalement et sans réfléchir avec ce nouveau Christ, nous participons sans retenue à son calvaire. Or l'assomption douloureuse de Brando conduit en fait à la reconnaissance passive du patronat éternel : ce que l'on nous orchestre, en dépit de toutes les caricatures, c'est *la rentrée dans l'ordre* ; avec Brando, avec les dockers, avec tous

les ouvriers d'Amérique, nous nous remettons, dans un sentiment de victoire et de soulagement, entre les mains d'un patronat dont il ne sert plus de rien de peindre l'apparence tarée : il y
a longtemps que nous sommes pris, empoissés dans une communion de destin avec ce docker qui ne retrouve le sens de la
justice sociale que pour en faire hommage et don au capital
américain.

On le voit, c'est la nature *participatrice* de cette scène qui en
fait objectivement un épisode de mystification. Dressés à aimer
Brando dès le début, nous ne pouvons plus à aucun moment le
critiquer, prendre même conscience de sa bêtise objective. On
sait que c'est précisément contre le danger de tels mécanismes
que Brecht a proposé sa méthode de distancement du rôle.
Brecht aurait demandé à Brando de *montrer* sa naïveté, de nous
faire comprendre qu'en dépit de toute la sympathie que nous
pouvons avoir pour ses malheurs, il est encore plus important
d'en voir les causes et les remèdes. On peut résumer l'erreur de
Kazan en disant que ce qu'il importait de donner à juger, c'était
beaucoup moins le capitaliste que Brando lui-même. Car il y a
beaucoup plus à attendre de la révolte des victimes que de la
caricature de leurs bourreaux.

Le visage de Garbo

Garbo appartient encore à ce moment du cinéma où la saisie
du visage humain jetait les foules dans le plus grand trouble, où
l'on se perdait littéralement dans une image humaine comme
dans un philtre, où le visage constituait une sorte d'état absolu
de la chair, que l'on ne pouvait ni atteindre ni abandonner.
Quelques années avant, le visage de Valentino opérait des sui-
cides ; celui de Garbo participe encore du même règne d'amour
courtois, où la chair développe des sentiments mystiques de
perdition.

C'est sans doute un admirable visage-objet ; dans *la Reine
Christine,* film que l'on a revu ces années-ci à Paris, le fard a

l'épaisseur neigeuse d'un masque ; ce n'est pas un visage peint, c'est un visage plâtré, défendu par la surface de la couleur et non par ses lignes ; dans toute cette neige à la fois fragile et compacte, les yeux seuls, noirs comme une pulpe bizarre, mais nullement expressifs, sont deux meurtrissures un peu tremblantes. Même dans l'extrême beauté, ce visage non pas dessiné, mais plutôt sculpté dans le lisse et le friable, c'est-à-dire à la fois parfait et éphémère, rejoint la face farineuse de Charlot, ses yeux de végétal sombre, son visage de totem.

Or, la tentation du masque total (le masque antique, par exemple) implique peut-être moins le thème du secret (ce qui est le cas des demi-masques italiens) que celui d'un archétype du visage humain. Garbo donnait à voir une sorte d'idée platonicienne de la créature, et c'est ce qui explique que son visage soit presque désexué, sans être pour autant douteux. Il est vrai que le film (la reine Christine est tour à tour femme et jeune cavalier) prête à cette indivision ; mais Garbo n'y accomplit aucune performance de travesti ; elle est toujours elle-même, porte sans feindre sous sa couronne ou ses grands feutres bas, le même visage de neige et de solitude. Son surnom de *Divine* visait moins sans doute à rendre un état superlatif de la beauté, que l'essence de sa personne corporelle, descendue d'un ciel où les choses sont formées et finies dans la plus grande clarté. Elle-même le savait : combien d'actrices ont consenti à laisser voir à la foule la maturation inquiétante de leur beauté. Elle, non : il ne fallait pas que l'essence se dégradât, il fallait que son visage n'eût jamais d'autre réalité que celle de sa perfection intellectuelle, plus encore que plastique. L'Essence s'est peu à peu obscurcie, voilée progressivement de lunettes, de capelines et d'exils ; mais elle ne s'est jamais altérée.

Pourtant, dans ce visage déifié, quelque chose de plus aigu qu'un masque se dessine : une sorte de rapport volontaire et donc humain entre la courbure des narines et l'arcade des sourcils, une fonction rare, individuelle, entre deux zones de la figure ; le masque n'est qu'addition de lignes, le visage, lui, est avant tout rappel thématique des unes aux autres. Le visage de Garbo représente ce moment fragile, où le cinéma va extraire une beauté existentielle d'une beauté essentielle, où l'archétype va s'infléchir vers la fascination de figures périssables, où la clarté des essences charnelles va faire place à une lyrique de la femme.

Comme moment de transition, le visage de Garbo concilie deux âges iconographiques, il assure le passage de la terreur au charme. On sait qu'aujourd'hui, nous sommes à l'autre pôle de cette évolution : le visage d'Audrey Hepburn, par exemple, est individualisé, non seulement par sa thématique particulière (femme-enfant, femme-chatte), mais aussi par sa personne, par une spécification à peu près unique du visage, qui n'a plus rien d'essentiel, mais est constitué par une complexité infinie des fonctions morphologiques. Comme langage, la singularité de Garbo était d'ordre conceptuel, celle d'Audrey Hepburn est d'ordre substantiel. Le visage de Garbo est Idée, celui de Hepburn est Evénement.

Puissance et désinvolture

Dans les films de Série noire, on est arrivé maintenant à un bon gestuaire de la désinvolture ; pépées à la bouche molle lançant leurs ronds de fumée sous l'assaut des hommes ; claquements de doigts olympiens pour donner le signal net et parcimonieux d'une rafale ; tricot paisible de l'épouse du chef de bande, au milieu des situations les plus brûlantes. Le *Grisbi* avait déjà institutionnalisé ce gestuaire du détachement en lui donnant la caution d'une quotidienneté bien française.

Le monde des gangsters est avant tout un monde du sang-froid. Des faits que la philosophie commune juge encore considérables, comme la mort d'un homme, sont réduits à une épure, présentés sous le volume d'un atome de geste : un petit grain dans le déplacement paisible des lignes, deux doigts claqués, et à l'autre bout du champ perceptif, un homme tombe dans la même convention de mouvement. Cet univers de la litote, qui est toujours construit comme une dérision glacée du mélodrame, est aussi, on le sait, le dernier univers de la féerie. L'exiguïté du geste décisif a toute une tradition mythologique, depuis le *numen* des dieux antiques, faisant d'un mouvement de tête basculer la destinée des hommes, jusqu'au coup de baguette de la fée ou du prestidigitateur. L'arme à feu avait sans doute distancé la mort, mais d'une façon si visiblement rationnelle qu'il a fallu raffiner sur le geste pour manifester de nouveau la présence du destin ; voilà ce qu'est précisément la désinvolture de nos gangsters : le résidu d'un mouvement tragique qui parvient à confondre le geste et l'acte sous le plus mince des volumes.

J'insisterai de nouveau sur la précision sémantique de ce monde, sur la structure intellectuelle (et non pas seulement émotive) du spectacle. L'extraction brusque du colt hors de la veste dans une parabole impeccable ne *signifie* nullement la mort, car l'usage indique depuis longtemps qu'il s'agit d'une simple menace, dont l'effet peut être miraculeusement retourné : l'émergence du revolver n'a pas ici une valeur tragique, mais seulement cognitive ; elle signifie l'apparition d'une nouvelle péripétie, le geste est argumentatif, non proprement terrifiant ; il correspond à telle inflexion du raisonnement dans une pièce de Marivaux : la situation est retournée, ce qui avait été objet de conquête est perdu d'un seul coup ; le ballet des revolvers fait le temps plus labile, disposant dans l'itinéraire du récit, des retours à zéro, des bonds régressifs analogues à ceux du jeu de l'oie. Le colt est langage, sa fonction est de maintenir une pression de la vie, d'éluder la clôture du temps ; il est *logos,* non *praxis.*

Le geste désinvolte du gangster a au contraire tout le pouvoir concerté d'un arrêt ; sans élan, rapide dans la quête infaillible de son point terminal, il coupe le temps et trouble la rhétorique. Toute désinvolture affirme que seul le silence est efficace : tricoter, fumer, lever le doigt, ces opérations imposent l'idée que la vraie vie est dans le silence, et que l'acte a droit de vie ou de mort sur le temps. Le spectateur a ainsi l'illusion d'un monde sûr, qui ne se modifie que sous la pression des actes, jamais sous celle des paroles ; si le gangster parle, c'est en images, le langage n'est pour lui que poésie, le mot n'a en lui aucune fonction démiurgique : parler est sa façon d'être oisif et de le marquer. Il y a un univers essentiel qui est celui des gestes bien huilés, arrêtés toujours à un point précis et prévu, sorte de somme de l'efficacité pure : et puis, il y a par-dessus quelques festons d'argot, qui sont comme le luxe inutile (et donc aristo-cratique) d'une économie où la seule valeur d'échange est le geste.

Mais ce geste, pour signifier qu'il se confond avec l'acte, doit polir toute emphase, s'amincir jusqu'au seuil perceptif de son existence ; il ne doit avoir que l'épaisseur d'une liaison entre la cause et l'effet ; la désinvolture est ici le signe le plus astucieux de l'efficacité ; chacun y retrouve l'idéalité d'un monde rendu à merci sous le pur gestuaire humain, et qui ne se ralentirait plus sous les embarras du langage : les gangsters et les dieux ne parlent pas, ils bougent la tête, et tout s'accomplit.

Le vin et le lait

Le vin est senti par la nation française comme un bien qui lui est propre, au même titre que ses trois cent soixante espèces de fromages et sa culture. C'est une boisson-totem, correspondant au lait de la vache hollandaise ou au thé absorbé cérémonieuse-ment par la famille royale anglaise. Bachelard a déjà donné la psychanalyse substantielle de ce liquide, à la fin de son essai sur les rêveries de la volonté, montrant que le vin est suc de soleil et de terre, que son état de base est, non pas l'humide, mais le sec, et qu'à ce titre, la substance mythique qui lui est le plus contraire, c'est l'eau.

A vrai dire, comme tout totem vivace, le vin supporte une mythologie variée qui ne s'embarrasse pas des contradictions. Cette substance galvanique est toujours considérée, par exemple, comme le plus efficace des désaltérants, ou du moins la soif sert de premier alibi à sa consommation (« il fait soif »). Sous sa forme rouge, il a pour très vieille hypostase, le sang, le liquide dense et vital. C'est qu'en fait, peu importe sa forme humorale ; il est avant tout une substance de conversion, capable de retourner les situations et les états, et d'extraire des objets leur contraire : de faire, par exemple, d'un faible un fort, d'un silencieux, un bavard ; d'où sa vieille hérédité alchimique, son pouvoir philosophique de transmuter ou de créer *ex nihilo.*

Etant par essence une fonction, dont les termes peuvent changer, le vin détient des pouvoirs en apparence plastiques : il peut servir d'alibi aussi bien au rêve qu'à la réalité, cela dépend des usagers du mythe. Pour le travailleur, le vin sera qualification, facilité démiurgique de la tâche (« cœur à l'ouvrage »). Pour l'intellectuel, il aura la fonction inverse : le « petit vin blanc » ou le « beaujolais » de l'écrivain seront chargés de le couper du monde trop naturel des cocktails et des boissons d'argent (les seules que le snobisme pousse à lui offrir) ; le vin le délivrera des mythes, lui ôtera de son intellectualité, l'égalera au prolétaire ; par le vin, l'intellectuel s'approche d'une virilité naturelle, et pense ainsi échapper à la malédiction qu'un siècle et demi de romantisme continue à faire peser sur la cérébralité pure (on sait que l'un des mythes propres à l'intellectuel moderne, c'est l'obsession « d'en avoir »).

Mais ce qu'il y a de particulier à la France, c'est que le pouvoir de conversion du vin n'est jamais donné ouvertement comme une fin : d'autres pays boivent pour se saouler, et cela est dit par tous ; en France, l'ivresse est conséquence, jamais finalité ; la boisson est sentie comme l'étalement d'un plaisir, non comme la cause nécessaire d'un effet recherché : le vin n'est pas seulement philtre, il est aussi acte durable de boire : le *geste* a ici une valeur décorative, et le pouvoir du vin n'est jamais séparé de ses modes d'existence (contrairement au whisky, par exemple, bu pour son ivresse « la plus agréable, aux suites les moins pénibles », qui s'avale, se répète, et dont le boire se réduit à un acte-cause).

Tout cela est connu, dit mille fois dans le folklore, les proverbes, les conversations et la Littérature. Mais cette universalité même comporte un conformisme : croire au vin est un acte collectif contraignant ; le Français qui prendrait quelque distance à l'égard du mythe s'exposerait à des problèmes menus mais précis d'intégration, dont le premier serait justement d'avoir à s'expliquer. Le principe d'universalité joue ici à plein, en ce sens que la société *nomme* malade, infirme ou vicieux, quiconque ne croit pas au vin : elle ne le *comprend* pas (aux deux sens, intellectuel et spatial, du terme). A l'opposé, un diplôme de bonne intégration est décerné à qui pratique le vin : *savoir* boire est une technique nationale qui sert à qualifier le Français, à prouver à la fois son pouvoir de performance, son contrôle et sa sociabilité. Le vin fonde ainsi une morale collective, à l'intérieur de quoi tout est racheté : les excès, les malheurs, les crimes sont sans doute possibles avec le vin, mais nullement la méchanceté, la perfidie ou la laideur ; le mal qu'il peut engendrer est d'ordre fatal, il échappe donc à la pénalisation, c'est un mal de théâtre, non un mal de tempérament.

Le vin est socialisé parce qu'il fonde non seulement une morale, mais aussi un décor ; il orne les cérémoniaux les plus menus de la vie quotidienne française, du casse-croûte (le gros rouge, le camembert) au festin, de la conversation de bistrot au discours de banquet. Il exalte les climats, quels qu'ils soient, s'associe dans le froid à tous les mythes du réchauffement, et dans la canicule à toutes les images de l'ombre, du frais et du piquant. Pas une situation de contrainte physique (température, faim, ennui, servitude, dépaysement) qui ne donne à rêver le vin. Combiné comme substance de base à d'autres figures alimentaires, il peut couvrir tous les espaces et tous les temps du Français. Dès qu'on atteint un certain détail de la quotidienneté, l'absence de vin choque comme un exotisme : M. Coty, au début de son septennat, s'étant laissé photographier devant une table intime où la bouteille Dumesnil semblait remplacer par extraordinaire le litron de rouge, la nation entière entra en émoi ; c'était aussi intolérable qu'un roi célibataire. Le vin fait ici partie de la raison d'Etat.

Bachelard avait sans doute raison de donner l'eau comme le contraire du vin : mythiquement, c'est vrai ; sociologiquement, du moins aujourd'hui, ce l'est moins ; des circonstances économiques ou historiques ont dévolu ce rôle au lait. C'est mainte-

nant le véritable anti-vin : et non seulement en raison des initia-
tives de M. Mendès-France (d'allure volontairement mythologique : lait bu à la tribune comme le *spinach* de Mathurin), mais
aussi parce que, dans la grande morphologie des substances, le
lait est contraire au feu par toute sa densité moléculaire, par la
nature crémeuse, et donc sopitive, de sa nappe ; le vin est mutilant, chirurgical, il transmute et accouche ; le lait est cosmétique, il lie, recouvre, restaure. De plus, sa pureté, associée à
l'innocence enfantine, est un gage de force, d'une force non
révulsive, non congestive, mais calme, blanche, lucide, tout
égale au réel. Quelques films américains, où le héros, dur et
pur, ne répugnait pas devant un verre de lait avant de sortir son
colt justicier, ont préparé la formation de ce nouveau mythe
parsifalien : aujourd'hui encore, il se boit parfois à Paris, dans
des milieux de durs ou de gouapes, un étrange lait-grenadine,
venu d'Amérique. Mais le lait reste une substance exotique ;
c'est le vin qui est national.

La mythologie du vin peut nous faire d'ailleurs comprendre
l'ambiguïté habituelle de notre vie quotidienne. Car il est vrai
que le vin est une belle et bonne substance, mais il est non
moins vrai que sa production participe lourdement du capitalisme français, que ce soit celui des bouilleurs de cru ou celui
des grands colons algériens qui imposent au musulman, sur la
terre même dont on l'a dépossédé, une culture dont il n'a que
faire, lui qui manque de pain. Il y a ainsi des mythes fort
aimables qui ne sont tout de même pas innocents. Et le propre
de notre aliénation présente, c'est précisément que le vin ne
puisse être une substance tout à fait heureuse, sauf à oublier
indûment qu'il est aussi le produit d'une expropriation.

Le bifteck et les frites

Le bifteck participe à la même mythologie sanguine que le
vin. C'est le cœur de la viande, c'est la viande à l'état pur, et
quiconque en prend, s'assimile la force taurine. De toute évi-

dence, le prestige du bifteck tient à sa quasi-crudité : le sang y est visible, naturel, dense, compact et sécable à la fois ; on imagine bien l'ambroisie antique sous cette espèce de matière lourde qui diminue sous la dent de façon à bien faire sentir dans le même temps sa force d'origine et sa plasticité à s'épancher dans le sang même de l'homme. Le sanguin est la raison d'être du bifteck : les degrés de sa cuisson sont exprimés, non pas en unités caloriques, mais en images de sang, le bifteck est *saignant* (rappelant alors le flot artériel de l'animal égorgé), ou *bleu* (et c'est le sang lourd, le sang pléthorique des veines qui est ici suggéré par le violine, état superlatif du rouge). La cuisson, même modérée, ne peut s'exprimer franchement ; à cet état contre-nature, il faut un euphémisme : on dit que le bifteck est *à point,* ce qui est à vrai dire donné plus comme une limite que comme une perfection.

Manger le bifteck saignant représente donc à la fois une nature et une morale. Tous les tempéraments sont censés y trouver leur compte, les sanguins par identité, les nerveux et les lymphatiques par complément. Et de même que le vin devient pour bon nombre d'intellectuels une substance médiumnique qui les conduit vers la force originelle de la nature, de même le bifteck est pour eux un aliment de rachat, grâce auquel ils prosaïsent leur cérébralité et conjurent par le sang et la pulpe molle, la sécheresse stérile dont sans cesse on les accuse. La vogue du steak tartare, par exemple, est une opération d'exorcisme contre l'association romantique de la sensibilité et de la maladivité : il y a dans cette préparation tous les états germinants de la matière : la purée sanguine et le glaireux de l'œuf, tout un concert de substances molles et vives, une sorte de compendium significatif des images de la préparturition.

Comme le vin, le bifteck est, en France, élément de base, nationalisé plus encore que socialisé ; il figure dans tous les décors de la vie alimentaire : plat, bordé de jaune, semelloïde, dans les restaurants bon marché ; épais, juteux, dans les bistrots spécialisés ; cubique, le cœur tout humecté sous une légère croûte carbonisée, dans la haute cuisine ; il participe à tous les rythmes, au confortable repas bourgeois et au casse-croûte bohème du célibataire ; c'est la nourriture à la fois expéditive et dense, il accomplit le meilleur rapport possible entre l'économie et l'efficacité, la mythologie et la plasticité de sa consommation.

De plus, c'est un bien français (circonscrit, il est vrai, aujourd'hui par l'invasion des steaks américains). Comme pour le vin, pas de contrainte alimentaire qui ne fasse rêver le Français de bifteck. A peine à l'étranger, la nostalgie s'en déclare, le bifteck est ici paré d'une vertu supplémentaire d'élégance, car dans la complication apparente des cuisines exotiques, c'est une nourriture qui joint, pense-t-on, la succulence à la simplicité. National, il suit la cote des valeurs patriotiques : il les renfloue en temps de guerre, il est la chair même du combattant français, le bien inaliénable qui ne peut passer à l'ennemi que par trahison. Dans un film ancien *(Deuxième Bureau contre Kommandantur),* la bonne du curé patriote offre à manger à l'espion boche déguisé en clandestin français : « Ah, c'est vous, Laurent ! je vais vous donner de mon bifteck. » Et puis, quand l'espion est démasqué : « Et moi qui lui ai donné de mon bifteck ! » Suprême abus de confiance.

Associé communément aux frites, le bifteck leur transmet son lustre national : la frite est nostalgique et patriote comme le bifteck. *Match* nous a appris qu'après l'armistice indochinois, « le général de Castries pour son premier repas demanda des pommes de terre frites ». Et le président des Anciens Combattants d'Indochine, commentant plus tard cette information, ajoutait : « On n'a pas toujours compris le geste du général de Castries demandant pour son premier repas des pommes de terre frites. » Ce que l'on nous demandait de comprendre, c'est que l'appel du général n'était certes pas un vulgaire réflexe matérialiste, mais un épisode rituel d'approbation de l'ethnie française retrouvée. Le général connaissait bien notre symbolique nationale, il savait que la frite est le signe alimentaire de la « francité ».

« Nautilus » et « Bateau ivre »

L'œuvre de Jules Verne (dont on a fêté récemment le cinquantenaire) serait un bon objet pour une critique de structure ; c'est une œuvre à thèmes. Verne a construit une sorte de cosmogonie fermée sur elle-même, qui a ses catégories propres, son temps. son espace, sa plénitude, et même son principe existentiel.

Ce principe me paraît être le geste continu de l'enfermement. L'imagination du voyage correspond chez Verne à une exploration de la clôture, et l'accord de Verne et de l'enfance ne vient pas d'une mystique banale de l'aventure, mais au contraire d'un bonheur commun du fini, que l'on retrouve dans la passion enfantine des cabanes et des tentes : s'enclore et s'installer, tel est le rêve existentiel de l'enfance et de Verne. L'archétype de ce rêve est ce roman presque parfait : *l'Ile mystérieuse,* où l'homme-enfant réinvente le monde, l'emplit, l'enclôt, s'y enferme, et couronne cet effort encyclopédique par la posture bourgeoise de l'appropriation : pantoufles, pipe et coin du feu, pendant que dehors la tempête, c'est-à-dire l'infini, fait rage inutilement.

Verne a été un maniaque de la plénitude : il ne cessait de finir le monde et de le meubler, de le faire plein à la façon d'un œuf ; son mouvement est exactement celui d'un encyclopédiste du XVIIIe siècle ou d'un peintre hollandais : le monde est fini, le monde est plein de matériaux numérables et contigus. L'artiste ne peut avoir d'autre tâche que de faire des catalogues, des inventaires, de pourchasser de petits coins vides, pour y faire apparaître en rangs serrés les créations et les instruments humains. Verne appartient à la lignée progressiste de la bourgeoisie : son œuvre affiche que rien ne peut échapper à l'homme, que le monde, même le plus lointain, est comme un objet dans sa main, et que la propriété n'est, somme toute, qu'un moment dialectique dans l'asservissement général de la Nature. Verne ne cherchait nullement à élargir le monde selon des voies romantiques d'évasion ou des plans mystiques d'infini : il cherchait sans cesse à le rétracter, à le peupler, à le réduire à un espace connu et clos, que l'homme pourrait ensuite habiter confortablement : le monde peut tout tirer de lui-même, il n'a besoin, pour exister, de personne d'autre que l'homme.

Outre les innombrables ressources de la science, Verne a inventé un excellent moyen romanesque pour rendre éclatante cette appropriation du monde : gager l'espace par le temps, conjoindre sans cesse ces deux catégories, les risquer sur un même coup de dés ou sur un même coup de tête, toujours réussis. Les péripéties elles-mêmes ont à charge d'imprimer au monde une sorte d'état élastique, d'éloigner puis de rapprocher la clôture, de jouer allégrement avec les distances cosmiques, et d'éprouver d'une façon malicieuse le pouvoir de l'homme sur les espaces et les horaires. Et sur cette planète mangée triomphalement par le héros vernien, sorte d'Antée bourgeois dont les nuits sont innocentes et « réparatrices », traîne souvent quelque desperado, proie du remords ou du spleen, vestige d'un âge romantique révolu, et qui fait éclater par contraste la santé des véritables propriétaires du monde, qui n'ont d'autre souci que de s'adapter aussi parfaitement que possible à des situations dont la complexité, nullement métaphysique ni même morale, tient tout simplement à quelque caprice piquant de la géographie.

Le geste profond de Jules Verne, c'est donc, incontestablement, l'appropriation. L'image du bateau, si importante dans la mythologie de Verne, n'y contredit nullement, bien au contraire : le bateau peut bien être symbole de départ ; il est, plus profondément, chiffre de la clôture. Le goût du navire est toujours joie de s'enfermer parfaitement, de tenir sous sa main le plus grand nombre possible d'objets. De disposer d'un espace absolument fini : aimer les navires, c'est d'abord aimer une maison superlative, parce que close sans rémission, et nullement les grands départs vagues : le navire est un fait d'habitat avant d'être un moyen de transport. Or tous les bateaux de Jules Verne sont bien des « coins du feu » parfaits, et l'énormité de leur périple ajoute encore au bonheur de leur clôture, à la perfection de leur humanité intérieure. Le *Nautilus* est à cet égard la caverne adorable : la jouissance de l'enfermement atteint son paroxysme lorsque, du sein de cette intériorité sans fissure, il est possible de voir par une grande vitre le vague extérieur des eaux, et de définir ainsi dans un même geste l'intérieur par son contraire.

La plupart des bateaux de légende ou de fiction sont à cet égard, comme le *Nautilus,* thème d'un enfermement chéri, car il suffit de donner le navire comme habitat de l'homme pour que l'homme y organise aussitôt la jouissance d'un univers rond et lisse, dont d'ailleurs toute une morale nautique fait de lui à la fois le dieu, le maître et le propriétaire (*seul maître à bord,* etc.). Dans cette mythologie de la navigation, il n'y a qu'un moyen d'exorciser la nature possessive de l'homme sur le navire, c'est de supprimer l'homme et de laisser le navire seul ; alors le bateau cesse d'être boîte, habitat, objet possédé ; il devient œil voyageur, frôleur d'infinis ; il produit sans cesse des départs. L'objet véritablement contraire au *Nautilus* de Verne, c'est le *Bateau ivre* de Rimbaud, le bateau qui dit « je » et, libéré de sa concavité, peut faire passer l'homme d'une psychanalyse de la caverne à une poétique véritable de l'exploration.

Publicité de la profondeur

J'ai indiqué qu'aujourd'hui la publicité des détergents flattait essentiellement une idée de la profondeur : la saleté n'est plus arrachée de la surface, elle est expulsée de ses loges les plus secrètes. Toute la publicité des produits de beauté est fondée, elle aussi, sur une sorte de représentation épique de l'intime. Les petits avant-propos scientifiques, destinés à introduire publicitairement le produit, lui prescrivent de nettoyer en profondeur, de débarrasser en profondeur, de nourrir en profondeur, bref, coûte que coûte, de s'infiltrer. Paradoxalement, c'est dans la mesure où la peau est d'abord surface, mais surface vivante, donc mortelle, propre à sécher et à vieillir, qu'elle s'impose sans peine comme tributaire de racines profondes, de ce que certains produits appellent *la couche basique de renouvellement*. La médecine permet d'ailleurs de donner à la beauté un espace profond (le derme et l'épiderme) et de persuader aux femmes qu'elles sont le produit d'une sorte de circuit germinatif où la beauté des efflorescences dépend de la nutrition des racines.

L'idée de profondeur est donc générale, pas une réclame où elle ne soit présente. Sur les substances à infiltrer et à convertir au sein de cette profondeur, vague total ; on indique seulement qu'il s'agit de *principes* (vivifiants, stimulants, nutritifs) ou de *sucs* (vitaux, revitalisants, régénérants), tout un vocabulaire moliéresque, à peine compliqué d'une pointe de scientisme *(l'agent bactéricide R 51)*. Non, le vrai drame de toute cette petite psychanalyse publicitaire, c'est le conflit de deux substances ennemies qui se disputent subtilement l'acheminement des « sucs » et des « principes » vers le champ de la profondeur. Ces deux substances sont l'eau et la graisse.

Toutes deux sont moralement ambiguës : l'eau est bénéfique, car tout le monde voit bien que la peau vieille est sèche et que les peaux jeunes sont fraîches, pures *(d'une fraîche moiteur,* dit tel produit) ; le ferme, le lisse, toutes les valeurs positives de la substance charnelle sont spontanément senties comme tendues par l'eau, gonflées comme un linge, établies dans cet état idéal de pureté, de propreté et de fraîcheur dont l'eau est la clef générale. Publicitairement, l'hydratation des profondeurs est donc une opération nécessaire. Et pourtant l'infiltration d'un corps opaque apparaît peu facile à l'eau : on imagine qu'elle est trop volatile, trop légère, trop impatiente pour atteindre raisonnablement ces zones cryptuaires où s'élabore la beauté. Et puis, l'eau, dans la physique charnelle et à l'état libre, l'eau décape, irrite, elle retourne à l'air, fait partie du feu ; elle n'est bénéfique qu'emprisonnée, maintenue.

La substance grasse a les qualités et les défauts inverses : elle ne rafraîchit pas ; sa douceur est excessive, trop durable, artificielle ; on ne peut fonder une publicité de la beauté sur la pure idée de crème, dont la compacité même est sentie comme un

état peu naturel. Sans doute la graisse (appelée plus poétique-
ment *huiles,* au pluriel comme dans la Bible ou l'Orient)
dégage-t-elle une idée de nutrition, mais il est plus sûr de
l'exalter comme élément véhiculaire, lubrifiant heureux,
conducteur d'eau au sein des profondeurs de la peau. L'eau est
donnée comme volatile, aérienne, fuyante, éphémère, précieuse ; l'huile au contraire tient, pèse, force lentement les surfaces, imprègne, glisse sans retour le long des « pores »
(personnages essentiels de la beauté publicitaire). Toute la
publicité des produits de beauté prépare donc une conjonction
miraculeuse des liquides ennemis, déclarés désormais complémentaires ; respectant avec diplomatie toutes les valeurs positives de la mythologie des substances, elle parvint à imposer la
conviction heureuse que les graisses sont véhicules d'eau, et
qu'il existe des crèmes aqueuses, des douceurs sans luisance.

La plupart des nouvelles crèmes sont donc nommément
liquides, fluides, ultra-pénétrantes, etc. ; l'idée de graisse, pendant si longtemps consubstantielle à l'idée même de produit de
beauté, se voile ou se complique, se corrige de liquidité, et parfois même disparaît, fait place à la fluide *lotion,* au spirituel
tonique, glorieusement *astringent* s'il s'agit de combattre la ciro-
sité de la peau, pudiquement *spécial* s'il s'agit au contraire de
nourrir grassement ces voraces profondeurs dont on nous étale
impitoyablement les phénomènes digestifs. Cette ouverture
publique de l'intériorité du corps humain est d'ailleurs un trait
général de la publicité des produits de toilette. « La pourriture
s'expulse (des dents, de la peau, du sang, de l'haleine) » : la
France ressent une grande fringale de propreté.

Quelques paroles de M. Poujade

Ce que la petite bourgeoisie respecte le plus au monde, c'est
l'immanence : tout phénomène qui a son propre terme en lui-
même par un simple mécanisme de retour, c'est-à-dire, à la
lettre, tout phénomène *payé,* lui est agréable. Le langage est

chargé d'accréditer, dans ses figures, sa syntaxe même, cette morale de la riposte. Par exemple, M. Poujade dit à M. Edgar Faure : « Vous prenez la responsabilité de la rupture, vous en subirez les conséquences », et l'infini du monde est conjuré, tout est ramené dans un ordre court, mais plein, sans fuite, celui du paiement. Au-delà du contenu même de la phrase, le balancement de la syntaxe, l'affirmation d'une loi selon laquelle rien ne s'accomplit sans une conséquence égale, où tout acte humain est rigoureusement contré, récupéré, bref toute une mathématique de l'équation rassure le petit-bourgeois, lui fait un monde à la mesure de son commerce.

Cette rhétorique du talion a ses figures propres, qui sont toutes d'égalité. Non seulement toute offense doit être conjurée par une menace, mais même tout acte doit être prévenu. L'orgueil de « ne pas se faire rouler » n'est rien d'autre que le respect rituel d'un ordre numératif où déjouer, c'est annuler. (« Ils ont dû vous dire aussi que pour me jouer le coup de Marcellin Albert il ne fallait pas y compter. ») Ainsi la réduction du monde à une pure égalité, l'observance de rapports quantitatifs entre les actes humains sont des états triomphants. Faire payer, contrer, accoucher l'événement de sa réciproque, soit en rétorquant, soit en déjouant, tout cela ferme le monde sur lui-même et produit un bonheur ; il est donc normal que l'on tire vanité de cette comptabilité morale : le panache petit-bourgeois consiste à éluder les valeurs qualitatives, à opposer aux procès de transformation la statique même des égalités (œil pour œil, effet contre cause, marchandise contre argent, sou pour sou, etc.).

M. Poujade est bien conscient que l'ennemi capital de ce système tautologique, c'est la dialectique, qu'il confond d'ailleurs plus ou moins avec la sophistique : on ne triomphe de la dialectique que par un retour incessant au calcul, à la computation des conduites humaines, à ce que M. Poujade, en accord avec l'étymologie, appelle la Raison. (« La rue de Rivoli sera-t-elle plus forte que le Parlement ? la dialectique plus valable que la Raison ? ») La dialectique risque en effet d'ouvrir ce monde que l'on prend bien soin de fermer sur ses égalités ; dans la mesure où elle est une technique de transformation, elle contredit à la structure numérative de la propriété, elle est fuite hors des bornes petites-bourgeoises, et donc d'abord anathémisée, puis décrétée pure illusion : une fois de plus dégradant un vieux thème romantique (qui alors était bourgeois), M. Poujade verse au néant toutes les techniques de l'intelligence, il oppose à la « raison » petite-bourgeoise les sophismes et les rêves des universitaires et des intellectuels discrédités par leur seule position hors du réel computable. (« La France est atteinte d'une surproduction de gens à diplômes, polytechniciens, économistes, philosophes et autres rêveurs qui ont perdu tout contact avec le monde réel. »)

Nous savons maintenant ce qu'est le réel petit-bourgeois : ce n'est même pas ce qui se voit, c'est ce qui se compte ; or ce réel, le plus étroit qu'aucune société ait pu définir, a tout de même sa philosophie : c'est le « bon sens », le fameux bon sens des « petites gens », dit M. Poujade. La petite-bourgeoisie, du moins celle de M. Poujade (Alimentation, Boucherie), possède en propre le bon sens, à la manière d'un appendice physique glorieux, d'un organe particulier de perception : organe curieux, d'ailleurs, puisque, pour y voir clair, il doit avant tout s'aveugler, se refuser à dépasser les apparences, prendre pour de l'argent comptant les propositions du « réel », et décréter néant tout ce qui risque de substituer l'explication à la riposte. Son rôle est de poser des égalités simples entre ce qui se voit et ce qui est, et d'assurer un monde sans relais, sans transition et sans progression. Le bon sens est comme le chien de garde des équations petites-bourgeoises : il bouche toutes les issues dialectiques, définit un monde homogène, où l'on est chez soi, à l'abri des troubles et des fuites du « rêve » (entendez d'une vision non comptable des choses). Les conduites humaines étant et ne devant être que pur talion, le bon sens est cette réaction sélective de l'esprit, qui réduit le monde idéal à des mécanismes directs de riposte.

Ainsi, le langage de M. Poujade montre, une fois de plus, que toute la mythologie petite-bourgeoise implique le refus de l'altérité, la négation du différent, le bonheur de l'identité et l'exaltation du semblable. En général, cette réduction équationnelle du monde prépare une phase expansionniste où « l'identité » des phénomènes humains fonde bien vite une « nature » et, partant, une « universalité ». M. Poujade n'en est pas encore à définir le *bon sens* comme la philosophie générale de l'humanité ; c'est encore à ses yeux une vertu de classe, donnée déjà, il est vrai, comme un revigorant universel. Et c'est précisément ce qui est sinistre dans le poujadisme : qu'il ait d'emblée prétendu à une vérité mythologique, et posé la culture comme une maladie, ce qui est le symptôme spécifique des fascismes.

Adamov et le langage

On vient de le voir, le bon sens poujadiste consiste à établir une équivalence simple entre ce qui se voit et ce qui est. Lorsqu'une apparence est décidément trop insolite, il reste à ce même sens commun un moyen de la réduire sans sortir d'une mécanique des égalités. Ce moyen, c'est le symbolisme. Chaque fois qu'un spectacle semble immotivé, le bon sens fait donner la grosse cavalerie du symbole, admis au ciel petit-bourgeois dans la mesure où, en dépit de son versant abstrait il unit le visible et l'invisible sous les espèces d'une égalité quantitative (ceci *vaut* cela) : le calcul est sauvé, le monde tient encore.

Adamov ayant écrit une pièce sur les appareils à sous, objet insolite au théâtre bourgeois qui, en fait d'objets scéniques, ne connaît que le lit de l'adultère, la grande presse s'est hâtée de conjurer l'inhabituel en le réduisant au symbole. Du moment que *ça voulait dire quelque chose,* c'était moins dangereux. Et plus la critique du *Ping-Pong* s'est adressée aux lecteurs des grands journaux *(Match, France-Soir),* plus elle a insisté sur le caractère symbolique de l'œuvre : rassurez-vous, il ne s'agit que d'un symbole, l'appareil à sous signifie simplement « la complexité du système social ». Cet objet théâtral insolite est exorcisé puisqu'il vaut quelque chose.

Or le billard électrique du *Ping-Pong* ne symbolise rien du tout ; il n'exprime pas, il produit ; c'est un objet littéral, dont la fonction est d'engendrer, par son objectivité même, des situations. Mais ici encore, notre critique est blousée, dans sa soif de profondeur : ces situations ne sont pas psychologiques, ce sont essentiellement des *situations de langage.* C'est là une réalité dramatique qu'il faudra bien finir par admettre à côté du vieil arsenal des intrigues, actions, personnages, conflits et autres éléments du théâtre classique. Le *Ping-Pong* est un réseau, magistralement monté, de situations de langage.

Qu'est-ce qu'une situation de langage ? C'est une configuration de paroles, propre à engendrer des rapports à *première vue* psychologiques, non point tant faux que transis dans la compromission même d'un langage antérieur. Et c'est ce transissement qui, finalement, anéantit la psychologie. Parodier le langage d'une classe ou d'un caractère, c'est encore disposer d'une certaine distance, jouir en propriétaire d'une certaine *authenticité* (vertu chérie de la psychologie). Mais si ce langage emprunté est général, situé toujours un peu en deçà de la caricature, et recouvrant toute la surface de la pièce d'une pression diverse, mais sans aucune fissure par où quelque cri, quelque parole inventée puisse sortir, alors les rapports humains, en dépit de leur dynamisme apparent, sont comme vitrifiés, sans cesse déviés par une sorte de réfraction verbale, et le problème de leur « authenticité » disparaît comme un beau (et faux) rêve.

Le *Ping-Pong* est entièrement constitué par un bloc de ce langage sous vitre, analogue, si l'on veut, à ces *frozen vegetables* qui permettent aux Anglais de goûter dans leur hiver les acidités du printemps ; ce langage, entièrement tissé de menus lieux communs, de truismes partiels, de stéréotypes à peine discernables, jetés avec la force de l'espoir – ou du désespoir – comme les parcelles d'un mouvement brownien, ce langage n'est pas, à vrai dire, du langage en conserve, comme put l'être, par exemple, le jargon concierge restitué par Henry Monnier ; ce serait plutôt un langage-retard, formé fatalement dans la vie sociale du personnage, et qui se dégèle, vrai et pourtant un peu trop acide ou viride, dans une situation ultérieure où sa légère congélation, un rien d'emphase vulgaire, *apprise,* ont des effets incalculables. Les personnages du *Ping-Pong* sont un peu comme le Robespierre de Michelet : ils pensent tout ce qu'ils disent ! Parole profonde, qui souligne cette plasticité tragique de l'homme à son langage, surtout lorsque, dernier et surprenant visage du malentendu, ce langage n'est même pas tout à fait le sien.

Ceci rendra peut-être compte de l'ambiguïté apparente du *Ping-Pong* : d'une part, la dérision du langage y est évidente, et, d'autre part, cette dérision ne laisse pas d'y être créatrice, produisant des êtres parfaitement vivants, doués d'une épaisseur de temps qui peut même les conduire à travers toute une existence jusqu'à la mort. Ceci veut dire précisément que chez Adamov les situations de langage résistent parfaitement au symbole et à la caricature : c'est la vie qui est parasite du langage, voilà ce que constate le *Ping-Pong*.

L'appareil à sous d'Adamov n'est donc pas une clef, ce n'est pas l'alouette morte de d'Annunzio ou la porte d'un palais de Maeterlinck ; c'est un objet générateur de langage ; comme un élément de catalyse, il envoie sans cesse aux acteurs une amorce de parole, les fait exister dans la prolifération du langage. Les clichés du *Ping-Pong* n'ont d'ailleurs pas tous la même épaisseur de mémoire, le même relief ; cela dépend de qui les dit : Sutter, le bluffeur qui fait des phrases, étale des acquisitions caricaturales, affiche tout de suite un langage parodique qui fait rire franchement (« Les mots, tous des pièges ! »). Le transissement du langage d'Annette est plus léger, et aussi plus pitoyable (« A d'autres, Mister Roger ! »).

Chaque personnage du *Ping-Pong* semble ainsi condamné à son ornière verbale, mais chaque ornière est différemment creuse et ces différences de pression créent précisément ce qu'on appelle au théâtre des situations, c'est-à-dire des possibles et des choix. Dans la mesure où le langage du *Ping-Pong* est tout entier acquis, sorti du théâtre de la vie, c'est-à-dire d'une vie donnée elle-même comme théâtre, le *Ping-Pong* est du théâtre au second degré. C'est le contraire même du naturalisme, qui se propose toujours d'amplifier l'insignifiant ; ici, au contraire, le spectaculaire de la vie, du langage, est *pris* sur la scène (comme on dit que la glace est prise). Ce mode de congélation, c'est celui-là même de toute parole mythique : comme le langage du *Ping-Pong,* le mythe est lui aussi une parole gelée par son propre dédoublement. Mais comme il s'agit de théâtre, la référence de ce second langage est différente : la parole mythique plonge dans la société, dans une Histoire générale ; tandis que le langage expérimentalement reconstitué par Adamov ne peut doubler qu'un premier verbe individuel, en dépit de sa banalité.

Je ne vois dans notre littérature théâtrale qu'un auteur dont on pourrait dire, dans une certaine mesure, qu'il a, lui aussi, construit son théâtre sur une libre prolifération des situations de langage : c'est Marivaux. A l'inverse, le théâtre qui s'oppose le plus à cette dramaturgie de la situation verbale, c'est, paradoxalement, le théâtre verbal : Giraudoux, par exemple, dont le langage est *sincère,* c'est-à-dire plonge en Giraudoux lui-même. Le langage d'Adamov a ses racines à l'air, et l'on sait que tout ce qui est extérieur profite bien au théâtre.

Le cerveau d'Einstein

Le cerveau d'Einstein est un objet mythique : paradoxalement, la plus grande intelligence forme l'image de la mécanique la mieux perfectionnée, l'homme trop puissant est séparé de la psychologie, introduit dans un monde de robots ; on sait que dans les romans d'anticipation, les surhommes ont toujours quelque chose de réifié. Einstein aussi : on l'exprime communément par son cerveau, organe anthologique, véritable pièce de musée. Peut-être à cause de sa spécialisation mathématique, le surhomme est ici dépouillé de tout caractère magique ; en lui aucune puissance diffuse, aucun mystère autre que mécanique : il est un organe supérieur, prodigieux, mais réel, physiologique même. Mythologiquement, Einstein est matière, son pouvoir n'entraîne pas spontanément à la spiritualité, il lui faut le secours d'une morale indépendante, le rappel de la « conscience » du savant. (*Science sans conscience,* a-t-on dit.)

Einstein lui-même a prêté un peu à la légende en léguant son cerveau, que deux hôpitaux se disputent comme s'il s'agissait d'une mécanique insolite que l'on va pouvoir enfin démonter. Une image le montre étendu, la tête hérissée de fils électriques : on enregistre les ondes de son cerveau, cependant qu'on lui demande de « penser à la relativité ». (Mais, au fait, que veut dire exactement : « penser à... » ?) On veut nous faire entendre sans doute que les sismogrammes seront d'autant plus violents que la « relativité » est un sujet ardu. La pensée elle-même est ainsi représentée comme une matière énergétique, le produit mesurable d'un appareil complexe (à peu de chose près électrique) qui transforme la substance cérébrale en force. La mythologie d'Einstein en fait un génie si peu magique, que l'on parle de sa pensée comme d'un travail fonctionnel analogue à la confection mécanique des saucisses, à la mouture du grain ou au bocardage du minerai : il produisait de la pensée, continûment, comme le moulin de la farine, et la mort a été pour lui, avant tout, l'arrêt d'une fonction localisée : « Le plus puissant cerveau s'est arrêté de penser. »

Ce que cette mécanique géniale était censée produire, c'étaient des équations. Par la mythologie d'Einstein, le monde a retrouvé avec délice l'image d'un savoir formulé. Chose paradoxale, plus le génie de l'homme était matérialisé sous les espèces de son cerveau, et plus le produit de son invention rejoignait une condition magique, réincarnait la vieille image ésotérique d'une science tout enclose dans quelques lettres. Il y a un secret unique du monde, et ce secret tient dans un mot, l'univers est un coffre-fort dont l'humanité cherche le chiffre : Einstein l'a presque trouvé, voilà le mythe d'Einstein ; on y retrouve tous les thèmes gnostiques : l'unité de la nature, la possibilité idéale d'une réduction fondamentale du monde, la puissance d'ouverture du mot, la lutte ancestrale d'un secret et d'une parole, l'idée que le savoir total ne peut se découvrir que d'un seul coup, comme une serrure qui cède brusquement après mille tâtonnements infructueux. L'équation historique $E = mc^2$, par sa simplicité inattendue, accomplit presque la pure idée de la clef, nue, linéaire, d'un seul métal, ouvrant avec une facilité toute magique une porte sur laquelle on s'acharnait depuis des siècles. L'imagerie rend bien compte de cela : Einstein, *photographié*, se tient à côté d'un tableau noir couvert de signes mathématiques d'une complexité visible ; mais Einstein *dessiné*, c'est-à-dire entré dans la légende, la craie encore en main, vient d'écrire sur un tableau nu, comme sans préparation, la formule magique du monde. La mythologie respecte ainsi la nature des tâches : la recherche proprement dite mobilise des rouages mécaniques, a pour siège un organe tout matériel qui n'a de monstrueux que sa complication cybernétique ; la découverte, au contraire, est d'essence magique, elle est simple comme un corps primordial, comme une substance principielle, pierre philosophale des hermétistes, eau de goudron de Berkeley, oxygène de Schelling.

Mais comme le monde continue, que la recherche foisonne toujours et qu'il faut aussi réserver la part de Dieu, un certain échec d'Einstein est nécessaire : Einstein est mort, dit-on, sans avoir pu vérifier « l'équation dans laquelle tenait le secret du monde ». Pour finir, le monde a donc résisté ; à peine percé, le secret s'est fermé de nouveau, le chiffre était incomplet. Ainsi Einstein satisfait-il pleinement au mythe, qui se moque des contradictions pourvu qu'il installe une sécurité euphorique : à la fois mage et machine, chercheur permanent et trouveur incomblé, déchaînant le meilleur et le pire, cerveau et conscience, Einstein accomplit les rêves les plus contradictoires, réconcilie mythiquement la puissance infinie de l'homme sur la nature, et la « fatalité » d'un sacré qu'il ne peut encore rejeter.

L'homme-jet

L'homme-jet est le pilote d'avion à réaction. *Match* a précisé qu'il appartenait à une race nouvelle de l'aviation, plus proche du robot que du héros. Il y a pourtant dans l'homme-jet plusieurs résidus parsifaliens, que l'on verra à l'instant. Mais ce

qui frappe d'abord dans la mythologie du *jet-man,* c'est l'élimination de la vitesse : rien dans la légende n'y fait substantiellement allusion. Il faut entrer ici dans un paradoxe, que tout le
monde admet d'ailleurs très bien et consomme même comme
une preuve de modernité ; ce paradoxe, c'est que trop de vitesse
se tourne en repos ; le pilote-héros se singularisait par toute une
mythologie de la vitesse sensible, de l'espace dévoré, du mouvement grisant ; le *jet-man,* lui, se définira par une cénesthésie
du sur-place (« à 2 000 à l'heure, en palier, aucune impression
de vitesse »), comme si l'extravagance de sa vocation consistait
précisément à *dépasser* le mouvement, à aller plus vite que la
vitesse. La mythologie abandonne ici toute une imagerie du frôlement extérieur et aborde une pure cénesthésie : le mouvement
n'est plus perception optique des points et des surfaces ; il est
devenu une sorte de trouble vertical, fait de contractions, d'obscurcissements, de terreurs et d'évanouissements ; il n'est plus
glissement, mais ravage intérieur, trouble monstrueux, crise
immobile de la conscience corporelle.

Il est normal qu'à ce point le mythe de l'aviateur perde tout
humanisme. Le héros de la vitesse classique pouvait rester un
« honnête homme », dans la mesure où le mouvement était pour
lui une performance épisodique, pour laquelle seul le courage
était requis : on allait vite par pointe, comme un amateur déluré,
non comme un professionnel, on cherchait une « griserie », on
venait au mouvement, muni d'un moralisme ancestral qui en
aiguisait la perception et permettait d'en donner la philosophie.
C'est dans la mesure où la vitesse était une *aventure* qu'elle
attachait l'aviateur à toute une série de rôles humains.

Le *jet-man,* lui, semble ne plus connaître ni aventure ni destin, mais seulement une condition ; encore cette condition est-
elle, à première vue, moins humaine qu'anthropologique :
mythiquement, l'homme-jet est défini, moins par son courage,
que par son poids, son régime et ses mœurs (tempérance, frugalité, continence). Sa particularité raciale se lit dans sa morphologie : la combinaison anti-G en nylon gonflable, le casque poli
engagent l'homme-jet dans une peau nouvelle, où « pas même
sa mère ne le reconnaîtrait ». Il s'agit là d'une véritable conver-

sion raciale, d'autant plus plausible que la science-fiction a déjà
largement accrédité ce transfert d'espèces : tout se passe comme
s'il y avait eu une transmutation brusque entre les créatures
anciennes de l'humanité-hélice et les créatures nouvelles de
l'humanité-réaction.

En fait, et malgré l'appareil scientifique de cette nouvelle
mythologie, il y a eu simple déplacement du sacré : à l'ère
hagiographique (Saints et Martyrs de l'aviation-hélice) succède
une période monastique : et ce qui passe d'abord pour simples
prescriptions diététiques apparaît bientôt muni d'une signification sacerdotale : continence et tempérance, abstention loin des
plaisirs, vie commune, vêtement uniforme, tout concourt dans
la mythologie de l'homme-jet, à manifester la plasticité de la
chair, sa soumission à des fins collectives (d'ailleurs pudiquement imprécises), et c'est cette soumission qui est offerte en
sacrifice à la singularité prestigieuse d'une condition inhumaine. La société finit par retrouver dans l'homme-jet le vieux
pacte théosophique qui a toujours compensé la puissance par
l'ascèse, payant la semi-divinité avec la monnaie du « bonheur » humain. La situation du *jet-man* comporte si bien un
aspect vocationnel qu'elle est elle-même le prix de macérations
préalables, de démarches initiatiques, destinées à éprouver le
postulant (passage dans la chambre d'altitude, dans la centrifu-
geuse). Il n'est pas jusqu'à l'Instructeur, grisonnant, anonyme et
impénétrable, qui ne figure parfaitement le mystagogue nécessaire. Quant à l'endurance, on nous enseigne bien que, comme
dans toute initiation, elle n'est pas d'ordre physique : le
triomphe des épreuves préalables est à vrai dire le fruit d'un
don spirituel, on est doué pour le jet comme d'autres sont appelés à Dieu.

Tout ceci serait banal s'il s'agissait du héros traditionnel,
dont tout le prix était de faire de l'aviation sans abandonner son
humanité (Saint-Exupéry écrivain, Lindbergh en complet-ves-
ton). Mais la particularité mythologique de l'homme-jet, c'est
de ne garder aucun des éléments romantiques et individualistes
du rôle sacré, sans pour autant lâcher le rôle lui-même. Assimilé par son nom à la pure passivité (quoi de plus inerte et de

mieux dépossédé qu'un objet *jeté*?), il retrouve tout de même le
rituel à travers le mythe d'une race fictive, céleste, qui tiendrait
ses particularités de son ascèse, et accomplirait une sorte de
compromis anthropologique entre les humains et les Martiens.
L'homme-jet est un héros réifié, comme si aujourd'hui encore
les hommes ne pouvaient concevoir le ciel que peuplé de semi-
objets.

Racine est Racine

> *Le goût, c'est le goût.*
> *(Bouvard et Pécuchet)*

J'ai déjà signalé la prédilection de la petite-bourgeoisie pour
les raisonnements tautologiques (*Un sou est un sou*, etc.). En
voici un beau, très fréquent dans l'ordre des arts : « *Athalie* est
une pièce de Racine », a rappelé une artiste de la Comédie-
Française avant de présenter son nouveau spectacle.

Il faut d'abord noter qu'il y a là-dedans une petite déclaration
de guerre (aux « grammairiens, controversistes, annotateurs,
religieux, écrivains et artistes », qui ont commenté Racine). Il
est bien vrai que la tautologie est toujours agressive : elle signifie une rupture rageuse entre l'intelligence et son objet, la
menace arrogante d'un ordre où l'on ne penserait pas. Nos tautologues sont comme des maîtres qui tirent brusquement sur la
laisse du chien : il ne faut pas que la pensée prenne trop de
champ, le monde est plein d'alibis suspects et vains, il faut tenir
court sa jugeote, réduire la laisse à la distance d'un réel computable. Et si l'on se mettait à penser sur Racine ? Grande menace : le tautologue coupe avec rage tout ce qui pousse autour
de lui, et qui pourrait l'étouffer.

On reconnaît dans la déclaration de notre artiste le langage
de cet ennemi familier que l'on a souvent rencontré ici, et qui
est l'anti-intellectualisme. On connaît la scie : trop d'intelligence nuit, la philosophie est un jargon inutile, il faut réserver
la place du sentiment, de l'intuition, de l'innocence, de la sim-

plicité, l'art meurt de trop d'intellectualité, l'intelligence n'est pas une qualité d'artiste, les créateurs puissants sont des empiriques, l'œuvre d'art échappe au système, en bref la cérébralité est stérile. On sait que la guerre contre l'intelligence se mène toujours au nom du *bon sens*, et il s'agit au fond d'appliquer à Racine ce type de « compréhension » poujadiste, dont on a déjà parlé ici. De même que l'économie générale de la France n'est que rêve en face de la fiscalité française, seule réalité révélée au bon sens de M. Poujade, de même l'histoire de la littérature et de la pensée, et à plus forte raison l'histoire tout court, n'est que phantasme intellectuel en face d'un Racine tout simple, aussi « concret » que le régime de l'impôt.

De l'anti-intellectualisme, nos tautologues gardent aussi le recours à l'innocence. C'est armé d'une divine simplicité, que l'on prétend mieux voir le vrai Racine ; on connaît ce vieux thème ésotérique : la vierge, l'enfant, les êtres simples et purs, ont une clairvoyance supérieure. Dans le cas de Racine, cette invocation à la « simplicité » a un double pouvoir d'alibi : on s'oppose d'une part aux vanités de l'exégèse intellectuelle, et d'autre part, chose pourtant peu disputée, on revendique pour Racine le dépouillement esthétique (la fameuse pureté racinienne), qui oblige tous ceux qui l'approchent à une *discipline* (air : *l'art naît de contrainte…*).

Il y a enfin ceci dans la tautologie de notre comédienne : ce que l'on pourrait appeler le mythe de la retrouvaille critique. Nos critiques essentialistes passent leur temps à retrouver la « vérité » des génies passés ; la Littérature est pour eux un vaste magasin d'objets perdus, où l'on va à la pêche. Ce que l'on y retrouve, nul ne le sait, et c'est précisément l'avantage majeur de la méthode tautologique de n'avoir pas à le dire. Nos tautologues seraient d'ailleurs bien embarrassés de s'avancer plus : Racine tout seul, le degré zéro de Racine, ça n'existe pas. Il n'y a que des Racine-adjectifs : des Racine-Poésie Pure, des Racine-Langouste (Montherlant), des Racine-Bible (celui de Mme Véra Korène), des Racine-Passion, des Racine-peint-les-hommes-tels-qu'ils-sont, etc. Bref, Racine est toujours quelque chose d'autre que Racine, et voilà qui rend la tautologie racinienne bien illu-

soire. On comprend du moins ce qu'un tel néant dans la définition apporte à ceux qui la brandissent glorieusement : une sorte
de petit salut éthique, la satisfaction d'avoir milité en faveur
d'une vérité de Racine, sans avoir à assumer aucun des risques
que toute recherche un peu positive de la vérité comporte fatalement : la tautologie dispense d'avoir des idées, mais en même
temps s'enfle à faire de cette licence une dure loi morale ; d'où
son succès : la paresse est promue au rang de rigueur. Racine,
c'est Racine : sécurité admirable du néant.

Billy Graham au Vel' d'Hiv'

Tant de missionnaires nous ont rapporté les mœurs religieuses des « Primitifs », qu'il est bien regrettable qu'un sorcier
papou ne se soit pas trouvé au Vel' d'Hiv' pour nous raconter à
son tour la cérémonie présidée par le Dr Graham sous le nom de
campagne d'évangélisation. Il y a pourtant là un beau matériel
anthropologique, qui semble d'ailleurs hérité des cultes « sauvages », puisqu'on y retrouve sous un aspect immédiat les trois
grandes phases de tout acte religieux : l'Attente, la Suggestion,
l'Initiation.

Billy Graham se fait attendre : des cantiques, des invocations,
mille petits discours inutiles confiés à des pasteurs comparses
ou à des imprésarios américains (présentation joviale de la
troupe : le pianiste Smith, de Toronto, le soliste Beverley, de
Chicago en Illinois, « artiste de la Radio américaine qui chante
l'Evangile d'une façon merveilleuse »), tout un battage précède
le Dr Graham que l'on annonce toujours et qui ne paraît jamais.
Le voici enfin, mais c'est pour mieux transférer la curiosité car
son premier discours n'est pas le bon : il prépare seulement la
venue du *Message.* Et d'autres intermèdes prolongent encore
l'attente, chauffent la salle, fixent à l'avance une importance
prophétique à ce Message, qui, selon les meilleures traditions
du spectacle, commence par se faire désirer pour exister ensuite
plus facilement.

On reconnaît dans cette première phase de la cérémonie, ce grand ressort sociologique de l'Attente, que Mauss a étudié, et dont nous avons eu déjà à Paris, un exemple tout moderne dans les séances d'hypnotisme du Grand Robert. Là aussi, on reculait le plus possible l'apparition du Mage, et par des feintes répétées on créait dans le public cette curiosité troublée qui est toute prête à voir réellement ce qu'on lui fait attendre. Ici, dès la première minute, Billy Graham est présenté comme un véritable prophète, en qui l'on supplie l'Esprit de Dieu de vouloir bien descendre, ce soir-là particulièrement : c'est un Inspiré qui va parler, le public est convié au spectacle d'une possession : on lui demande à l'avance de prendre à la lettre pour paroles divines les mots de Billy Graham.

Si Dieu parle vraiment par la bouche du Dr Graham, il faut convenir que Dieu est bien sot : le Message étonne par sa platitude, son infantilisme. En tout cas, assurément, Dieu n'est plus thomiste, il répugne fortement à la logique : le Message est constitué par une mitraille d'affirmations discontinues, sans lien d'aucune sorte, et qui n'ont chacune d'autre contenu que tautologique *(Dieu est Dieu)*. Le moindre frère mariste, le pasteur le plus académique font figure d'intellectuels décadents à côté du Dr Graham. Des journalistes, trompés par le décor huguenot de la cérémonie (cantiques, prière, sermon, bénédiction), endormis par la componction lénifiante propre au culte protestant, ont loué le Dr Graham et son équipe de leur mesure : on s'attendait à un américanisme outré, des girls, des jazz, des métaphores joviales et modernistes (il y en a eu tout de même deux ou trois). Billy Graham a sans doute épuré sa séance de tout pittoresque, et les protestants français ont pu le récupérer. Il n'empêche que la manière de Billy Graham rompt toute une tradition du sermon, catholique ou protestant, héritée de la culture antique, et qui est celle d'une exigence de persuasion. Le christianisme occidental s'est toujours soumis dans son exposition au cadre général de la pensée aristotélicienne, il a toujours accepté de traiter avec la raison, même lorsqu'il s'est agi d'accréditer l'irrationnel de la foi. Brisant avec des siècles d'humanisme (même si les formes ont pu en être creuses et figées, le souci d'un autrui subjectif a rarement été absent du didactisme chrétien), le Dr Graham nous apporte une méthode de transformation magique : il substitue la suggestion à la persuasion : la pression du débit, l'éviction systématique de tout contenu rationnel dans la proposition, la rupture incessante des liens logiques, les répétitions verbales, la désignation grandiloquente de la Bible tendue à bout de bras comme l'ouvre-boîtes universel d'un bonimenteur, et surtout l'absence de chaleur, le mépris manifeste d'autrui, toutes ces opérations font partie du matériel classique de l'hypnose de music-hall : je le répète, il n'y a aucune différence entre Billy Graham et le Grand Robert.

Et de même que le Grand Robert terminait le « traitement » de son public par une sélection particulière, distinguant et faisant monter autour de lui sur scène les élus de l'hypnose, confiant à certains privilégiés la charge de manifester un ensommeillement spectaculaire, de même Billy Graham couronne son Message par une ségrégation matérielle des Appelés : les néophytes, qui ce soir-là, au Vel' d'Hiv', entre les réclames de la Super Dissolution et du Cognac Polignac, « ont reçu le Christ » sous l'action du Message magique, sont dirigés vers une salle à part, et même, s'ils sont de langue anglaise, vers une crypte encore plus secrète : peu importe ce qui se passe là, inscription sur des listes de conversion, nouveaux sermons, entretiens spirituels avec les « conseillers » ou quêtes, ce nouvel épisode est l'ersatz formel de l'Initiation.

Tout ceci nous concerne très directement : d'abord le « succès » de Billy Graham manifeste la fragilité mentale de la petite-bourgeoisie française, classe où s'est surtout recruté, semble-t-il, le public de ces séances : la plasticité de ce public à des formes de pensée alogiques et hypnotiques suggère qu'il existe dans ce groupe social, ce que l'on pourrait appeler une situation d'aventure : une partie de la petite-bourgeoisie française n'est même plus protégée par son fameux « bon sens », qui est la forme agressive de sa conscience de classe. Mais ce n'est pas tout : Billy Graham et son équipe ont insisté lourdement et à plusieurs reprises sur le but de cette campagne : « réveiller » la France (« Nous avons vu Dieu faire de grandes choses en Amérique; un réveil à Paris aurait une influence immense sur le monde entier. » – « Notre désir est que quelque chose se passe à Paris, qui ait des répercussions sur le monde entier. ») De toute évidence, l'optique est la même que celle d'Eisenhower dans ses déclarations sur l'athéisme des Français. La France se désigne au monde par son rationalisme, son indifférence à la foi, l'irréligion de ses intellectuels (thème commun à l'Amérique et au Vatican; thème d'ailleurs bien surfait) : c'est de ce mauvais rêve qu'il faut la réveiller. La « conversion » de Paris aurait évidemment la valeur d'un exemple mondial : l'Athéisme terrassé par la Religion, dans son repaire même.

On le sait, il s'agit en fait d'un thème politique : l'athéisme de la France n'intéresse l'Amérique que parce qu'il est pour elle le visage préalable du communisme. « Réveiller » la France de l'athéisme, c'est la réveiller de la fascination communiste. La campagne de Billy Graham n'a été qu'un épisode maccarthyste.

Le procès Dupriez

Le procès de Gérard Dupriez (qui a assassiné son père et sa mère sans mobile connu) montre bien les contradictions grossières où s'enferme notre Justice. Ceci tient au fait que l'histoire avance inégalement : l'idée de l'homme a beaucoup changé depuis cent cinquante ans, des sciences nouvelles d'exploration psychologique sont apparues, mais cette promotion partielle de l'Histoire n'a encore entraîné aucun changement dans le système des justifications pénales, parce que la Justice est une émanation directe de l'Etat, et que notre Etat n'a pas changé de maîtres depuis la promulgation du Code pénal.

Il se trouve donc que le crime est toujours *construit* par la Justice selon les normes de la psychologie classique : le fait n'existe que comme élément d'une rationalité linéaire, doit être *utile*, faute de quoi il perd son essence, on ne peut le reconnaître. Pour pouvoir nommer le geste de Gérard Dupriez, il fallait lui trouver une origine; tout le procès s'est donc engagé dans la recherche d'une cause, si petite fût-elle; il ne restait plus à la défense, paradoxalement, qu'à réclamer pour ce crime une sorte d'état absolu, privé de toute qualification, d'en faire précisément un *crime sans nom*.

L'accusation, elle, avait trouvé un mobile – démenti ensuite par les témoignages: les parents de Gérard Dupriez se seraient opposés à son mariage et c'est pour cela qu'il les aurait tués. Nous avons donc ici l'exemple de ce que la Justice tient pour une causalité criminelle: les parents de l'assassin sont occasionnellement gênants; il les tue pour supprimer l'obstacle. Et même s'il les tue par colère, cette colère ne cesse pas d'être un état rationnel puisqu'elle sert directement à quelque chose (ce qui signifie qu'aux yeux de la justice, les faits psychologiques ne sont pas encore compensatoires, relevant d'une psychanalyse, mais toujours utilitaires, relevant d'une économie).

Il suffit donc que le geste soit abstraitement utile, pour que le crime reçoive un nom. L'accusation n'a admis le refus d'acquiescement au mariage de Gérard Dupriez que comme moteur d'un état quasi dément, la colère; peu importe que rationnellement (devant cette même rationalité qui un instant plus tôt fondait le crime), le criminel ne puisse espérer de son acte aucun bénéfice (le mariage est plus sûrement détruit par l'assassinat des parents que par leur résistance car Gérard Dupriez n'a rien fait pour cacher son crime): on se contente ici d'une causalité amputée; ce qui importe, c'est que la colère de Dupriez soit motivée dans son origine, non dans son effet; on suppose au criminel une mentalité suffisamment logique pour concevoir l'utilité abstraite de son crime, mais non ses conséquences réelles. Autrement dit, il suffit que la démence ait une origine *raisonnable* pour que l'on puisse la nommer crime. J'ai déjà indiqué à propos du procès Dominici, la qualité de la raison pénale: elle est d'ordre « psychologique », et par là même « littéraire ».

Les psychiatres, eux, n'ont pas admis qu'un crime inexplicable cesse par là d'être un crime, ils ont laissé à l'accusé sa responsabilité entière, paraissant ainsi à première vue s'opposer aux justifications pénales traditionnelles : pour eux l'absence de causalité n'empêche nullement de nommer l'assassinat crime. Paradoxalement, on en vient à ce que ce soit la psychiatrie qui défende ici l'idée d'un contrôle absolu de soi-même, et laisse au criminel sa culpabilité, même hors des bornes de la raison. La Justice (l'accusation) fonde le crime sur la cause et réserve ainsi la part possible de la démence ; la psychiatrie, elle, du moins la psychiatrie officielle, semble vouloir reculer aussi loin que possible la définition de la folie, elle n'accorde aucune valeur à la détermination et retrouve la vieille catégorie théologique du libre arbitre ; dans le procès Dupriez, elle joue le rôle de l'Eglise livrant aux laïcs (la Justice) les accusés qu'elle ne peut récupérer faute de pouvoir les inclure dans aucune de ses « catégories » ; elle crée même à cet usage une catégorie privative, purement nominale : la perversion. Ainsi, face à une Justice née dans les temps bourgeois, dressée par conséquent à rationaliser le monde par réaction contre l'arbitraire divin ou monarchique et laissant encore voir à l'état de trace anachronique le rôle progressiste qu'elle a pu jouer, la Psychiatrie officielle reconduit l'idée très ancienne d'une perversion responsable, dont la condamnation doit être indifférente à tout effort d'explication. Loin de chercher à agrandir son domaine, la psychiatrie légale renvoie au bourreau des déments que la Justice, plus rationnelle, encore que timorée, ne demanderait pas mieux que d'abandonner.

Telles sont quelques-unes des contradictions du procès Dupriez : entre la Justice et la défense ; entre la psychiatrie et la Justice ; entre la défense et la psychiatrie. D'autres contradictions existent au sein même de chacun de ces pouvoirs : la Justice, on l'a vu, dissociant irrationnellement la cause de la fin, en vient à excuser un crime à proportion de sa monstruosité ; la psychiatrie légale renonce volontairement à son propre objet et renvoie l'assassin au bourreau, au moment même où les sciences psychologiques prennent en charge chaque jour davantage une plus grande portion de l'homme ; et la défense elle-même hésite entre la revendication d'une *psychiatrie* avancée. qui récupérerait chaque criminel comme un dément, et l'hypothèse d'une

« force » magique qui aurait investi Dupriez, comme aux plus beaux temps de la sorcellerie (plaidoirie de Mᵉ Maurice Garçon).

Photos-chocs

Geneviève Serreau, dans son livre sur Brecht, rappelait cette photographie de *Match*, où l'on voit une scène d'exécution de communistes guatémaltèques ; elle notait justement que cette photographie n'est nullement terrible en soi, et que l'horreur vient de ce que *nous la regardons* du sein de notre liberté ; une exposition de Photos-chocs à la galerie d'Orsay, dont fort peu, précisément, réussissent à nous choquer, a paradoxalement donné raison à la remarque de Geneviève Serreau : il ne suffit pas au photographe de nous *signifier* l'horrible pour que nous l'éprouvions.

La plupart des photographies rassemblées ici pour nous heurter ne nous font aucun effet, parce que précisément le photographe s'est trop généreusement substitué à nous dans la formation de son sujet : il a presque toujours *surconstruit* l'horreur qu'il nous propose, ajoutant au fait, par des contrastes ou des rapprochements, le langage intentionnel de l'horreur : l'un d'eux, par exemple, place côte à côte une foule de soldats et un champ de têtes de morts ; un autre nous présente un jeune militaire en train de regarder un squelette ; un autre enfin saisit une colonne de condamnés ou de prisonniers au moment où elle croise un troupeau de moutons. Or, aucune de ces photographies, trop habiles, ne nous atteint. C'est qu'en face d'elles, nous sommes à chaque fois dépossédés de notre jugement : on a frémi pour nous, on a réfléchi pour nous, on a jugé pour nous ; le photographe ne nous a rien laissé – qu'un simple droit d'acquiescement intellectuel : nous ne sommes liés à ces images que par un intérêt technique ; chargées de surindication par l'artiste lui-même, elles n'ont pour nous aucune histoire, nous ne pouvons plus *inventer* notre propre accueil à cette nourriture synthétique, déjà parfaitement assimilée par son créateur.

D'autres photographes ont voulu nous surprendre, à défaut de nous choquer, mais l'erreur de principe est la même ; ils se sont efforcés, par exemple, de saisir, avec une grande habileté technique, le moment le plus rare d'un mouvement, sa pointe extrême, le plané d'un joueur de football, le saut d'une sportive ou la lévitation des objets dans une maison hantée. Mais ici encore le spectacle, pourtant direct et nullement composé d'éléments contrastés, reste trop construit ; la capture de l'instant unique y apparaît gratuite, trop intentionnelle, issue d'une volonté de langage encombrante, et ces images réussies n'ont sur nous aucun effet ; l'intérêt que nous éprouvons pour elles ne dépasse pas le temps d'une lecture instantanée : cela ne résonne pas, ne trouble pas, notre accueil se referme trop tôt sur un signe pur ; la lisibilité parfaite de la scène, sa *mise en forme* nous dispense de recevoir profondément l'image dans son scandale ; réduite à l'état de pur langage, la photographie ne nous désorganise pas.

Des peintres ont eu à résoudre ce même problème de la pointe, de l'acmé du mouvement, mais ils y ont réussi bien mieux. Les peintres d'Empire, par exemple, ayant à reproduire des instantanés (cheval se cabrant, Napoléon étendant le bras sur le champ de bataille, etc.) ont laissé au mouvement le signe amplifié de l'instable, ce que l'on pourrait appeler le *numen,* le transissement solennel d'une pose pourtant impossible à installer dans le temps ; c'est cette majoration immobile de l'insaisissable – que l'on appellera plus tard au cinéma *photogénie* – qui est le lieu même où commence l'art. Le léger scandale de ces chevaux exagérément cabrés, de cet Empereur figé dans un geste impossible, cet entêtement de l'expression, que l'on pourrait appeler aussi rhétorique, ajoute à la lecture du signe une sorte de gageure troublante, entraînant le lecteur de l'image dans un étonnement moins intellectuel que visuel, parce que précisément il l'accroche aux surfaces du spectacle, à sa résistance optique, et non tout de suite à sa signification.

La plupart des photos-chocs que l'on nous a montrées sont fausses, parce que précisément elles ont choisi un état intermédiaire entre le fait littéral et le fait majoré : trop intentionnelles pour de la photographie et trop exactes pour de la peinture, elles manquent à la fois le scandale de la lettre et la vérité de l'art : on a voulu en faire des signes purs, sans consentir à donner au moins à ces signes l'ambiguïté, le retard d'une épaisseur. Il est donc logique que les seules photos-chocs de l'exposition (dont le principe reste très louable) soient précisément les photographies d'agence où le fait surpris éclate dans son entêtement, dans sa littéralité, dans l'évidence même de sa nature obtuse. Les fusillés guatémaltèques, la douleur de la fiancée d'Aduan Malki, le Syrien assassiné, la matraque levée du flic, ces images étonnent parce qu'elles paraissent à première vue étrangères, calmes presque, inférieures à leur légende : elles sont visuellement diminuées, dépossédées de ce *numen* que les peintres de composition n'auraient pas manqué de leur ajouter (et à bon droit, puisqu'il s'agissait de peinture). Privé à la fois de son chant et de son explication, le *naturel* de ces images oblige le spectateur à une interrogation violente, l'engage dans la voie d'un jugement qu'il élabore lui-même sans être encombré par la présence démiurgique du photographe. Il s'agit donc bien ici de cette catharsis critique, réclamée par Brecht, et non plus comme dans le cas de la peinture de sujet, d'une purge émotive : on retrouve peut-être ici les deux catégories de l'épique et du tragique. La photographie littérale introduit au scandale de l'horreur, non à l'horreur elle-même.

Deux mythes du Jeune Théâtre

Si l'on en juge par un récent Concours des Jeunes Compagnies, le jeune théâtre hérite avec rage des mythes de l'ancien (ce qui fait que l'on ne sait plus très bien ce qui les distingue l'un de l'autre). On sait par exemple que dans le théâtre bourgeois, l'acteur, « dévoré » par son personnage, doit paraître embrasé par un véritable incendie de passion. Il faut à tout prix « bouillir », c'est-à-dire à la fois brûler et se répandre ; d'où les formes humides de cette combustion. Dans une pièce nouvelle (qui a eu un Prix), les deux partenaires masculins se sont répandus en liquides de toutes sortes, pleurs, sueurs et salive. On avait l'impression d'assister à un travail physiologique effroyable, une torsion monstrueuse des tissus internes, comme si la passion était une grosse éponge mouillée pressée par la main implacable du dramaturge. On comprend bien l'intention de cette tempête viscérale : faire de la « psychologie » un phénomène quantitatif, obliger le rire ou la douleur à prendre des formes métriques simples, en sorte que la passion devienne elle aussi une marchandise comme les autres, un objet de commerce, inséré dans un système numérique d'échange : je donne mon argent au théâtre, en retour de quoi j'exige une passion bien visible, computable, presque ; et si l'acteur fait la mesure bien pleine, s'il sait faire travailler son corps devant moi sans tricher, si je ne puis douter de la peine qu'il se donne, alors je décréterai l'acteur excellent, je lui témoignerai ma joie d'avoir placé mon argent dans un talent qui ne l'escamote pas, mais me le rend au centuple sous la forme de pleurs et de sueurs véritables. Le grand avantage de la combustion est d'ordre économique : mon argent de spectateur a enfin un rendement contrôlable.

Naturellement, la combustion de l'acteur se pare de justifications spiritualistes : l'acteur se donne au démon du théâtre, il se sacrifie, se laisse manger de l'intérieur par son personnage ; sa générosité, le don de son corps à l'Art, son travail physique sont dignes de pitié, d'admiration ; on lui tient compte de ce labeur musculaire, et lorsque, exténué vidé de toutes ses humeurs, il vient à la fin saluer, on l'applaudit comme un recordman du jeûne ou des haltères, on lui propose secrètement d'aller se restaurer, refaire sa substance intérieure, remplacer toute cette eau dont il a mesuré la passion que nous lui avons achetée. Je ne pense pas qu'aucun public bourgeois résiste à un « sacrifice » aussi évident, et je crois qu'un acteur qui sait pleurer ou transpirer sur scène est toujours certain de l'emporter : l'évidence de son labeur suspend de juger plus avant.

Autre lot malheureux dans l'héritage du théâtre bourgeois : le mythe de la trouvaille. Des meneurs en scène chevronnés en

font leur réputation. Jouant *La Locandiera,* telle jeune compagnie fait descendre à chaque acte les meubles du plafond. Evidemment, c'est inattendu, et tout le monde se récrie sur
l'invention : le malheur, c'est qu'elle est complètement inutile,
dictée visiblement par une imagination aux abois qui veut à tout
prix du nouveau ; comme on a aujourd'hui épuisé tous les pro-
cédés artificiels de plantation du décor, comme le modernisme
et l'avant-garde nous ont saturés de ces changements à vue où
quelque serviteur vient – suprême audace – disposer trois
chaises et un fauteuil au nez des spectateurs, on a recours au
dernier espace libre, le plafond. Le procédé est gratuit, c'est du
formalisme pur, mais peu importe : aux yeux du public bourgeois, la mise en scène n'est jamais qu'une technique de la
trouvaille, et certains « animateurs » sont très complaisants à ces
exigences : ils se contentent d'inventer. Ici encore, notre théâtre
repose sur la dure loi de l'échange : il est nécessaire et suffisant
que les prestations du metteur en scène soient visibles et que
chacun puisse contrôler le rendement de son billet : d'où un art
qui va au plus pressé et se manifeste avant tout comme une
suite discontinue – donc computable – de réussites formelles.

Comme la combustion de l'acteur, la « trouvaille » a sa justification désintéressée : on cherche à lui donner la caution d'un
« style » : faire descendre les meubles du plafond sera présenté
comme une opération désinvolte, harmonieuse à ce climat d'ir-
révérence vive que l'on prête traditionnellement à la *commedia
dell'arte*. Naturellement, le style est presque toujours un alibi,
destiné à esquiver les motivations profondes de la pièce : donner à une comédie de Goldoni un style purement « italien »
(arlequinades, mimes, couleurs vives, demi-masques, ronds de
jambe et rhétorique de la prestesse), c'est se tenir quitte à bon
marché du contenu social ou historique de l'œuvre, c'est désamorcer la subversion aiguë des rapports civiques, en un mot
c'est mystifier.

On ne dira jamais assez les ravages du « style » sur nos
scènes bourgeoises. Le style excuse tout, dispense de tout, et
notamment de la réflexion historique ; il enferme le spectateur
dans la servitude d'un pur formalisme, en sorte que les révolu-

tions de « style » ne soient plus elles-mêmes que formelles : le metteur en scène d'avant-garde sera celui qui osera substituer un style à un autre (sans jamais plus reprendre contact avec le fond réel de la pièce), convertir, comme Barrault dans *l'Orestie,* l'académisme tragique en fête nègre. Mais cela est égal et il n'avance à rien de remplacer un style par un autre : Eschyle auteur bantou n'est pas moins faux qu'Eschyle auteur bourgeois. Dans l'art du théâtre, le style est une technique d'évasion.

Le Tour de France comme épopée

Il y a une onomastique du Tour de France qui nous dit à elle seule que le Tour est une grande épopée. Les noms des coureurs semblent pour la plupart venir d'un âge ethnique très ancien, d'un temps où la race sonnait à travers un petit nombre de phonèmes exemplaires (Brankart le Franc, Bobet le Francien, Robic le Celte, Ruiz l'Ibère, Darrigade le Gascon). Et puis, ces noms reviennent sans cesse ; ils forment dans le grand hasard de l'épreuve des points fixes, dont la tâche est de raccrocher une durée épisodique, tumultueuse, aux essences stables des grands caractères, comme si l'homme était avant tout un nom qui se rend maître des événements : Brankart, Geminiani, Lauredi, Antonin Rolland, ces patronymes se lisent comme les signes algébriques de la valeur, de la loyauté, de la traîtrise ou du stoïcisme. C'est dans la mesure où le Nom du coureur est à la fois nourriture et ellipse qu'il forme la figure principale d'un véritable langage poétique, donnant à lire un monde où la description est enfin inutile. Cette lente concrétion des vertus du coureur dans la substance sonore de son nom finit d'ailleurs par absorber tout le langage adjectif : au début de leur gloire, les coureurs sont pourvus de quelque épithète de nature. Plus tard, c'est inutile. On dit : l'élégant Coletto ou Van Dongen le Batave ; pour Louison Bobet, on ne dit plus rien.

En réalité, l'entrée dans l'ordre épique se fait par la diminution du nom : Bobet devient Louison, Lauredi, Nello, et Raphaël Geminiani, héros comblé puisqu'il est à la fois *bon* et *valeureux,* est appelé tantôt Raph, tantôt Gem. Ces noms sont légers, un peu tendres et un peu serviles ; ils rendent compte sous une même syllabe d'une valeur surhumaine et d'une intimité tout humaine, dont le journaliste approche familièrement, un peu comme les poètes latins celle de César ou de Mécène. Il y a dans le diminutif du coureur cyliste, ce mélange de servilité, d'admiration et de prérogative qui fonde le peuple en voyeur de ses dieux.

Diminué, le Nom devient vraiment public ; il permet de placer l'intimité du coureur sur le proscenium des héros. Car le vrai lieu épique, ce n'est pas le combat, c'est la tente, le seuil public où le guerrier élabore ses intentions, d'où il lance des injures, des défis et des confidences. Le Tour de France connaît à fond cette gloire d'une fausse vie privée où l'affront et l'accolade sont les formes majorées de la relation humaine : au cours d'une partie de chasse en Bretagne, Bobet, généreux, a tendu publiquement la main à Lauredi, qui, non moins publiquement, l'a refusée. Ces brouilles homériques ont pour contrepartie les éloges que les grands s'adressent de l'un à l'autre par-dessus la foule. Bobet dit à Koblet : « je te regrette », et ce mot trace à lui seul l'univers épique, où l'ennemi n'est fondé qu'à proportion de l'estime qu'on lui porte. C'est qu'il y a dans le Tour des vestiges nombreux d'inféodation, ce statut qui liait pour ainsi dire charnellement l'homme à l'homme. On s'embrasse beaucoup dans le Tour. Marcel Bidot, le directeur technique de l'équipe de France, embrasse Gem à la suite d'une victoire, et Antonin Rolland pose un baiser fervent sur la joue creuse du même Geminiani. L'accolade est ici l'expression d'une euphorie magnifique ressentie devant la clôture et la perfection du monde héroïque. Il faut au contraire se garder de rattacher à ce bonheur fraternel tous les sentiments de grégarité qui s'agitent entre les membres d'une même équipe ; ces sentiments sont beaucoup plus troubles. En fait, la perfection des rapports publics n'est possible qu'entre les grands : sitôt que les « domestiques » entrent en scène, l'épopée se dégrade en roman.

La géographie du Tour est, elle aussi, entièrement soumise à la nécessité épique de l'épreuve. Les éléments et les terrains sont personnifiés, car c'est avec eux que l'homme se mesure et comme dans toute épopée il importe que la lutte oppose des mesures égales : l'homme est donc naturalisé, la Nature humanisée. Les côtes sont malignes, réduites à des « pourcentages » revêches ou mortels, et les étapes, qui ont chacune dans le Tour l'unité d'un chapitre de roman (il s'agit bien, en effet, d'une durée épique, d'une addition de crises absolues et non de la progression dialectique d'un seul conflit, comme dans la durée tragique), les étapes sont avant tout des personnages physiques, des ennemis successifs, individualisés par ce mixte de morphologie et de morale qui définit la Nature épique. L'étape est hirsute, gluante, incendiée, hérissée, etc., tous adjectifs qui appartiennent à un ordre existentiel de la qualification et visent à indiquer que le coureur est aux prises, non pas avec telle ou telle difficulté naturelle, mais avec un véritable thème d'existence, un thème substantiel, où il engage d'un seul mouvement sa perception et son jugement.

Le coureur trouve dans la Nature un milieu animé avec lequel il entretient des échanges de nutrition et de sujétion. Telle étape maritime (Le Havre-Dieppe) sera « iodée », apportera à la course énergie et couleur ; telle autre (le Nord), faite de routes pavées, constituera une nourriture opaque, anguleuse : elle sera littéralement « dure à avaler » ; telle autre encore (Briançon-Monaco), schisteuse, préhistorique, engluera le coureur. Toutes posent un problème d'assimilation, toutes sont réduites par un mouvement proprement poétique à leur substance profonde, et devant chacune d'elles, le coureur cherche obscurément à se définir comme un homme total aux prises avec une Nature-substance, et non plus seulement avec une Nature-objet. Ce sont donc les mouvements d'approche de la substance qui importent : le coureur est toujours représenté en état d'immersion et non pas en état de course : il plonge, il traverse, il vole, il adhère, c'est son lien au sol qui le définit, souvent dans l'angoisse et dans l'apocalypse (*l'effrayante plongée sur Monte-Carlo, le jeu de l'Esterel*).

L'étape qui subit la personnification la plus forte, c'est l'étape du mont Ventoux. Les grands cols, alpins ou pyrénéens, pour durs qu'ils soient, restent malgré tout des passages, ils sont sentis comme des objets à traverser ; le col est trou, il accède difficilement à la personne ; le Ventoux, lui, a la plénitude du mont, c'est un dieu du Mal, auquel il faut sacrifier. Véritable Moloch, despote des cyclistes, il ne pardonne jamais aux faibles, se fait payer un tribut injuste de souffrances. Physiquement, le Ventoux est affreux : chauve (atteint de séborrhée sèche, dit *l'Equipe*), il est l'esprit même du Sec ; son climat absolu (il est bien plus une essence de climat qu'un espace géographique) en fait un terrain damné, un lieu d'épreuve pour le héros, quelque chose comme un enfer supérieur où le cycliste définira la vérité de son salut : il vaincra le dragon, soit avec l'aide d'un dieu (Gaul, *ami de Phœbus*), soit par pur prométhéisme, opposant à ce dieu du Mal, un démon encore plus dur (Bobet, *Satan de la bicyclette*).

Le Tour dispose donc d'une véritable géographie homérique. Comme dans l'*Odyssée*, la course est ici à la fois périple d'épreuves et exploration totale des limites terrestres. Ulysse avait atteint plusieurs fois les portes de la Terre. Le Tour, lui aussi, frôle en plusieurs points le monde inhumain : sur le Ventoux, nous dit-on, on a déjà quitté la planète Terre, on voisine là avec des astres inconnus. Par sa géographie, le Tour est donc recensement encyclopédique des espaces humains ; et si l'on reprenait quelque schéma vichien de l'Histoire, le Tour y représenterait cet instant ambigu où l'homme personnifie fortement la Nature pour la prendre plus facilement à partie et mieux s'en libérer.

Naturellement, l'adhésion du coureur à cette Nature anthropomorphique ne peut s'accomplir qu'à travers des voies semi-réelles. Le Tour pratique communément une énergétique des Esprits. La force dont le coureur dispose pour affronter la Terre-Homme peut prendre deux aspects : la *forme,* état plus qu'élan, équilibre privilégié entre la qualité des muscles, l'acuité de l'intelligence et la volonté du caractère, et le *jump,* véritable influx électrique qui saisit par à-coups certains coureurs aimés des dieux et leur fait alors accomplir des prouesses surhumaines. Le *jump* implique un ordre surnaturel dans lequel l'homme réussit pour autant qu'un dieu l'aide : c'est le *jump* que la maman de Brankart est allée demander pour son fils à la Sainte Vierge, dans la cathédrale de Chartres, et Charly Gaul, bénéficiaire prestigieux de la grâce, est précisément le spécialiste du *jump* ; il reçoit son électricité d'un commerce intermittent avec les dieux ; parfois les dieux l'habitent et il émerveille ; parfois les dieux l'abandonnent, le *jump* est tari. Charly ne peut plus rien de bon.

Il y a une affreuse parodie du *jump,* c'est le dopage : doper le coureur est aussi criminel, aussi sacrilège que de vouloir imiter Dieu ; c'est voler à Dieu le privilège de l'étincelle. Dieu d'ailleurs sait alors se venger : le pauvre Malléjac le sait, qu'un doping provocant a conduit aux portes de la folie (punition des voleurs de feu). Bobet, au contraire, froid, rationnel, ne connaît guère le *jump* : c'est un esprit fort qui fait lui-même sa besogne ; spécialiste de la *forme,* Bobet est un héros tout humain, qui ne doit rien à la surnature et tire ses victoires de qualités purement terrestres, majorées grâce à la sanction humaniste par excellence : la volonté. Gaul incarne l'Arbitraire, le Divin, le Merveilleux, l'Election, la complicité avec les dieux ; Bobet incarne le Juste, l'Humain, Bobet nie les dieux, Bobet illustre une morale de l'homme seul. Gaul est un archange, Bobet est prométhéen, c'est un Sisyphe qui réussirait à faire basculer la pierre sur ces mêmes dieux qui l'ont condamné à n'être magnifiquement qu'un homme.

La dynamique du Tour, elle, se présente évidemment comme une bataille, mais l'affrontement y étant particulier, cette bataille n'est dramatique que par son décor ou ses marches, non à proprement parler par ses chocs. Sans doute le Tour est-il comparable à une armée moderne, définie par l'importance de son matériel et le nombre de ses servants ; il connaît des épisodes meurtriers, des transes nationales (la France cernée par les *corridori* du signor Binda, directeur de la *Squadra* italienne) et le héros affronte l'épreuve dans un état césarien, proche du calme divin familier au Napoléon de Hugo (« Gem plongea, l'œil clair, dans la dangereuse descente sur Monte-Carlo »). Il n'empêche que l'acte même du conflit reste difficile à saisir et ne se laisse pas installer dans une durée. En fait, la dynamique du Tour ne connaît que quatre mouvements : mener, suivre, s'échapper, s'affaisser. *Mener* est l'acte le plus dur, mais aussi le plus inutile ; mener, c'est toujours se sacrifier ; c'est un héroïsme pur, destiné à afficher un caractère bien plus qu'à assurer un résultat ; dans le Tour, le panache ne paie pas directement, il est d'ordinaire réduit par les tactiques collectives. *Suivre,* au contraire, est toujours un peu lâche et un peu traître, relevant d'un arrivisme insoucieux de l'honneur : suivre avec excès, avec provocation, fait franchement partie du Mal (honte aux « suceurs de roues »). *S'échapper* est un épisode poétique destiné à illustrer une solitude volontaire, au demeurant peu efficace car on est presque toujours rattrapé, mais glorieuse à proportion de l'espèce d'honneur inutile qui la soutient (fugue solitaire de l'Espagnol Alomar : retirement, hauteur, castillanisme du héros à la Montherlant). *L'affaissement* préfigure l'abandon, il est toujours affreux, il attriste comme une débâcle : dans le Ventoux, certains affaissements ont pris un caractère « hiroshimatique ». Ces quatre mouvements sont évidemment dramatisés, coulés dans le vocabulaire emphatique de la *crise,* souvent c'est l'un d'eux, imagé, qui laisse son nom à l'étape, comme au chapitre d'un roman (Titre : *La pédalée tumultueuse de Kubler*). Le rôle du langage, ici, est immense, c'est lui qui donne à l'événement, insaisissable parce que sans cesse dissous dans une durée, la majoration épique qui permet de le solidifier.

Le Tour possède une morale ambiguë : des impératifs chevaleresques se mêlent sans cesse aux rappels brutaux du pur esprit de réussite. C'est une morale qui ne sait ou ne veut choisir entre la louange du dévouement et les nécessités de l'empirisme. Le *sacrifice* d'un coureur au succès de son équipe, qu'il vienne de lui-même ou qu'il soit imposé par un arbitre (le directeur technique), est toujours exalté, mais toujours aussi, discuté. Le sacrifice est grand, noble, il témoigne d'une plénitude morale dans l'exercice du sport d'équipe, dont il est la grande justification ; mais aussi il contredit une autre valeur nécessaire à la légende complète du Tour : le réalisme. *On ne fait pas de sentiment dans le Tour,* telle est la loi qui avive l'intérêt du spectacle. C'est qu'ici la morale chevaleresque est sentie comme le risque d'un aménagement possible du destin ; le Tour se garde vivement de tout ce qui pourrait paraître infléchir à l'avance le hasard nu, brutal, du combat. *Les jeux ne sont pas faits,* le Tour est un affrontement de caractères, il a besoin d'une morale de l'individu, du combat solitaire pour la vie : l'embarras et la préoccupation des journalistes, c'est de ménager au Tour un avenir incertain : on a protesté tout au long du Tour 1955 contre la croyance générale que Bobet gagnerait à coup sûr. Mais le Tour est aussi un sport, il demande une morale de la collectivité. C'est cette contradiction, à vrai dire jamais résolue, qui oblige la légende à toujours discuter et expliquer le sacrifice, à remettre chaque fois en mémoire la morale généreuse qui le soutient. C'est parce que le sacrifice est senti comme une valeur sentimentale, qu'il faut inlassablement le justifier.

Le directeur technique joue ici un rôle essentiel : il assure la liaison entre la fin et les moyens, la conscience et le pragmatisme ; il est l'élément dialectique qui unit dans un seul déchirement la réalité du mal et sa nécessité : Marcel Bidot est spécialiste de ces situations cornéliennes où il lui faut sacrifier dans une même équipe un coureur à un autre, parfois même, ce qui est encore plus tragique, un frère à son frère (Jean à Louison Bobet). En fait, Bidot n'existe que comme image réelle d'une nécessité d'ordre intellectuel, et qui, à ce titre, dans un univers par nature passionnel, a besoin d'une personnification indépendante. Le travail est bien divisé : pour chaque lot de dix coureurs, il faut un pur cerveau, dont le rôle n'est d'ailleurs nullement privilégié, car l'intelligence est ici fonctionnelle, elle n'a pour tâche que de représenter au public la nature stratégique de la compétition : Marcel Bidot est donc réduit à la personne d'un analyste méticuleux, son rôle est de *méditer.*

Parfois un coureur prend sur lui la charge cérébrale : c'est précisément le cas de Louison Bobet et ce qui fait toute l'originalité de son « rôle ». D'ordinaire le pouvoir stratégique des coureurs est faible, il ne dépasse pas l'art de quelques feintes grossières (Kubler jouant la comédie pour tromper l'adversaire). Dans le cas de Bobet, cette indivision monstrueuse des rôles engendre une popularité ambiguë, bien plus trouble que celle d'un Coppi ou d'un Koblet : Bobet pense trop, c'est un *gagneur*, ce n'est pas un *joueur*.

Cette méditation de l'intelligence entre la pure morale du sacrifice et la dure loi du succès, traduit un ordre mental composite, à la fois utopique et réaliste, fait des vestiges d'une éthique très ancienne, féodale ou tragique, et d'exigences nouvelles, propres au monde de la compétition totale. C'est dans cette ambiguïté qu'est la signification essentielle du Tour : le mélange savant des deux alibis, l'alibi idéaliste et l'alibi réaliste, permet à la légende de recouvrir parfaitement d'un voile à la fois honorable et excitant les déterminismes économiques de notre grande épopée.

Mais quelle que soit l'ambiguïté du sacrifice, il réintègre finalement un ordre de la clarté dans la mesure où la légende le ramène sans cesse à une pure disposition psychologique. Ce qui sauve le Tour du malaise de la liberté, c'est qu'il est par définition, *le monde des essences caractérielles*. J'ai déjà indiqué comment ces essences étaient posées grâce à un nominalisme souverain qui fait du nom du coureur le dépôt stable d'une valeur éternelle (Coletto, l'élégance ; Geminiani, la régularité ; Lauredi, la traîtrise, etc.). *Le Tour est un conflit incertain d'essences certaines* ; la nature, les mœurs, la littérature et les règlements mettent successivement ces essences en rapport les unes avec les autres : comme des atomes, elles se frôlent, s'accrochent, se repoussent, et c'est de ce jeu que naît l'épopée. Je donne un peu plus loin un lexique caractériel des coureurs, de ceux du moins qui ont acquis une valeur sémantique sûre ; on peut faire confiance à cette typologie, elle est stable, nous avons bien affaire à des essences. On peut dire qu'ici, comme dans la comédie classique, et singulièrement la *commedia dell'arte*, mais selon un tout autre ordre de construction (la durée comique reste celle d'un théâtre du conflit, tandis que la durée du Tour est celle du récit romanesque), le spectacle naît d'un étonnement des rapports humains : les essences se choquent selon toutes les figures possibles.

Je crois que le Tour est le meilleur exemple que nous ayons jamais rencontré d'un mythe total, donc ambigu ; le Tour est à la fois un mythe d'expression et un mythe de projection, réaliste et utopique tout en même temps. Le Tour exprime et libère les Français à travers une fable unique où les impostures traditionnelles (psychologie des essences, morale du combat, magisme des éléments et des forces, hiérarchie des surhommes et des domestiques) se mêlent à des formes d'intérêt positif, à l'image utopique d'un monde qui cherche obstinément à se réconcilier par le spectacle d'une clarté totale des rapports entre l'homme, les hommes et la Nature. Ce qui est vicié dans le Tour, c'est la base, les mobiles économiques, le profit ultime de l'épreuve, générateur d'alibis idéologiques. Ceci n'empêche pas le Tour d'être un fait national fascinant, dans la mesure où l'épopée exprime ce moment fragile de l'Histoire où l'homme, même maladroit, dupé, à travers des fables impures, prévoit tout de même à sa façon une adéquation parfaite entre lui, la communauté et l'univers.

Lexique des coureurs (1955).

BOBET (Jean). Le double de Louison en est aussi le négatif ; il est la grande victime du Tour. Il doit à son aîné le sacrifice total de sa personne, « en frère ». Ce coureur, sans cesse démoralisé, souffre d'une grave infirmité : il pense. Sa qualité d'intellectuel patenté (il est professeur d'anglais et porte d'énormes lunettes) l'engage dans une lucidité destructrice : il analyse sa souffrance et perd en introspection l'avantage d'une musculature supérieure à celle de son frère. C'est un *compliqué*, donc un malchanceux.

BOBET (Louison). Bobet est un héros prométhéen ; il a un magnifique tempérament de lutteur, un sens aigu de l'organisation, c'est un calculateur, il vise réalistement à *gagner*. Son mal, c'est un germe de cérébralité (il en a moins que son frère, n'étant, lui, que bachelier) ; il connaît l'inquiétude, l'orgueil

blessé : c'est un bilieux. En 1955, il a dû faire face à une lourde
solitude : privé de Koblet et de Coppi, devant lutter avec leurs
fantômes, sans rivaux déclarés, puissant et solitaire, tout lui
était menace, le danger pouvant surgir de partout (« Il me faudrait des Coppi, des Koblet, car c'est trop dur d'être seul
favori »). Le *bobétisme* est venu consacrer un type de coureur
très particulier, où l'énergie est doublée d'une intériorité analytique et calculatrice.

BRANKART. Symbolise la jeune génération montante. A su
donner de l'inquiétude à ses aînés. Rouleur magnifique, d'humeur offensive sans cesse renaissante.

COLETTO. Coureur le plus élégant du Tour.

COPPI. Héros parfait. Sur le vélo, il a toutes les vertus. Fan-
tôme redoutable.

DARRIGADE. Cerbère ingrat, mais utile. Serviteur zélé de la
Cause tricolore, et pour cette raison, pardonné d'être un suceur
de roue, un geôlier intraitable.

DE GROOT. Rouleur solitaite, taciturne batave.

GAUL. Nouvel archange de la montagne. Ephèbe insouciant,
mince chérubin, garçon imberbe, gracile et insolent, adolescent
génial, c'est le Rimbaud du Tour. A de certains moments, Gaul
est habité par un dieu ; ses dons surnaturels font alors peser sur
ses rivaux une menace mystérieuse. Le présent divin offert à
Gaul, c'est la légèreté : par la grâce, l'envol et le plané (l'absence mystérieuse d'efforts), Gaul participe de l'oiseau ou de
l'avion (il se pose gracieusement sur les pitons des Alpes, et
ses pédales tournent comme des hélices). Mais parfois aussi, le
dieu l'abandonne, son regard devient alors « étrangement
vide ». Comme tout être mythique qui a le pouvoir de vaincre
l'air ou l'eau, Gaul, sur terre, devient balourd, impuissant ; le
don divin l'encombre (« Je ne sais pas courir autrement qu'en
montagne. Et encore en montée, seulement. En descente, je suis
maladroit, ou *peut-être trop léger* »).

GEMINIANI (dit Raph ou Gem). Court avec la régularité loyale
et un peu obtuse d'un moteur. Montagnard honnête mais sans
flamme. Disgracié et sympathique. Bavard.

HASSENFORDER (dit Hassen le Magnifique ou Hassen le Corsaire). Coureur combatif et suffisant (« Des Bobet, moi, j'en ai un dans chaque jambe »). C'est le guerrier ardent qui ne sait que combattre, jamais feindre.

Koblet. Pédaleur de charme qui pouvait tout se permettre, même de ne pas calculer ses efforts. C'est l'anti-Bobet, pour qui il reste, même absent, une ombre redoutable, comme Coppi.

Kubler (dit Ferdi, ou l'Aigle de l'Adziwil). Angulaire, dégingandé, sec et capricieux, Kubler participe au thème du galvanique. Son *jump* est parfois soupçonné d'artificialité (se drogue-t-il ?). Tragediante-comediante (tousse et boite seulement quand on le voit). En sa qualité de Suisse allemand, Kubler a le droit et le devoir de parler petit-nègre comme les Teutons de Balzac et les étrangers de la Comtesse de Ségur (« Ferdi malchanceux. Gem toujours derrière Ferdi. Ferdi peut pas partir »).

Lauredi. C'est le traître, le maudit du Tour 55, Cette situation lui a permis d'être ouvertement sadique : il a voulu faire souffrir Bobet en devenant sangsue féroce derrière sa roue. Contraint d'abandonner : était-ce une punition ? en tout cas, sûrement un avertissement.

Molineris. L'homme du dernier kilomètre.

Rolland (Antonin). Doux, stoïque, sociable. Routier dur au mal, régulier dans ses performances. Gregarius de Bobet. Débat cornélien : faut-il l'immoler ? Sacrifice type, puisque injuste et nécessaire.

Le « *Guide bleu* »

Le *Guide bleu* ne connaît guère le paysage que sous la forme du pittoresque. Est pittoresque tout ce qui est accidenté. On retrouve ici cette promotion bourgeoise de la montagne, ce vieux mythe alpestre (il date du xixe siècle) que Gide associait justement à la morale helvético-protestante et qui a toujours fonctionné comme un mixte bâtard de naturisme et de puritanisme (régénération par l'air pur, idées morales devant les sommets,

l'ascension comme civisme, etc.). Au nombre des spectacles promus par le *Guide bleu* à l'existence esthétique, on trouve rarement la plaine (sauvée seulement lorsque l'on peut dire qu'elle
est fertile), jamais le plateau. Seuls la montagne, la gorge, le
défilé et le torrent peuvent accéder au panthéon du voyage, dans
la mesure sans doute où ils semblent soutenir une morale de l'effort et de la solitude. Le voyage du *Guide bleu* se dévoile ainsi
comme un aménagement économique du travail, le succédané
facile de la marche moralisante. C'est déjà constater que la
mythologie du *Guide bleu* date du siècle dernier, de cette phase
historique où la bourgeoisie goûtait une sorte d'euphorie toute
fraîche à *acheter* l'effort, à en garder l'image et la vertu sans en
subir le malaise. C'est donc en définitive, fort logiquement et fort
stupidement, l'ingratitude du paysage, son manque d'ampleur ou
d'humanité, sa verticalité, si contraire au bonheur du voyage, qui
rendent compte de son intérêt. A la limite, le *Guide* pourra écrire
froidement : « La route devient très pittoresque (tunnels) » : peu
importe qu'on ne voie plus rien, puisque le tunnel est devenu ici
le signe suffisant de la montagne ; c'est une valeur fiduciaire
assez forte pour que l'on ne se soucie plus de son encaisse.

De même que la montuosité est flattée au point d'anéantir les
autres sortes d'horizons, de même l'humanité du pays disparaît
au profit exclusif de ses monuments. Pour le *Guide bleu,* les
hommes n'existent que comme « types ». En Espagne, par
exemple, le Basque est un marin aventureux, le Levantin un gai
jardinier, le Catalan un habile commerçant et le Cantabre un
montagnard sentimental. On retrouve ici ce virus de l'essence,
qui est au fond de toute mythologie bourgeoise de l'homme (ce
pour quoi nous la rencontrons si souvent). L'ethnie hispanique
est ainsi réduite à un vaste ballet classique, une sorte de *commedia dell'arte* fort sage, dont la typologie improbable sert à masquer le spectacle réel des conditions, des classes et des métiers.
Socialement, pour le *Guide bleu,* les hommes n'existent que
dans les trains, où ils peuplent une troisième classe « mélan-
gée ». Pour le reste, ils ne sont qu'introductifs, ils composent un
gracieux décor romanesque, destiné à circonvenir l'essentiel du
pays : sa collection de monuments.

Mis à part ses défilés sauvages, lieux d'éjaculation morale, l'Espagne du *Guide bleu* ne connaît qu'un espace, celui qui tisse à travers quelques vides innommables une chaîne serrée d'églises, de sacristies, de retables, de croix, de custodes, de tours (toujours octogonales), de groupes sculptés (la Famille et le Travail), de portails romans, de nefs et de crucifix grandeur nature. On le voit, tous ces monuments sont religieux, car d'un point de vue bourgeois il est à peu près impossible d'imaginer une Histoire de l'Art qui ne soit pas chrétienne et catholique. Le christianisme est le premier fournisseur du tourisme, et l'on ne voyage que pour visiter des églises. Dans le cas de l'Espagne, cet impérialisme est bouffon, car le catholicisme y apparaît souvent comme une force barbare qui a dégradé stupidement les réussites antérieures de la civilisation musulmane : la mosquée de Cordoue, dont la merveilleuse forêt de colonnes est sans cesse obstruée de gros pâtés d'autels, ou tel site dénaturé par le surplomb agressif d'une Vierge monumentale (franquiste), ceci devrait engager le bourgeois français à entrevoir au moins une fois dans sa vie qu'il y a aussi un envers historique du christianisme.

En général, le *Guide bleu* témoigne de la vanité de toute description analytique, celle qui refuse à la fois l'explication et la phénoménologie : il ne répond en fait à aucune des questions qu'un voyageur moderne peut se poser en traversant un paysage réel, *et qui dure*. La sélection des monuments supprime à la fois la réalité de la terre et celle des hommes, elle ne rend compte de rien de présent, c'est-à-dire d'historique, et par là, le monument lui-même devient indéchiffrable, donc stupide. Le spectacle est ainsi sans cesse en voie d'anéantissement, et le *Guide* devient par une opération commune à toute mystification, le contraire même de *son* affiche, un instrument d'aveuglement. En réduisant la géographie à la description d'un monde monumental et inhabité, le *Guide bleu* traduit une mythologie dépassée par une partie de la bourgeoisie elle-même : il est incontestable que le voyage est devenu (ou redevenu) une voie d'approche humaine et non plus « culturelle » : ce sont de nouveau (peut-être comme au XVIIIe siècle) les mœurs dans leur forme quotidienne qui sont aujourd'hui objet capital du voyage, et ce sont la géographie humaine, l'urbanisme, la sociologie, l'économie qui tracent les cadres des véritables interrogations d'aujourd'hui, même les plus profanes. Le *Guide bleu*, lui, en est resté à une mythologie bourgeoise partiellement périmée, celle qui postulait l'Art (religieux) comme valeur fondamentale de la culture, mais ne considérait ses « richesses » et ses « trésors » que comme un emmagasinement réconfortant de marchandises (création des musées). Cette conduite traduisait une double exigence : disposer d'un alibi culturel aussi « évadé » que possible, et cependant maintenir cet alibi dans les rets d'un système numérable et appropriatif, en sorte que l'on pût à tout moment comptabiliser l'ineffable. Il va de soi que ce mythe du voyage devient tout à fait anachronique, même au sein de la bourgeoisie, et je suppose que si l'on confiait l'élaboration d'un nouveau guide touristique, disons aux rédactrices de *l'Express* ou aux rédacteurs de *Match,* on verrait surgir, pour discutables qu'ils doivent être encore, de tout autres pays : à l'Espagne d'Anquetil ou de Larousse, succéderait l'Espagne de Siegfried, puis celle de Fourastié. Voyez déjà comment, dans le *Guide Michelin*, le nombre des salles de bains et des fourchettes hôtelières rivalise avec celui des « curiosités artistiques » : les mythes bourgeois ont, eux aussi, leur géologie différentielle.

Il est vrai que, pour l'Espagne, le caractère aveuglé et rétrograde de la description est ce qui convient le mieux au franquisme latent du *Guide*. En dehors des récits historiques proprement dits (ils sont d'ailleurs rares et maigres, car on sait que l'Histoire n'est pas bonne bourgeoise), récits dans lesquels les républicains sont toujours des « extrémistes » en train de piller les églises (mais rien sur Guernica), cependant que les bons « nationaux », eux, passent leur temps à « délivrer », par la seule grâce d'« habiles manœuvres stratégiques » et de « résistances héroïques », je signalerai la floraison d'un superbe mythe-alibi, celui de la *prospérité* du pays : bien entendu, il s'agit d'une prospérité « statistique » et « globale » ou pour être plus exact : « commerciale ». Le *Guide* ne nous dit pas, évidemment, comment est répartie cette belle prospérité : sans doute hiérarchiquement, puisque l'on veut bien nous préciser que « l'effort sérieux et patient de ce peuple est allé jusqu'à la réforme de son système politique, afin d'obtenir la régénération par l'application loyale de solides principes d'ordre et de hiérarchie ».

Celle qui voit clair

Le journalisme est aujourd'hui tout à la technocratie, et notre presse hebdomadaire est le siège d'une véritable magistrature de la Conscience et du Conseil, comme aux plus beaux temps des jésuites. Il s'agit d'une morale moderne c'est-à-dire non pas émancipée mais garantie par la science, et pour laquelle on requiert moins l'avis du sage universel que celui du spécialiste. Chaque organe du corps humain (car il faut partir du concret) a ainsi son technicien, à la fois pape et suprême savant : le dentiste de Colgate pour la bouche, le médecin de « Docteur, répondez-moi » pour les saignements de nez, les ingénieurs du savon *Lux* pour la peau, un Père dominicain pour l'âme et la courriériste des journaux féminins pour le cœur.

Le Cœur est un organe femelle. En traiter exige donc dans l'ordre moral une compétence aussi particulière que celle du gynécologue dans l'ordre physiologique. La conseillère occupe donc son poste grâce à la somme de ses connaissances en matière de cardiologie morale : mais il y faut aussi un don caractériel, qui est, on le sait, la marque glorieuse du praticien français (par exemple en face de ses confrères américains) : c'est l'alliance d'une expérience fort longue, impliquant un âge respectable, et d'une jeunesse de Cœur éternelle, qui définit ici le droit à la science. La Conseillère du cœur rejoint ainsi un type français prestigieux, celui du *bourru bienfaisant,* doué d'une saine franchise (qui peut aller jusqu'au rudoiement), d'une grande vivacité de repartie, d'une sagesse éclairée mais confiante, et dont la science, réelle et modestement cachée, est toujours sublimée par le sésame du contentieux moral bourgeois : le *bon sens.*

Dans ce que le Courrier veut bien nous livrer d'elles, les consultantes sont soigneusement dépouillées de toute condition : de même que sous le scalpel impartial du chirurgien, l'origine sociale du patient est généreusement mise entre parenthèses, de même sous le regard de la Conseillère, la postulante est réduite à un pur organe cardiaque. Seule la définit sa qualité de femme : la condition sociale est traitée ici comme une réalité parasite inutile, qui pourrait gêner le soin de la pure essence féminine. Seuls les hommes, race extérieure qui forme le « sujet » du Conseil, au sens logistique du terme (ce dont on parle), ont le droit d'être sociaux (il le faut bien puisqu'ils *rapportent*) ; on peut donc leur fixer un ciel : ce sera en général celui de l'industriel qui a réussi.

L'humanité du Courrier du Cœur reproduit une typologie essentiellement juridique : loin de tout romantisme ou de toute investigation un peu réelle du vécu, elle suit au plus près un ordre stable des essences, celui du Code civil. Le monde-femme est réparti en trois classes, de statut distinct : la *puella* (vierge), la *conjux* et la *mulier* (femme non mariée, ou veuve, ou adultère, mais de toute manière présentement seule et qui a vécu). En face, il y a l'humanité extérieure, celle qui résiste ou qui menace : d'abord les *parentes,* ceux qui possèdent la *patria potestas* ; ensuite le *vir,* le mari ou le mâle, qui détient lui aussi le droit sacré d'assujettir la femme. On voit assez qu'en dépit de son appareil romanesque, le monde du Cœur n'est pas improvisé : il reproduit toujours vaille que vaille des rapports juridiques figés. Même lorsqu'elle dit *je* de sa voix la plus déchirante ou la plus naïve, l'humanité du Courrier n'existe *a priori* que comme addition d'un petit nombre d'éléments fixes nommés, ceux-là mêmes de l'institution familiale : le Courrier postule la Famille au moment même où il semble se donner pour tâche libératrice d'en exposer l'interminable contentieux.

Dans ce monde d'essences, la femme elle-même a pour essence d'être menacée, quelquefois par les parents, plus souvent par l'homme ; dans les deux cas, le mariage juridique est le salut, la résolution de la crise ; que l'homme soit adultère, ou séducteur (menace d'ailleurs ambiguë) ou réfractaire, c'est le

mariage comme contrat social d'appropriation qui est la pana-
cée. Mais la fixité même du but oblige, en cas de délai ou
d'échec (et c'est par définition le moment où le Courrier intervient) à des conduites irréelles de compensation : les vaccines
du Courrier contre les agressions ou les délaissements de
l'homme visent toutes à sublimer la défaite, soit en la sancti-
fiant sous forme de sacrifice (se taire, ne pas penser, être bonne,
espérer) soit en la revendiquant *a posteriori* comme une pure
liberté (garder sa tête, travailler, se moquer des hommes, se serrer les coudes entre femmes).

Ainsi, quelles qu'en soient les contradictions apparentes, la
morale du Courrier ne postule jamais pour la Femme d'autre
condition que parasitaire : seul le mariage, en la nommant juridiquement, la fait exister. On retrouve ici la structure même du
gynécée, défini comme une liberté close sous le regard extérieur de l'homme. Le Courrier du Cœur fonde plus solidement
que jamais la Femme comme espèce zoologique particulière,
colonie de parasites disposant de mouvements intérieurs propres
mais dont la faible amplitude est toujours ramenée à la fixité de
l'élément tuteur (le *vir*). Ce parasitisme, entretenu sous les
coups de trompettes de l'Indépendance Féminine, entraîne naturellement une impuissance complète à toute ouverture sur le
monde réel : sous le couvert d'une compétence dont les limites
seraient loyalement affichées, la Conseillère refuse toujours de
prendre parti sur les problèmes qui sembleraient excéder les
fonctions propres du Cœur Féminin : la franchise s'arrête pudiquement au seuil du racisme ou de la religion ; c'est qu'en fait
elle constitue ici une vaccine d'emploi bien précis ; son rôle est
d'aider à l'infusion d'une morale conformiste de la sujétion : on
fixe sur la Conseillère tout le potentiel d'émancipation de l'espèce féminine : en elle, les femmes sont libres par procuration.
La liberté apparente des conseils dispense de la liberté réelle
des conduites : on semble lâcher un peu sur la morale pour tenir
bon plus sûrement sur les dogmes constitutifs de la société.

Cuisine ornementale

Le journal *Elle* (véritable trésor mythologique) nous donne à peu près chaque semaine une belle photographie en couleurs d'un plat monté : perdreaux dorés piqués de cerises, chaud-froid de poulet rosâtre, timbale d'écrevisses ceinturée de carapaces rouges, charlotte crémeuse enjolivée de dessins de fruits confits, génoises multicolores, etc.

Dans cette cuisine, la catégorie substantielle qui domine, c'est le nappé : on s'ingénie visiblement à glacer les surfaces, à les arrondir, à enfouir l'aliment sous le sédiment lisse des sauces, des crèmes, des fondants et des gelées. Cela tient évidemment à la finalité même du nappé, qui est d'ordre visuel, et la cuisine d'*Elle* est une pure cuisine de la vue, qui est un sens distingué. Il y a en effet dans cette constance du glacis une exigence de distinction. *Elle* est un journal précieux, du moins à titre légendaire, son rôle étant de présenter à l'immense public populaire qui est le sien (des enquêtes en font foi) le rêve même du chic ; d'où une cuisine du revêtement et de l'alibi, qui s'efforce toujours d'atténuer ou même de travestir la nature première des aliments, la brutalité des viandes ou l'abrupt des crustacés. Le plat paysan n'est admis qu'à titre exceptionnel (le bon pot-au-feu des familles), comme la fantaisie rurale de citadins blasés.

Mais surtout, le nappé prépare et supporte l'un des développements majeurs de la cuisine distinguée : l'ornementation. Les glacis d'*Elle* servent de fonds à des enjolivures effrénées : champignons ciselés, ponctuation de cerises, motifs au citron ouvragé, épluchures de truffes, pastilles d'argent, arabesques de fruits confits, la nappe sous-jacente (c'est pour cela que je l'appelais sédiment, l'aliment lui-même n'étant plus qu'un gisement incertain) veut être la page où se lit toute une cuisine en rocaille (le rosâtre est la couleur de prédilection).

L'ornementation procède par deux voies contradictoires dont on va voir à l'instant la résolution dialectique : d'une part fuir la nature grâce à une sorte de baroque délirant (piquer des crevettes dans un citron, rosir un poulet, servir des pamplemousses chauds), et d'autre part essayer de la reconstituer par un artifice saugrenu (disposer des champignons meringués et des feuilles de houx sur une bûche de Noël, replacer des têtes d'écrevisses autour de la béchamel sophistiquée qui en cache les corps). C'est ce même mouvement que l'on retrouve d'ailleurs dans l'élaboration des colifichets petits-bourgeois (cendriers en selles de cavalier, briquets en forme de cigarettes, terrines en corps de lièvres).

C'est qu'ici, comme dans tout art petit-bourgeois, l'irrépressible tendance au vérisme est contrariée – ou équilibrée – par l'un des impératifs constants du journalisme domestique : ce qu'à *l'Express* on appelle glorieusement *avoir des idées.* La cuisine d'*Elle* est de la même façon une cuisine « à idées ». Seulement, ici, l'invention, confinée à une réalité féerique, doit porter uniquement sur la *garniture,* car la vocation « distinguée » du journal lui interdit d'aborder les problèmes réels de l'alimentation (le problème réel n'est pas de trouver à piquer des cerises dans un perdreau, c'est de trouver le perdreau, c'est-à-dire de le payer).

Cette cuisine ornementale est effectivement supportée par une économie tout à fait mythique. Il s'agit ouvertement d'une cuisine de rêve, comme en font foi d'ailleurs les photographies d'*Elle,* qui ne saisissent le plat qu'en survol, comme un objet à la fois proche et inaccessible, dont la consommation peut très bien être épuisée par le seul regard. C'est, au sens plein du mot, une cuisine d'affiche, totalement magique, surtout si l'on se rappelle que ce journal se lit beaucoup dans des milieux à faibles revenus. Ceci explique d'ailleurs cela : c'est parce qu'*Elle* s'adresse à un public vraiment populaire qu'elle prend bien soin de ne pas postuler une cuisine économique. Voyez *l'Express,* au contraire, dont le public exclusivement bourgeois est doté d'un pouvoir d'achat confortable : sa cuisine est réelle, non magique ; *Elle* donne la recette des perdreaux-fantaisie, *l'Express,* celle de la salade niçoise. Le public d'*Elle* n'a droit qu'à la fable, à celui de *l'Express* on peut proposer des plats réels, assuré qu'il pourra les confectionner.

La croisière du « Batory »

Puisqu'il y a désormais des voyages bourgeois en Russie soviétique, la grande presse française a commencé d'élaborer quelques mythes d'assimilation de la réalité communiste. MM. Sennep et Macaigne, du *Figaro,* embarqués sur le *Batory,* ont fait dans leur journal l'essai d'un alibi nouveau, l'impossibilité de juger un pays comme la Russie en quelques jours. Foin des conclusions hâtives, déclare gravement M. Macaigne, qui se moque beaucoup de ses compagnons de voyage et de leur manie généralisatrice.

Il est assez savoureux de voir un journal qui fait de l'antisoviétisme à longueur d'année sur des ragots mille fois plus improbables qu'un séjour réel en URSS, si court soit-il, traverser une crise d'agnosticisme et se draper noblement dans les exigences de l'objectivité scientifique, au moment même où ses envoyés peuvent enfin approcher ce dont ils parlaient si volontiers de loin et d'une manière si tranchante. C'est que, pour les besoins de la cause, le journaliste divise ses fonctions, comme Maître Jacques ses vêtements. A qui voulez-vous parler ? à M. Macaigne journaliste professionnel qui renseigne et qui juge, en un mot qui *sait,* ou à M. Macaigne touriste innocent, qui veut par pure probité ne rien conclure de ce qu'il voit ? Ce *touriste* est ici un merveilleux alibi : grâce à lui, on peut regarder sans comprendre, voyager sans s'intéresser aux réalités politiques ; le touriste appartient à une sous-humanité privée par nature de jugement et qui outrepasse ridiculement sa condition lorsqu'elle se mêle d'en avoir un. Et M. Macaigne de se gausser de ses compagnons de voyage, qui semblent avoir eu la prétention bouffonne de rassembler autour du spectacle de la rue, quelques chiffres, quelques faits généraux, les rudiments d'une profondeur possible dans la connaissance d'un pays inconnu : crime de lèse-tourisme, c'est-à-dire de lèse-obscurantisme, ce qui ne pardonne pas, au *Figaro.*

On a donc substitué au thème général de l'URSS, objet de

critique permanente, le thème saisonnier de la rue, seule réalité concédée au touriste. La rue est devenue tout d'un coup un terrain neutre, où l'on peut noter, sans prétendre conclure. Mais on devine de quelles notations il s'agit. Car cette honnête réserve n'empêche nullement le touriste Macaigne de signaler dans la vie immédiate quelques accidents disgracieux, propres à rappeler la vocation barbare de la Russie soviétique : les locomotives russes font entendre un long meuglement sans rapport avec le sifflet des nôtres ; le quai des gares est en bois ; les hôtels sont mal tenus ; il y a des inscriptions chinoises sur les wagons (thème du péril jaune) ; enfin, fait qui révèle une civilisation véritablement arriérée, on ne trouve pas de bistrots en Russie, rien que du jus de poire !

Mais surtout, le mythe de la rue permet de développer le thème majeur de toutes les mystifications politiques bourgeoises : le divorce entre le peuple et le régime. Encore si le peuple russe est sauvé, c'est comme reflet des libertés françaises. Qu'une vieille femme se mette à pleurer, qu'un ouvrier du port (*le Figaro* est social) offre des fleurs aux visiteurs venus de Paris, il s'agit moins d'une émotion d'hospitalité que de l'expression d'une nostalgie politique : la bourgeoisie française en voyage est le symbole de la liberté française, du bonheur français.

C'est donc une fois seulement qu'il a été illuminé par le soleil de la civilisation capitaliste, que le peuple russe peut être reconnu spontané, affable, généreux. Il n'y a plus alors que des avantages à dévoiler sa gentillesse débordante : elle signifie toujours une déficience du régime soviétique, une plénitude du bonheur occidental : la reconnaissance « indescriptible » de la jeune guide de l'Intourist pour le médecin (de Passy) qui lui offre des bas nylon, signale en fait l'arriération économique du régime communiste et la prospérité enviable de la démocratie occidentale. Comme toujours (je viens de le signaler à propos du *Guide bleu*), on feint de traiter comme termes comparables, le luxe privilégié et le standing populaire ; on porte au crédit de la France entière, le « chic » inimitable de la toilette parisienne, comme si toutes les Françaises s'habillaient chez Dior ou

Balanciaga ; et l'on fait voir les jeunes femmes soviétiques éperdues devant la mode française, comme s'il s'agissait d'une peuplade primitive en arrêt devant la fourchette ou le phonographe. D'une manière générale, le voyage en URSS sert surtout à établir le palmarès bourgeois de la civilisation occidentale : la robe parisienne, les locomotives qui sifflent et ne meuglent pas, les bistrots, le jus de poire dépassé, et surtout, le privilège français par excellence : Paris, c'est-à-dire un mixte de grands couturiers et de Folies-Bergère : c'est ce trésor inaccessible qui, paraît-il, fait rêver les Russes à travers les touristes du *Batory.*

En face de quoi, le régime peut rester fidèle à sa caricature, celle d'un ordre oppressif qui maintient tout dans l'uniformité des machines. Le garçon du wagon-lit ayant réclamé à M. Macaigne la cuiller de son verre de thé, M. Macaigne conclut (toujours dans un grand mouvement d'agnosticisme politique) à l'existence d'une bureaucratie gigantesque, paperassière, dont le seul souci est de maintenir exact l'inventaire des petites cuillers. Nouvelle pâture pour la vanité nationale, toute fière du désordre des Français. L'anarchie des mœurs et des comportements superficiels est un excellent alibi pour l'ordre : l'individualisme est un mythe bourgeois qui permet de vacciner d'une liberté inoffensive l'ordre et la tyrannie de classe : le *Batory* amenait aux Russes éberlués le spectacle d'une liberté prestigieuse, celle de bavarder pendant la visite des musées et de « faire les rigolos » dans le métro.

Il va de soi que l'« individualisme » est seulement un luxueux produit d'exportation. En France, et appliqué à un objet d'une autre importance, il a, du moins au *Figaro,* un autre nom. Lorsque quatre cents rappelés de l'armée de l'Air ont refusé, un dimanche, de partir pour l'Afrique du Nord, *le Figaro* n'a plus parlé d'anarchie sympathique et d'individualisme enviable : comme il ne s'agissait plus ici de musée ou de métro, mais bien de gros sous coloniaux, le « désordre » n'était plus, tout d'un coup, le fait d'une glorieuse vertu gauloise, mais le produit artificiel de quelques « meneurs » ; il n'était plus prestigieux, mais *lamentable,* et la *monumentale indiscipline* des Français, louée tout à l'heure à coups de clins d'œil loustics et vaniteux, est devenue sur la route d'Algérie, trahison honteuse. *Le Figaro* connaît bien sa bourgeoisie : la liberté en vitrine, à titre décoratif, mais l'Ordre chez soi, à titre constitutif.

L'usager de la grève

Il y a encore des hommes pour qui la grève est un *scandale* : c'est-à-dire non pas seulement une erreur, un désordre ou un délit, mais un crime moral, une action intolérable qui trouble à leurs yeux la Nature. *Inadmissible, scandaleuse, révoltante,* ont dit d'une grève récente certains lecteurs du *Figaro.* C'est là un langage qui date à vrai dire de la Restauration et qui en exprime la mentalité profonde ; c'est l'époque où la bourgeoisie, au pouvoir depuis encore peu de temps, opère une sorte de crase entre la Morale et la Nature, donnant à l'une la caution de l'autre : de peur d'avoir à naturaliser la morale, on moralise la Nature, on feint de confondre l'ordre politique et l'ordre naturel, et l'on conclut en décrétant immoral tout ce qui conteste les lois structurelles de la société que l'on est chargé de défendre. Aux préfets de Charles X comme aux lecteurs du *Figaro* d'aujourd'hui, la grève apparaît d'abord comme un défi aux prescriptions de la raison moralisée : faire grève, c'est « se moquer du monde », c'est-à-dire enfreindre moins une légalité civique qu'une légalité « naturelle », attenter au fondement philosophique de la société bourgeoise, ce mixte de morale et de logique, qu'est le *bon sens.*

Car ceci, le scandale vient d'un illogisme : la grève est scandaleuse parce qu'elle gêne précisément ceux qu'elle ne concerne pas. C'est la raison qui souffre et se révolte : la causalité directe, mécanique, computable, pourrait-on dire, qui nous est déjà apparue comme le fondement de la logique petite-bourgeoise dans les discours de M. Poujade, cette causalité-là est troublée : l'effet se disperse incompréhensiblement loin de la cause, il lui échappe, et c'est là ce qui est intolérable, choquant.

Contrairement à ce que l'on pourrait croire des rêves petits-bourgeois, cette classe a une idée tyrannique, infiniment susceptible, de la causalité : le fondement de sa morale n'est nullement magique, mais rationnel. Seulement, il s'agit d'une rationalité linéaire étroite, fondée sur une correspondance pour ainsi dire numérique des causes et des effets. Ce qui manque à cette rationalité-là, c'est évidemment l'idée des fonctions complexes, l'imagination d'un étalement lointain des déterminismes, d'une solidarité des événements, que la tradition matérialiste a systématisée sous le nom de totalité.

La restriction des effets exige une division des fonctions. On pourrait facilement imaginer que les « hommes » sont solidaires : ce que l'on oppose, ce n'est donc pas l'homme à l'homme, c'est le gréviste à l'usager. L'usager (appelé aussi *homme de la rue,* et dont l'assemblage reçoit le nom innocent de *population* : nous avons déjà vu tout cela dans le vocabulaire de M. Macaigne), l'usager est un personnage imaginaire, algébrique pourrait-on dire, grâce auquel il devient possible de rompre la dispersion contagieuse des effets, et de tenir ferme une causalité réduite sur laquelle on va enfin pouvoir raisonner tranquillement et vertueusement. En découpant dans la condition générale du travailleur un statut particulier, la raison bourgeoise coupe le circuit social et revendique à son profit une solitude à laquelle la grève a précisément pour charge d'apporter un démenti : elle proteste contre ce qui lui est expressément adressé. L'usager, l'homme de la rue, le contribuable sont donc à la lettre des *personnages,* c'est-à-dire des acteurs promus selon les besoins de la cause à des rôles de surface, et dont la mission est de préserver la séparation essentialiste des cellules sociales, dont on sait qu'elle a été le premier principe idéologique de la Révolution bourgeoise.

C'est qu'en effet nous retrouvons ici un trait constitutif de la mentalité réactionnaire, qui est de disperser la collectivité en individus et l'individu en essences. Ce que tout le théâtre bourgeois fait de l'homme psychologique, mettant en conflit le Vieillard et le Jeune Homme, le Cocu et l'Amant, le Prêtre et le Mondain, les lecteurs du *Figaro* le font, eux aussi, de l'être social : opposer le gréviste et l'usager, c'est constituer le monde en théâtre, tirer de l'homme total un acteur particulier, et confronter ces acteurs arbitraires dans le mensonge d'une symbolique qui feint de croire que la partie n'est qu'une réduction parfaite du tout.

Ceci participe d'une technique générale de mystification qui consiste à formaliser autant qu'on peut le désordre social. Par exemple, la bourgeoisie ne s'inquiète pas, dit-elle, de savoir qui, dans la grève, a tort ou raison : après avoir divisé les effets entre eux pour mieux isoler celui-là seul qui la concerne, elle prétend se désintéresser de la cause : la grève est réduite à une incidence solitaire, à un phénomène que l'on néglige d'expliquer pour mieux en manifester le scandale. De même le travailleur des Services publics, le fonctionnaire seront abstraits de la masse laborieuse, comme si tout le statut salarié de ces travailleurs était en quelque sorte attiré, fixé et ensuite sublimé dans la surface même de leurs fonctions. Cet amincissement intéressé de la condition sociale permet d'esquiver le réel sans abandonner l'illusion euphorique d'une causalité directe, qui commencerait seulement là d'où il est commode à la bourgeoisie de la faire partir : de même que tout d'un coup le citoyen se trouve réduit au pur concept d'usager, de même les jeunes Français mobilisables se réveillent un matin évaporés, sublimés dans une pure essence militaire que l'on feindra vertueusement de prendre pour le départ *naturel* de la logique universelle : le statut militaire devient ainsi l'origine inconditionnelle d'une causalité nouvelle, au-delà de laquelle il sera désormais monstrueux de vouloir remonter : contester ce statut ne peut donc être en aucun cas l'effet d'une causalité générale et préalable (conscience politique du citoyen), mais seulement le produit d'accidents postérieurs au départ de la nouvelle série causale : du point de vue bourgeois, refuser pour un soldat de partir ne peut-être que le fait de meneurs ou de coups de boisson, comme s'il n'existait pas d'autres très bonnes raisons à ce geste : croyance dont la stupidité le dispute à la mauvaise foi, puisqu'il est évident que la contestation d'un statut ne peut expressément trouver racine et aliment que dans une conscience qui prend ses distances par rapport à ce statut.

Il s'agit d'un nouveau ravage de l'essentialisme. Il est donc logique qu'en face du mensonge de l'essence et de la partie, la grève fonde le devenir et la vérité du tout. Elle signifie que l'homme est total, que toutes ses fonctions sont solidaires les unes des autres, que les rôles d'usager, de contribuable ou de militaire sont des remparts bien trop minces pour s'opposer à la contagion des faits, et que dans la société tous sont concernés par tous. En protestant que cette grève la gêne, la bourgeoisie témoigne d'une cohésion des fonctions sociales, qu'il est dans la fin même de la grève de manifester : le paradoxe, c'est que l'homme petit-bourgeois invoque le *naturel* de son isolement au moment précis où la grève le courbe sous l'évidence de sa subordination.

Grammaire africaine

Le vocabulaire officiel des affaires africaines est, on s'en doute, purement axiomatique. C'est dire qu'il n'a aucune valeur de communication, mais seulement d'intimidation. Il constitue donc une *écriture*, c'est-à-dire un langage chargé d'opérer une coïncidence entre les normes et les faits, et de donner à un réel cynique la caution d'une morale noble. D'une manière générale, c'est un langage qui fonctionne essentiellement comme un code, c'est-à-dire que les mots y ont un rapport nul ou contraire à leur contenu. C'est une écriture que l'on pourrait appeler cosmétique parce qu'elle vise à recouvrir les faits d'un bruit de langage, ou si l'on préfère du signe suffisant du langage. Je voudrais indiquer brièvement ici la façon dont un lexique et une grammaire peuvent être politiquement engagés.

BANDE (de hors-la-loi, rebelles ou condamnés de droit commun). – Ceci est l'exemple même d'un langage axiomatique. La dépréciation du vocabulaire sert ici d'une façon précise à nier l'état de guerre, ce qui permet d'anéantir la notion d'interlocuteur. « On ne discute pas avec des hors-la-loi. » La moralisation du langage permet ainsi de renvoyer le problème de la paix à un changement arbitraire de vocabulaire.

Lorsque la « bande » est française, on la sublime sous le nom de *communauté*.

DÉCHIREMENT (cruel, douloureux). – Ce terme aide à accréditer l'idée d'une irresponsabilité de l'Histoire. L'état de guerre est ici escamoté sous le vêtement noble de la tragédie, comme si le conflit était essentiellement le Mal, et non un mal (remédiable). La colonisation s'évapore, s'engloutit dans le halo d'une lamentation impuissante, qui *reconnaît* le malheur pour mieux s'installer.

Phraséologie : « Le gouvernement de la République est résolu à faire tous les efforts qui dépendent de lui pour mettre un terme aux cruels déchirements qui éprouvent le Maroc. » (Lettre de M. Coty à Ben Arafa.)

« ... le peuple marocain, douloureusement divisé contre lui-même... » (Déclaration de Ben Arafa.)

DÉSHONORER. – On sait qu'en ethnologie, du moins selon la très riche hypothèse de Claude Lévi-Strauss, le *mana* est une sorte de symbole algébrique (un peu comme *truc* ou *machin* chez nous), chargé de représenter « une valeur indéterminée de signification, en elle-même vide de sens, et donc susceptible de recevoir n'importe quel sens, dont l'unique fonction est de combler un écart entre le signifiant et le signifié ». L'*honneur,* c'est très exactement notre *mana*, quelque chose comme une place vide où l'on dépose la collection entière des sens inavouables et que l'on sacralise comme un tabou. L'honneur est bien alors l'équivalent noble, c'est-à-dire magique, de *truc* ou de *machin*.

Phraséologie : « Ce serait déshonorer les populations musulmanes que de laisser croire que ces hommes pourraient être considérés en France comme leurs représentants. Ce serait également déshonorer la France. » (Communiqué du ministère de l'Intérieur.)

DESTIN. – C'est au moment même où, l'Histoire témoignant une fois de plus de sa liberté, les peuples colonisés commencent à démentir la fatalité de leur condition, que le vocabulaire bourgeois fait le plus grand usage du mot Destin. Comme l'honneur, le destin est un *mana* où l'on collecte pudiquement les déterminismes les plus sinistres de la colonisation. Le Destin, c'est pour la bourgeoisie, le *truc* ou le *machin* de l'Histoire.

Naturellement, le Destin n'existe que sous une forme *liée*. Ce n'est pas la conquête militaire qui a soumis l'Algérie à la France, c'est une conjonction opérée par la Providence qui a uni deux destins. La liaison est déclarée indissoluble dans le temps même où elle se dissout avec un éclat qui ne peut être caché.

Phraséologie : « Nous entendons, quant à nous, donner aux peuples dont le destin est lié au nôtre, une indépendance vraie dans l'association volontaire. » (M. Pinay à l'ONU.)

DIEU. – Forme sublimée du gouvernement français.

Phraséologie : « … Lorsque le Tout-Puissant nous a désigné pour exercer la charge suprême… » (Déclaration de Ben Arafa.)

« … Avec l'abnégation et la souveraine dignité dont elle a toujours donné l'exemple… Votre Majesté entend ainsi obéir aux volontés du Très-Haut. » (Lettre de M. Coty à Ben Arafa, démissionné par le gouvernement.)

GUERRE. – Le but est de nier la chose. On dispose pour cela de deux moyens : ou bien la nommer le moins possible (procédé le plus fréquent) ; ou bien lui donner le sens de son propre contraire (procédé plus retors, qui est à la base de presque toutes les mystifications du langage bourgeois). *Guerre* est alors employé dans le sens de *paix* et *pacification* dans le sens de *guerre.*

Phraséologie : « La guerre n'empêche pas les mesures de pacification. » (Général de Monsabert.) Entendez que la paix (officielle) n'empêche heureusement pas la guerre (réelle).

MISSION. – C'est le troisième mot *mana.* On peut y déposer tout ce qu'on veut : les écoles, l'électricité, le *Coca-Cola,* les opérations de police, les ratissages, les condamnations à mort, les camps de concentration, la liberté, la civilisation et la « présence » française.

Phraséologie : « Vous savez pourtant que la France a, en Afrique, une mission qu'elle est seule à pouvoir remplir. » (M. Pinay à l'ONU.)

POLITIQUE. – La politique se voit assigner un domaine restreint. Il y a d'une part la France et d'autre part la politique. Les affaires d'Afrique du Nord, lorsqu'elles concernent la France, ne sont pas du domaine de la politique. Lorsque les choses deviennent graves, feignons de quitter la Politique pour la Nation. Pour les gens de droite, la Politique, c'est la Gauche : eux, c'est la France.

Phraséologie : « Vouloir défendre la communauté française et les vertus de la France, ce n'est pas faire de la politique. » (Général Tricon-Dunois.)

Dans un sens contraire et accolé au mot *conscience (politique de la conscience),* le mot *politique* devient euphémique ; il signifie alors : sens pratique des réalités spirituelles, goût de la nuance qui permet à un chrétien de partir tranquillement « pacifier » l'Afrique.

Phraséologie : « … Refuser *a priori* le service dans une armée à destination africaine pour être sûr de ne pas se trouver dans une situation semblable (contredire un ordre inhumain), ce tolstoïsme abstrait ne se confond pas avec la politique de la conscience, parce qu'il n'est à aucun degré une politique. » (Editorial dominicain de *La Vie intellectuelle.*)

Population. – C'est un mot chéri du vocabulaire bourgeois. Il sert d'antidote à *classes,* trop brutal, et d'ailleurs « sans réalité ». *Population* est chargé de dépolitiser la pluralité des groupes et des minorités, en repoussant les individus dans une collection neutre, passive, qui n'a droit au panthéon bourgeois qu'au niveau d'une existence politiquement inconsciente. (Cf. usagers et hommes de la rue.) Le terme est généralement ennobli par son pluriel : *les populations musulmanes,* ce qui ne manque pas de suggérer une différence de maturité entre l'unité métropolitaine et le pluralisme des colonisés, la France *rassemblant* sous elle ce qui est par nature divers et nombreux.

Lorsqu'il est nécessaire de porter un jugement dépréciatif (la guerre oblige parfois à ces sévérités), on fractionne volontiers la population en *éléments.* Les éléments sont en général fanatiques ou manœuvrés. (Car seuls, n'est-ce pas ? le fanatisme ou l'inconscience peuvent pousser à vouloir sortir du statut de colonisé.)

Phraséologie : « Les éléments de la population qui ont pu se joindre aux rebelles dans certaines circonstances… » (Communiqué du ministère de l'Intérieur.)

SOCIAL. – *Social* est toujours couplé avec *économique.* Ce duel fonctionne uniformément comme un alibi, c'est-à-dire qu'il annonce ou justifie à chaque coup des opérations répressives, au point que l'on peut dire qu'il les signifie. Le *social,* ce sont essentiellement les écoles (mission civilisatrice de la France, éducation des peuples d'outre-mer, amenés peu à peu à la maturité) ; l'*économique,* ce sont les *intérêts,* toujours *évidents* et *réciproques,* qui lient *indissolublement* l'Afrique à la métropole. Ces termes progressistes, une fois convenablement vidés, peuvent fonctionner impunément comme de jolies clausules conjuratoires.

Phraséologie : « Domaine social et économique, installations sociales et économiques. »

La prédominance des substantifs dans tout le vocabulaire dont on vient de donner ici quelques échantillons, tient évidemment à la grosse consommation de concepts nécessaires à la couverture de la réalité. Bien que générale et avancée au dernier point de la décomposition, l'usure de ce langage n'attaque pas de la même façon les verbes et les substantifs : elle détruit le verbe et gonfle le nom. L'inflation morale ne porte ici ni sur des objets ni sur des actes, mais toujours sur des idées, des « notions », dont l'assemblage obéit moins à un usage de communication qu'à la nécessité d'un code figé. La codification du langage officiel et sa substantivation vont ainsi de pair, car le mythe est fondamentalement nominal, dans la mesure même où la nomination est le premier procédé du détournement.

Le verbe, lui, subit un curieux escamotage : s'il est principal, on le trouve réduit à l'état de simple copule, destinée à poser simplement l'existence ou la qualité du mythe (M. Pinay à l'ONU : il y *aurait* détente illusoire… il *serait* inconcevable… Que *serait* une indépendance nominale ?…, etc.). Le verbe n'atteint péniblement un plein statut sémantique que sur le plan du futur, du possible ou de l'intentionnel, dans un lointain où le mythe risque moins de se faire démentir. (Un gouvernement marocain *sera constitué..., appelé à négocier* les réformes... ; l'effort entrepris par la France *en vue de construire* une libre association...*, etc.)

Dans sa présentation, le substantif exige très généralement ce que deux excellents grammairiens, Damourette et Pichon, qui ne manquaient ni de rigueur ni d'humour dans leur terminologie, appelaient : l'*assiette notoire,* ce qui veut dire que la substance du nom se présente toujours à nous comme connue. Nous sommes ici au cœur même de la formation du mythe : c'est parce que *la mission* de la France, *le déchirement* du peuple marocain ou *le destin* de l'Algérie sont donnés grammaticalement comme des postulats (qualité qui leur est généralement conférée par l'emploi de l'article défini) que nous ne pouvons discursivement les contester (la mission de la France : mais, voyons, n'insistez pas, vous savez bien...). La notoriété est la première forme de la naturalisation.

J'ai déjà signalé l'emphase, fort banale, de certains pluriels *(les populations).* Il faut ajouter que cette emphase majore ou déprécie au gré des intentions : *les populations,* cela installe un sentiment euphorique de multitudes pacifiquement subjuguées ; mais lorsque l'on parle des *nationalismes élémentaires,* le pluriel vise à dégrader encore, s'il est possible, la notion de nationalisme (ennemi), en la réduisant à une collection d'unités de faible taille. C'est ce que nos deux grammairiens, experts avant la lettre en affaires africaines, avaient encore prévu en distinguant le pluriel massif et le pluriel numératif : dans la première expression, le pluriel flatte une idée de masse, dans la seconde il insinue une idée de division. Ainsi la grammaire infléchit-elle le mythe : elle délègue ses pluriels à différentes tâches morales.

L'adjectif (ou l'adverbe), lui, a souvent un rôle curieusement ambigu : il semble procéder d'une inquiétude, du sentiment que les substantifs qu'on emploie, en dépit de leur caractère notoire, ont une usure qu'on ne peut tout à fait cacher ; d'où la nécessité de les revigorer : l'indépendance devient *vraie,* les aspirations *authentiques*, les destins *indissolublement* liés. L'adjectif vise ici à dédouaner le nom de ses déceptions passées, à le présenter dans un état neuf, innocent, crédible. Comme pour les verbes pleins, l'adjectif confère au discours une valeur future. Le passé et le présent sont l'affaire des substantifs, des grands concepts où l'idée dispense de la preuve (Mission, Indépendance, Amitié, Coopération, etc.) ; l'acte et le prédicat, eux, pour être irréfutables, doivent s'abriter derrière quelque forme d'irréel : finalité, promesse ou adjuration.

Malheureusement, ces adjectifs de revigoration s'usent à peu près aussi vite qu'on les emploie, en sorte que c'est finalement la relance adjective du mythe qui désigne le plus sûrement son inflation. Il suffit de lire *vrai, authentique, indissoluble* ou *unanime* pour flairer là le creux de la rhétorique. C'est qu'au fond, ces adjectifs, que l'on pourrait appeler d'essence, parce qu'ils développent sous une forme modale la substance du nom qu'ils accompagnent, ces adjectifs ne peuvent rien modifier : l'indépendance ne peut être autre chose qu'indépendante, l'amitié qu'amicale et la coopération qu'unanime. Par l'impuissance de leur effort, ces mauvais adjectifs viennent ici manifester l'ultime santé du langage. La rhétorique officielle a beau entasser les couvertures de la réalité, il y a un moment où les mots lui résistent et l'obligent à révéler sous le mythe l'alternative du mensonge ou de la vérité : l'indépendance est ou n'est pas, et tous les dessins adjectifs qui s'efforcent de donner au néant les qualités de l'être sont la signature même de la culpabilité.

La critique Ni-Ni

On a pu lire dans l'un des premiers numéros de *l'Express* quotidien, une profession de foi critique (anonyme), qui était un superbe morceau de rhétorique balancée. L'idée en était que la critique ne doit être « ni un jeu de salon, ni un service municipal » ; entendez qu'elle ne doit être ni réactionnaire, ni communiste, ni gratuite, ni politique.

Il s'agit là d'une mécanique de la double exclusion qui relève

en grande partie de cette rage numérique que nous avons déjà
rencontrée plusieurs fois, et que j'ai cru pouvoir définir en gros
comme un trait petit-bourgeois. On fait le compte des méthodes
avec une balance, on en charge les plateaux, à volonté, de façon
à pouvoir apparaître soi-même comme un arbitre impondérable
doué d'une spiritualité idéale, et par là même *juste*, comme le
fléau qui juge la pesée.

Les tares nécessaires à cette opération de comptabilité sont
formées par la moralité des termes employés. Selon un vieux
procédé terroriste (n'échappe pas qui veut au terrorisme), on
juge dans le même temps que l'on nomme, et le mot, lesté
d'une culpabilité préalable, vient tout naturellement peser dans
l'un des plateaux de la balance. Par exemple, on opposera la
culture aux *idéologies*. La culture est un bien noble, universel,
situé hors des partis pris sociaux : la culture ne pèse pas. Les
idéologies, elles, sont des inventions partisanes : donc, à la
balance ! On les renvoie dos à dos sous l'œil sévère de la culture (sans s'imaginer que la culture est tout de même, en fin de
compte, une idéologie). Tout se passe comme s'il y avait d'un
côté des mots lourds, des mots tarés *(idéologie, catéchisme, mili-
tant),* chargés d'alimenter le jeu infamant de la balance ; et de
l'autre, des mots légers, purs, immatériels, nobles par droit
divin, sublimes au point d'échapper à la basse loi des nombres
(aventure, passion, grandeur, vertu, honneur), des mots situés au-
dessus de la triste computation des mensonges ; les seconds sont
chargés de faire la morale aux premiers : d'un côté des mots
criminels et de l'autre des mots justiciers. Bien entendu, cette
belle morale du Tiers-Parti aboutit sûrement à une nouvelle
dichotomie, tout aussi simpliste que celle qu'on voulait dénon-
cer au nom même de la complexité. C'est vrai, il se peut que
notre monde soit alterné, mais soyez sûr que c'est une scission
sans Tribunal : pas de salut pour les Juges, eux aussi sont bel et
bien embarqués.

Il suffit d'ailleurs de voir quels autres mythes affleurent dans
cette critique *Ni-Ni*, pour comprendre de quel côté elle se situe.
Sans parler plus longuement du mythe de l'intemporalité, qui
gît dans tout recours à une « culture » éternelle (« un art de tous

les temps »), je trouve encore dans notre doctrine *Ni-Ni* deux
expédients courants de la mythologie bourgeoise. Le premier
consiste dans une certaine idée de la liberté, conçue comme « le
refus du jugement *a priori* ». Or un jugement littéraire est toujours déterminé par la tonalité dont il fait partie, et l'absence
même de système – surtout porté à l'état de profession de foi –
procède d'un système parfaitement défini, qui est en l'occurrence une variété fort banale de l'idéologie bourgeoise (ou de la
culture, comme dirait notre anonyme). On peut même dire que
c'est là où l'homme proteste d'une liberté première que sa
subordination est la moins discutable. On peut mettre tranquillement au défi quiconque d'exercer jamais une critique
innocente, pure de toute détermination systématique : les *Ni-Ni*
sont eux aussi embarqués dans un système, qui n'est pas forcément celui dont ils se réclament. On ne peut juger de la Littérature sans une certaine idée préalable de l'Homme et de
l'Histoire, du Bien, du Mal, de la Société, etc. : rien que dans le
simple mot d'*Aventure*, allégrement moralisé par nos *Ni-Ni* en
opposition aux vilains systèmes qui « n'étonnent pas », quelle
hérédité, quelle fatalité, quelle routine ! Toute liberté finit toujours par réintégrer une certaine cohérence connue, qui n'est
rien d'autre qu'un certain *a priori*. Aussi, la liberté du critique,
ce n'est pas de refuser le parti (impossible !), c'est de l'afficher
ou non.

Le second symptôme bourgeois de notre texte, c'est la référence euphorique au « style » de l'écrivain comme valeur éternelle de la Littérature. Pourtant, rien ne peut échapper à la mise
en question de l'Histoire, pas même le *bien écrire*. Le style est
une valeur critique parfaitement datée, et réclamer en faveur du
« style » dans l'époque même où quelques écrivains importants
se sont attaqués à ce dernier bastion de la mythologie classique,
c'est prouver par là même un certain archaïsme : non, en revenir une fois de plus au « style », ce n'est pas l'aventure ! Mieux
avisé dans l'un de ses numéros suivants, *l'Express* publiait une
protestation pertinente d'A. Robbe-Grillet contre le recours
magique à Stendhal (« C'est écrit comme du Stendhal »). L'alliance d'un style et d'une humanité (Anatole France, par

exemple) ne suffit peut-être plus à fonder la Littérature. Il est même à craindre que le « style », compromis dans tant d'œuvres faussement humaines, ne soit devenu finalement un objet *a priori* suspect : c'est en tout cas une valeur qui ne devrait être versée au crédit de l'écrivain que sous bénéfice d'inventaire. Ceci ne veut pas dire, naturellement, que la Littérature puisse exister en dehors d'un certain artifice formel. Mais n'en déplaise à nos *Ni-Ni*, toujours adeptes d'un univers bipartite dont ils seraient la divine transcendance, le contraire du *bien écrire* n'est pas forcément le *mal écrire* : c'est peut-être aujourd'hui l'*écrire* tout court. La Littérature est devenue un état difficile, étroit, mortel. Ce ne sont plus ses ornements qu'elle défend, c'est sa peau : j'ai bien peur que la nouvelle critique *Ni-Ni* ne soit en retard d'une saison.

Strip-tease

Le strip-tease – du moins le strip-tease parisien – est fondé sur une contradiction : désexualiser la femme dans le moment même où on la dénude. On peut donc dire qu'il s'agit en un sens d'un spectacle de la peur, ou plutôt du « Fais-moi peur », comme si l'érotisme restait ici une sorte de terreur délicieuse, dont il suffit d'annoncer les signes rituels pour provoquer à la fois l'idée de sexe et sa conjuration.

Seule la durée du dévêtement constitue le public en voyeur ; mais ici, comme dans n'importe quel spectacle mystifiant, le décor, les accessoires et les stéréotypes viennent contrarier la provocation initiale du propos et finissent par l'engloutir dans l'insignifiance : on *affiche* le mal pour mieux l'embarrasser et l'exorciser. Le strip-tease français semble procéder de ce que j'ai appelé ici même l'opération *Astra*, procédé de mystification qui consiste à vacciner le public d'une pointe de mal, pour mieux ensuite le plonger dans un Bien Moral désormais immunisé : quelques atomes d'érotisme, désignés par la situation même du spectacle, sont en fait absorbés dans un rituel rassu-

rant qui efface la chair aussi sûrement que le vaccin ou le tabou
fixent et contiennent la maladie ou la faute.

On aura donc dans le strip-tease toute une série de couvertures apposées sur le corps de la femme, au fur et à mesure
qu'elle feint de le dénuder. L'exotisme est la première de ces
distances, car il s'agit toujours d'un exotisme figé qui éloigne le
corps dans le fabuleux ou le romanesque : Chinoise munie
d'une pipe à opium (symbole obligé de la sinité), vamp ondu-
leuse au fume-cigarette gigantesque, décor vénitien avec gon-
dole, robe à paniers et chanteur de sérénade, tout ceci vise à
constituer *au départ* la femme comme un objet déguisé ; la fin
du strip n'est plus alors d'expulser à la lumière une profondeur
secrète, mais de signifier, à travers le dépouillement d'une
vêture baroque et artificielle, la nudité comme habit *naturel* de
la femme, ce qui est retrouver finalement un état parfaitement
pudique de la chair.

Les accessoires classiques du music-hall, mobilisés ici sans
exception, éloignent eux aussi à chaque instant le corps dévoilé,
le repoussent dans le confort enveloppant d'un rite connu : les
fourrures, les éventails, les gants, les plumes, les bas-résilles,
en un mot le rayon entier de la parure, font sans cesse réintégrer
au corps vivant la catégorie des objets luxueux qui entourent
l'homme d'un décor magique. Emplumée ou gantée, la femme
s'affiche ici comme élément figé de music-hall ; et se dépouiller
d'objets aussi rituels ne participe plus d'un dénuement nouveau : la plume, la fourrure et le gant continuent d'imprégner la
femme de leur vertu magique une fois même qu'ils sont ôtés,
lui font comme le souvenir enveloppant d'une carapace
luxueuse, car c'est une loi évidente que tout le strip-tease est
donné dans la nature même du vêtement de départ : si celui-ci
est improbable, comme dans le cas de la Chinoise ou de la
femme enfourrurée, le nu qui suit reste lui-même irréel, lisse et
fermé comme un bel objet glissant, retiré par son extravagance
même de l'usage humain : c'est la signification profonde du
sexe de diamant ou d'écailles, qui est la fin même du strip-
tease : ce triangle ultime, par sa forme pure et géométrique, par
sa matière brillante et dure, barre le sexe comme une épée de

pureté et repousse définitivement la femme dans un univers minéralogique, la pierre (précieuse) étant ici le thème irréfutable de l'objet total et inutile.

Contrairement au préjugé courant, la danse, qui accompagne toute la durée du strip-tease, n'est nullement un facteur érotique. C'est même probablement tout le contraire : l'ondulation faiblement rythmée conjure ici la peur de l'immobilité ; non seulement elle donne au spectacle la caution de l'Art (les danses de music-hall sont toujours « artistiques »), mais surtout elle constitue la dernière clôture, la plus efficace : la danse, faite de gestes rituels, vus mille fois, agit comme un cosmétique de mouvements, elle cache la nudité, enfouit le spectacle sous un glacis de gestes inutiles et pourtant principaux, car le dénuement est ici relégué au rang d'opérations parasites, menées dans un lointain improbable. On voit ainsi les professionnelles du strip-tease s'envelopper dans une aisance miraculeuse qui les vêt sans cesse, les éloigne, leur donne l'indifférence glacée de praticiennes habiles, réfugiées avec hauteur dans la certitude de leur technique : leur science les habille comme un vêtement.

Tout ceci, cette conjuration minutieuse du sexe, peut se vérifier *a contrario* dans les « concours populaires » *(sic)* de strip-tease amateur : des « débutantes » s'y déshabillent devant quelques centaines de spectateurs sans recourir ou recourant fort mal à la magie, ce qui rétablit incontestablement le pouvoir érotique du spectacle : ici, au départ, beaucoup moins de Chinoises et d'Espagnoles, ni plumes ni fourrures (des tailleurs stricts, des manteaux de ville), peu de déguisements originels ; des pas maladroits, des danses insuffisantes, la fille sans cesse guettée par l'immobilité, et surtout un embarras « technique » (résistance du slip, de la robe, du soutien-gorge) qui donne aux gestes du dévoilement une importance inattendue, refusant à la femme l'alibi de l'art et le refuge de l'objet, l'enserrant dans une condition de faiblesse et d'apeurement.

Pourtant, au *Moulin-Rouge,* une conjuration d'une autre sorte se dessine, probablement typiquement française, conjuration qui vise d'ailleurs moins à abolir l'érotisme qu'à le domestiquer : le présentateur essaye de donner au strip-tease un statut petit-bourgeois rassurant. D'abord, le strip-tease est un *sport* : il y a un Strip-tease Club, qui organise de saines compétitions dont les lauréates sortent couronnées, récompensées par des prix édifiants (un abonnement à des leçons de culture physique), un roman (qui ne peut être que *Le Voyeur* de Robbe-Grillet), ou utiles (une paire de bas nylon, cinq mille francs). Et puis, le strip-tease est assimilé à une *carrière* (débutantes, semi-professionnelles, professionnelles), c'est-à-dire à l'exercice honorable d'une spécialisation (les strip-teaseuses sont des ouvrières qualifiées) ; on peut même leur donner l'alibi magique du travail, la *vocation* : telle fille est « en bonne voie » ou « en passe de tenir ses promesses », ou, au contraire, « fait ses premiers pas » dans le chemin ardu du strip-tease. Enfin et surtout, les concurrentes sont situées socialement : telle est vendeuse, telle autre est secrétaire (il y a beaucoup de secrétaires au Strip-tease Club). Le strip-tease réintègre ici la salle, se familiarise, s'embourgeoise, comme si les Français, contrairement aux publics américains (du moins à ce qu'on dit), et suivant une tendance irrépressible de leur statut social, ne pouvaient concevoir l'érotisme que comme une propriété ménagère, cautionnée par l'alibi du sport hebdomadaire, bien plus que par celui du spectacle magique : c'est ainsi qu'en France le strip-tease est nationalisé.

La nouvelle Citroën

Je crois que l'automobile est aujourd'hui l'équivalent assez exact des grandes cathédrales gothiques : je veux dire une grande création d'époque, conçue passionnément par des artistes inconnus, consommée dans son image, sinon dans son usage, par un peuple entier qui s'approprie en elle un objet parfaitement magique.

La nouvelle Citroën tombe manifestement du ciel dans la mesure où elle se présente d'abord comme un *objet* superlatif. Il ne faut pas oublier que l'objet est le meilleur messager de la surnature : il y a facilement dans l'objet, à la fois une perfection et une absence d'origine, une clôture et une brillance, une transformation de la vie en matière (la matière est bien plus magique que la vie), et pour tout dire un *silence* qui appartient à l'ordre du merveilleux. La « Déesse » a tous les caractères (du moins le public commence-t-il par les lui prêter unanimement) d'un de ces objets descendus d'un autre univers, qui ont alimenté la néomanie du XVIIIe siècle et celle de notre science-fiction : la Déesse est *d'abord* un nouveau *Nautilus*.

C'est pourquoi on s'intéresse moins en elle à la substance qu'à ses joints. On sait que le lisse est toujours un attribut de la perfection parce que son contraire trahit une opération technique et tout humaine d'ajustement : la tunique du Christ était sans couture, comme les aéronefs de la science-fiction sont d'un métal sans relais. La DS 19 ne prétend pas au pur nappé, quoique sa forme générale soit très enveloppée ; pourtant ce sont les emboîtements de ses plans qui intéressent le plus le public : on tâte furieusement la jonction des vitres, on passe la main dans les larges rigoles de caoutchouc qui relient la fenêtre arrière à ses entours de nickel. Il y a dans la DS l'amorce d'une nouvelle phénoménologie de l'ajustement, comme si l'on passait d'un monde d'éléments soudés à un monde d'éléments juxtaposés et qui tiennent par la seule vertu de leur forme merveilleuse, ce qui, bien entendu, est chargé d'introduire à l'idée d'une nature plus facile.

Quant à la matière elle-même. il est sûr qu'elle soutient un goût de la légèreté, au sens magique. Il y a retour à un certain aérodynamisme, nouveau pourtant dans la mesure où il est moins massif, moins tranchant, plus étale que celui des premiers temps de cette mode. La vitesse s'exprime ici dans des signes moins agressifs, moins sportifs, comme si elle passait d'une forme héroïque à une forme classique. Cette spiritualisation se lit dans l'importance, le soin et la matière des surfaces vitrées. La Déesse est visiblement exaltation de la vitre, et la tôle n'y est qu'une base. Ici, les vitres ne sont pas fenêtres, ouvertures percées dans la coque obscure, elles sont grands pans d'air et de vide, ayant le bombage étalé et la brillance des bulles de savon, la minceur dure d'une substance plus entomologique que minérale (l'insigne Citroën, l'insigne fléché, est devenu d'ailleurs insigne ailé, comme si l'on passait maintenant d'un ordre de la propulsion à un ordre du mouvement, d'un ordre du moteur à un ordre de l'organisme).

Il s'agit donc d'un art humanisé, et il se peut que la Déesse marque un changement dans la mythologie automobile. Jusqu'à présent, la voiture superlative tenait plutôt du bestiaire de la puissance ; elle devient ici à la fois plus spirituelle et plus objective, et malgré certaines complaisances néomaniaques (comme le volant vide), la voici plus *ménagère*, mieux accordée à cette sublimation de l'ustensilité que l'on retrouve dans nos arts ménagers contemporains : le tableau de bord ressemble davantage à l'établi d'une cuisine moderne qu'à la centrale d'une usine : les minces volets de tôle mate, ondulée, les petits leviers à boule blanche, les voyants très simples, la discrétion même de la nickelerie, tout cela signifie une sorte de contrôle exercé sur le mouvement, conçu désormais comme confort plus que comme performance. On passe visiblement d'une alchimie de la vitesse à une gourmandise de la conduite.

Il semble que le public ait admirablement deviné la nouveauté des thèmes qu'on lui propose : d'abord sensible au néologisme (toute une campagne de presse le tenait en alerte depuis des années), il s'efforce très vite de réintégrer une conduite d'adaptation et d'ustensilité (« Faut s'y habituer »). Dans les halls d'exposition, la voiture témoin est visitée avec une application intense, amoureuse : c'est la grande phase tactile de la découverte, le moment où le merveilleux visuel va subir l'assaut raisonnant du toucher (car le toucher est le plus démystificateur de tous les sens, au contraire de la vue, qui est le plus magique) : les tôles, les joints sont touchés, les rembourrages palpés, les sièges essayés, les portes caressées, les coussins pelotés ; devant le volant, on mime la conduite avec tout le corps. L'objet est ici totalement prostitué, approprié : partie du ciel de Metropolis, la Déesse est en un quart d'heure médiatisée, accomplissant dans cet exorcisme, le mouvement même de la promotion petite-bourgeoise.

La Littérature selon Minou Drouet

L'affaire Minou Drouet s'est présentée pendant longtemps comme une énigme policière : est-ce elle ou n'est-ce pas elle ? On a appliqué à ce mystère les techniques habituelles de la police (moins la torture, et encore !) : l'enquête, la séquestration, la graphologie, la psychotechnique et l'analyse interne des documents. Si la société a mobilisé un appareil quasi judiciaire pour tenter de résoudre une énigme « poétique », on se doute que ce n'est pas par simple goût de la poésie ; c'est parce que l'image d'une enfant-poète lui est à la fois surprenante et nécessaire : c'est une image qu'il faut authentifier d'une façon aussi scientifique que possible dans la mesure où elle régit le mythe central de l'art bourgeois : celui de l'irresponsabilité (dont le génie, l'enfant et le poète ne sont que des figures sublimées).

En attendant la découverte de documents objectifs, tous ceux qui ont pris part à la contestation policière (et ils sont fort nombreux) n'ont pu s'appuyer que sur une certaine idée normative de l'enfance et de la poésie, celle qu'ils ont en eux-mêmes. Les raisonnements tenus sur le cas Minou Drouet sont par nature tautologiques, ils n'ont aucune valeur démonstrative : je ne puis prouver que les vers qui me sont soumis sont bien ceux d'un enfant, si je ne sais d'abord ce qu'est l'enfance et ce qu'est la poésie : ce qui revient à fermer le procès sur lui-même. C'est là un nouvel exemple de cette science policière illusoire, qui s'est exercée avec rage sur le cas du vieux Dominici : tout entière fondée sur une certaine tyrannie de la *vraisemblance,* elle édifie une vérité circulaire, qui laisse soigneusement au-dehors la réalité de l'accusé ou du problème ; toute enquête policière de ce genre consiste à rejoindre les postulats que l'on a de soi-même posés au départ : être coupable, pour le vieux Dominici, c'était coïncider avec la « psychologie » que le procureur général porte en lui, c'était assumer, à la façon d'un transfert magique, le coupable qui est au fond des magistrats, c'était se constituer en objet émissaire, la *vraisemblance* n'étant jamais qu'une disposi-

tion de l'accusé à ressembler à ses juges. De même s'interroger
(furieusement. comme on l'a fait dans la presse) sur l'authenticité de la poésie drouetiste, c'est partir d'un préjugé de l'enfance et de la poésie, et quoi qu'on trouve en route y revenir
fatalement, c'est postuler une normalité à la fois poétique et
enfantine, en vertu de laquelle on jugera Minou Drouet, c'est,
quoi que l'on décide, enjoindre à Minou Drouet de se charger, à
la fois comme prodige et comme victime, comme mystère et
comme produit, c'est-à-dire en définitive comme pur objet
magique, de tout le mythe poétique et de tout le mythe enfantin
de notre temps.

C'est bien d'ailleurs la combinaison variable de ces deux
mythes qui produit la différence des réactions et des jugements.
Trois âges mythologiques sont ici représentés : quelques classiques attardés, hostiles par tradition à la poésie-désordre,
condamnent Minou Drouet de toute façon : si sa poésie est
authentique, c'est la poésie d'une enfant, elle est donc suspecte,
n'étant pas « raisonnable » ; et si c'est la poésie d'un adulte, ils
la condamnent parce qu'alors elle est fausse. Plus proches de
notre temps. tout fiers d'accéder à la poésie irrationnelle, un
groupe de néophytes vénérables s'émerveillent de découvrir (en
1955) le pouvoir poétique de l'enfance, crient au « miracle »
pour un fait littéraire banal, connu depuis longtemps ; d'autres
enfin, les anciens militants de la poésie-enfance, ceux qui ont
été à la pointe du mythe lorsqu'il était d'avant-garde, portent
sur la poésie de Minou Drouet un regard sceptique, lassé par le
lourd souvenir d'une campagne héroïque, d'une science que
rien ne peut plus intimider (Cocteau : « Tous les enfants de neuf
ans ont du génie, sauf Minou Drouet »). Le quatrième âge, celui
des poètes d'aujourd'hui, semble n'avoir pas été consulté : peu
connus du grand public, on a pensé que leur jugement n'aurait
aucune valeur démonstrative, dans la mesure même où ils ne
représentent aucun mythe : je doute d'ailleurs qu'ils reconnaissent quoi que ce soit d'eux-mêmes dans la poésie de Minou
Drouet.

Mais que l'on déclare la poésie de Minou innocente ou
adulte (c'est-à-dire qu'on la loue ou qu'on la suspecte), c'est de

toute manière la reconnaître fondée sur une altérité profonde posée par la nature elle-même entre l'âge enfantin et l'âge mûr, c'est postuler l'enfant comme un être asocial, ou tout au moins, capable d'opérer spontanément sur lui-même sa propre critique et de s'interdire l'usage des mots entendus, à seule fin de se manifester pleinement comme enfant idéal : croire au « génie » poétique de l'enfance, c'est croire à une sorte de parthénogenèse littéraire, c'est poser une fois de plus la littérature comme un don des dieux. Toute trace de « culture » est ici portée au compte du mensonge, comme si l'usage des vocabulaires était strictement réglementé par la nature, comme si l'enfant ne vivait pas en osmose constante avec le milieu adulte ; et la métaphore, l'image, les concetti sont mis au crédit de l'enfance comme signes de la pure spontanéité, alors que, consciemment ou non, ils sont le siège d'une forte élaboration, supposent une « profondeur » où la maturité individuelle a une part décisive.

Quels que soient les résultats de l'enquête, l'énigme est donc de peu d'intérêt, elle n'éclaire ni sur l'enfance ni sur la poésie. Ce qui achève de rendre ce mystère indifférent, c'est que, enfantine ou adulte, cette poésie a une réalité parfaitement historique : on peut la dater, et le moins qu'on puisse dire, c'est qu'elle a un peu plus de huit ans, qui est l'âge de Minou Drouet. Il y a eu en effet, alentour 1914, un certain nombre de poètes mineurs, que les histoires de notre littérature, fort embarrassées de classer le néant, groupent généralement sous le nom pudique d'Isolés et Attardés Fantaisistes et Intimistes, etc. C'est incontestablement là qu'il faut placer la jeune Drouet – ou sa muse – aux côtés de poètes aussi prestigieux que Mme Burnat-Provins, Roger Allard ou Tristan Klingsor. La poésie de Minou Drouet est de cette force-là ; c'est une poésie sage, sucrée, toute fondée sur la croyance que la poésie, c'est une affaire de métaphore, et dont le contenu n'est rien de plus qu'une sorte de sentiment élégiaque bourgeois. Que cette préciosité popote puisse passer pour de la poésie, et qu'on avance même à ce sujet le nom de Rimbaud, l'inévitable enfant-poète, cela relève du mythe pur. Mythe fort clair d'ailleurs, car la fonction de ces poètes est évidente : ils fournissent au public les *signes* de la poésie, non la poésie elle-même ; ils sont économiques et rassu-rants. Une femme a bien exprimé cette fonction superficielle-ment émancipée et profondément prudente de la « sensibilité » intimiste : Mᵐᵉ de Noailles, qui (coïncidence !) a préfacé en son temps les poèmes d'une autre enfant « géniale », Sabine Sicaud, morte à quatorze ans.

Authentique ou non, cette poésie est donc datée – et lourde-ment. Mais prise en charge aujourd'hui par une campagne de presse et la caution de quelques personnalités, elle nous donne précisément à lire ce que la société croit être l'enfance et la poésie. Cités, vantés ou combattus, les textes de la famille Drouet sont de précieux matériaux mythologiques.

Il y a d'abord le mythe du génie, dont on ne peut décidément jamais venir à bout. Les classiques avaient décrété que c'était une affaire de patience. Aujourd'hui, le génie, c'est de gagner du temps, c'est de faire à huit ans ce que l'on fait normalement à vingt-cinq ans. Simple question de quantité temporelle : il s'agit d'aller un peu plus vite que tout le monde. L'enfance deviendra donc le lieu privilégié du génie. A l'époque de Pas-cal, on considérait l'enfance comme un temps perdu ; le pro-blème était d'en sortir au plus vite. Depuis les temps romantiques (c'est-à-dire depuis le triomphe bourgeois), il s'agit d'y rester le plus longtemps possible. Tout acte adulte imputable à l'enfance (même attardée) participe de son intem-poralité, apparaît prestigieux parce que produit *en avance*. La majoration *déplacée* de cet âge suppose qu'on le considère comme un âge privé, clos sur lui-même, détenteur d'un statut spécial, comme une essence ineffable et intransmissible.

Mais au moment même où l'enfance est définie comme un miracle, on proteste que ce miracle n'est rien d'autre qu'une accession prématurée aux pouvoirs de l'adulte. La spécialité de l'enfance reste donc ambiguë, frappée de cette même ambiguïté qui affecte tous les objets de l'univers classique : comme les petits pois de la comparaison sartrienne, l'enfance et la maturité sont des âges différents, clos, incommunicables, et pourtant identiques : le miracle de Minou Drouet, c'est de produire une poésie adulte, quoique enfant, c'est d'avoir fait descendre dans l'essence enfantine l'essence poétique. L'étonnement ne vient pas ici d'une destruction véritable des essences (ce qui serait fort sain), mais simplement de leur mélange hâtif. C'est ce dont rend bien compte la notion toute bourgeoise d'*enfant prodige* (Mozart, Rimbaud, Roberto Benzi) ; objet admirable dans la mesure où il accomplit la fonction idéale de toute activité capitaliste : gagner du temps, réduire la durée humaine à un problème numératif d'instants précieux.

Sans doute cette « essence » enfantine a-t-elle des formes différentes selon l'âge de ses usagers : pour les « modernistes », l'enfance reçoit sa dignité de son irrationalité même (à *l'Express*, on n'ignore pas la psychopédagogie) : d'où la confusion bouffonne avec le surréalisme ! Mais pour M. Henriot, qui refuse de glorifier toute source de désordre, l'enfance ne doit rien produire d'autre que de charmant et de distingué : l'enfant ne peut être ni trivial ni vulgaire, ce qui est encore imaginer une sorte de nature enfantine idéale, venue du ciel en dehors de tout déterminisme social, ce qui est aussi laisser à la porte de l'enfance une bonne quantité d'enfants, et ne reconnaître pour tels que les rejetons gracieux de la bourgeoisie. L'âge où l'homme précisément *se fait*, c'est-à-dire s'imprègne vivement de société et d'artifice, c'est paradoxalement pour M. Henriot, l'âge du « naturel » ; et l'âge où un gosse peut très bien en tuer un autre (fait divers contemporain de l'affaire Minou Drouet), c'est, toujours pour M. Henriot, l'âge où l'on ne saurait être lucide et gouailleur, mais seulement « sincère », « charmant » et « distingué ».

Là où nos commentateurs se retrouvent d'accord, c'est sur un certain caractère suffisant de la Poésie : pour eux tous, la Poésie est suite ininterrompue de *trouvailles,* qui est le nom ingénu de la métaphore. Plus le poème est bourré de « formules », plus il passe pour réussi. Il n'y a pourtant que les mauvais poètes qui font de « bonnes » images, ou qui, du moins, ne font que cela : ils conçoivent naïvement le langage poétique comme une addition de bonnes fortunes verbales, persuadés sans doute que la poésie étant véhicule d'irréalité, il faut à tout prix *traduire* l'objet, passer du Larousse à la métaphore, comme s'il suffisait de mal nommer les choses pour les poétiser. Le résultat est que cette poésie purement métaphorique est tout entière construite sur une sorte de dictionnaire poétique, dont Molière a donné quelques feuillets pour son temps, et dans lequel le poète puise son poème, comme s'il avait à traduire de la « prose » en « vers ». La poésie des Drouet est avec beaucoup d'application cette métaphore ininterrompue, où ses zélateurs – et ses zélatrices – reconnaissent avec délice le visage clair, impératif de la Poésie, de *leur* Poésie (il n'y a rien de plus rassurant qu'un dictionnaire).

Cette surcharge de trouvailles produit elle-même une addition d'admirations ; l'adhésion au poème n'est plus un acte total, déterminé avec lenteur et patience à travers toute une série de temps morts, c'est une accumulation d'extases, de bravos, de saluts adressés à l'acrobatie verbale réussie : ici encore, c'est la quantité qui fonde la valeur. Les textes de Minou Drouet apparaissent en ce sens comme l'antiphrase de toute Poésie, dans la mesure où ils fuient cette arme solitaire des écrivains, la littéralité : c'est elle seule pourtant qui peut ôter à la métaphore poétique son artifice, la révéler comme la fulguration d'une vérité, conquise sur une nausée continue du langage. Pour ne parler que de la Poésie moderne (car je doute qu'il y ait une essence de la poésie, en dehors de son Histoire), celle bien entendu d'Apollinaire, et non celle de M\ :sup:`me` Burnat-Provins, il est certain que sa beauté, sa vérité viennent d'une dialectique profonde entre la vie et la mort du langage, entre l'épaisseur du mot et l'ennui de la syntaxe. Or celle de Minou Drouet bavarde sans cesse, comme ces êtres qui ont peur du silence ; elle redoute visiblement la lettre et vit d'une accumulation d'expédients : elle confond la vie et la nervosité.

Et c'est cela qui rassure dans cette poésie. Bien qu'on essaye de la charger d'étrange, bien qu'on feigne de la recevoir avec étonnement et dans une contagion d'images dithyrambiques, son bavardage même, son débit de trouvailles, cet ordre calculateur d'une profusion pas chère, tout cela fonde une Poésie clinquante et économique : ici encore règne le *simili,* l'une des découvertes les plus précieuses du monde bourgeois, puisqu'elle fait gagner de l'argent sans diminuer l'apparence de la marchandise. Ce n'est pas par hasard que *l'Express* a pris en charge Minou Drouet : c'est la poésie idéale d'un univers où le *paraître* est soigneusement chiffré ; Minou elle aussi essuie les plâtres pour les autres : il n'en coûte qu'une petite fille pour accéder au luxe de la Poésie.

Cette Poésie-là a naturellement son Roman, qui sera, dans son genre, un langage tout aussi net et pratique, décoratif et usuel, dont la fonction sera affichée pour un prix raisonnable, un roman bien « sain », qui portera en lui les signes spectaculaires du romanesque, un roman à la fois solide et pas cher : le Prix Goncourt, par exemple, qu'on nous a présenté en 1955 comme le triomphe de la saine tradition (Stendhal, Balzac, Zola relaient ici Mozart et Rimbaud) contre les décadences de l'avant-garde. L'important, comme dans la page ménagère de nos journaux féminins, c'est d'avoir affaire à des objets littéraires dont on sache bien la forme, l'usage et le prix avant de les acheter, et que jamais rien en eux ne dépayse : car il n'y a aucun danger à décréter étrange la poésie de Minou Drouet, si on la reconnaît dès l'abord comme poésie. La Littérature ne commence pourtant que devant l'innommable, face à la perception d'un *ailleurs* étranger au langage même qui le cherche. C'est ce doute créateur, c'est cette mort féconde que notre société condamne dans sa bonne Littérature et qu'elle exorcise dans sa mauvaise. Vouloir à grands cris que le Roman soit roman, la Poésie poésie et le Théâtre théâtre, cette tautologie stérile est de même sorte que les lois dénominatives qui régissent dans le Code civil la propriété des Biens : tout ici concourt au grand œuvre bourgeois, qui est de réduire enfin l'être à un avoir, l'objet à une chose.

Reste, après tout cela, le cas de la petite fille elle-même. Mais que la société ne se lamente pas hypocritement : c'est elle qui dévore Minou Drouet, c'est d'elle et d'elle seule que l'enfant est la victime. Victime propitiatoire sacrifiée pour que le monde soit clair, pour que la poésie, le génie et l'enfance, en un mot *désordre,* soient apprivoisés à bon compte, et que la vraie révolte, lorsqu'elle paraît, trouve déjà la place prise dans les

journaux, Minou Drouet est l'enfant martyr de l'adulte en mal
de luxe poétique, c'est la séquestrée ou la kidnappée d'un ordre
conformiste qui réduit la liberté au prodige. Elle est la gosse
que la mendiante pousse devant elle quand, par-derrière, le gra-
bat est plein de sous. Une petite larme pour Minou Drouet, un
petit frisson pour la poésie, et nous voilà débarrassés de la Littérature.

Photogénie électorale

Certains candidats-députés ornent d'un portrait leur prospectus électoral. C'est supposer à la photographie un pouvoir de
conversion qu'il faut analyser. D'abord, l'effigie du candidat
établit un lien personnel entre lui et les électeurs ; le candidat ne
donne pas à juger seulement un programme, il propose un climat
physique, un ensemble de choix quotidiens exprimés dans une
morphologie, un habillement, une pose. La photographie tend
ainsi à rétablir le fond paternaliste des élections, leur nature
« représentative », déréglée par la proportionnelle et le règne des
partis (la droite semble en faire plus d'usage que la gauche).
Dans la mesure où la photographie est ellipse du langage et
condensation de tout un « ineffable » social, elle constitue une
arme anti-intellectuelle, tend à escamoter la « politique » (c'est-
à-dire un corps de problèmes et de solutions) au profit d'une
« manière d'être », d'un statut socialo-moral. On sait que cette
opposition est l'un des mythes majeurs du poujadisme (Poujade
à la télévision : « Regardez-moi : je suis comme vous »).
La photographie électorale est donc avant tout reconnaissance d'une profondeur, d'un irrationnel extensif à la politique.
Ce qui passe dans la photographie du candidat, ce ne sont pas
ses projets, ce sont ses mobiles, toutes les circonstances familiales, mentales, voire érotiques, tout ce style d'être, dont il est
à la fois le produit, l'exemple et l'appât. Il est manifeste que ce
que la plupart de nos candidats donnent à lire dans leur effigie,
c'est une assiette sociale, le confort spectaculaire de normes

familiales, juridiques, religieuses, la propriété infuse de ces biens bourgeois que sont par exemple la messe du dimanche, la xénophobie, le bifteck-frites et le comique de cocuage, bref ce qu'on appelle une idéologie. Naturellement, l'usage de la photographie électorale suppose une complicité : la photo est miroir, elle donne à lire du familier, du connu, elle propose à l'électeur sa propre effigie, clarifiée, magnifiée, portée superbement à l'état de type. C'est d'ailleurs cette majoration qui définit très exactement la photogénie : l'électeur se trouve à la fois exprimé et héroïsé, il est invité à s'élire soi-même, à charger le mandat qu'il va donner d'un véritable transfert physique : il fait délégation de sa « race ».

Les types de délégation ne sont pas très variés. Il y a d'abord celui de l'assiette sociale, de la respectabilité, sanguine et grasse (listes « nationales »), ou fade et distinguée (listes MRP). Un autre type, c'est celui de l'intellectuel (je précise bien qu'il s'agit en l'occurrence de types « signifiés » et non de types naturels : intellectualité cafarde du Rassemblement national, ou « perçante » du candidat communiste. Dans les deux cas, l'iconographie veut signifier la conjonction rare d'une pensée et d'une volonté, d'une réflexion et d'une action : la paupière un peu plissée laisse filtrer un regard aigu qui semble prendre sa force dans un beau rêve intérieur, sans cesser cependant de se poser sur les obstacles réels, comme si le candidat exemplaire devait ici joindre magnifiquement l'idéalisme social à l'empirisme bourgeois. Le dernier type, c'est tout simplement celui du « beau gosse », désigné au public par sa santé et sa virilité. Certains candidats jouent d'ailleurs superbement de deux types à la fois : d'un côté de la feuille, tel est jeune premier, héros (en uniforme), et de l'autre, homme mûr, citoyen viril poussant en avant sa petite famille. Car le plus souvent, le type morphologique s'aide d'attributs fort clairs : candidat entouré de ses gosses (pomponnés et bichonnés comme tous les enfants photographiés en France), jeune parachutiste aux manches retroussées, officier bardé de décorations. La photographie constitue ici un véritable chantage aux valeurs morales : patrie, armée, famille, honneur, baroud.

La convention photographique est d'ailleurs elle-même pleine de signes. La pose de face accentue le réalisme du candidat, surtout s'il est pourvu de lunettes scrutatrices. Tout y exprime la pénétration, la gravité, la franchise : le futur député fixe l'ennemi, l'obstacle, le « problème ». La pose de trois quarts, plus fréquente, suggère la tyrannie d'un idéal : le regard se perd noblement dans l'avenir, il n'affronte pas, il domine et ensemence un ailleurs pudiquement indéfini. Presque tous les trois quarts sont ascensionnels, le visage est levé vers une lumière surnaturelle qui l'aspire, l'élève dans les régions d'une haute humanité, le candidat atteint à l'olympe des sentiments élevés, où toute contradiction politique est résolue : paix et guerre algériennes, progrès social et bénéfices patronaux, enseignement « libre » et subventions betteravières, la droite et la gauche (opposition toujours « dépassée » !), tout cela coexiste paisiblement dans ce regard pensif, noblement fixé sur les intérêts occultes de l'Ordre.

« *Continent perdu* »

Un film, *Continent perdu*, éclaire bien le mythe actuel de l'exotisme. C'est un grand documentaire sur « l'Orient », dont le prétexte est quelque vague expédition ethnographique, d'ailleurs visiblement fausse, menée dans l'Insulinde par trois ou quatre Italiens barbus. Le film est euphorique, tout y est facile, innocent. Nos explorateurs sont de braves gens, occupés dans le repos à d'enfantins divertissements : jouer avec un petit ours-mascotte (la mascotte est indispensable à toute expédition : pas de film polaire sans phoque apprivoisé, pas de reportage tropical sans singe) ou renverser comiquement un plat de spaghetti sur le pont du bateau. C'est dire que ces bons ethnologues ne s'embarrassent guère de problèmes historiques ou sociologiques. La pénétration de l'Orient n'est jamais rien d'autre pour eux qu'un petit tour de bateau sur une mer d'azur, dans un soleil essentiel. Et cet Orient, qui précisément aujourd'hui est devenu le centre politique du monde, on le voit ici tout aplati, poncé et colorié comme une carte postale démodée.

Le procédé d'irresponsabilité est clair : colorier le monde, c'est toujours un moyen de le nier (et peut-être faudrait-il ici commencer un procès de la couleur au cinéma). Privé de toute substance, repoussé dans la couleur, désincarné par le luxe même des « images », l'Orient est prêt pour l'opération d'escamotage que le film lui réserve. Entre l'ours-mascotte et les spaghetti drolatiques, nos ethnologues en studio n'auront aucune peine à postuler un Orient formellement exotique, en réalité profondément semblable à l'Occident, du moins à l'Occident spiritualiste. Les Orientaux ont des religions particulières ? Qu'à cela ne tienne, les variations en sont peu de chose au prix de la profonde unité de l'idéalisme. Chaque rite est, de la sorte, à la fois spécialisé et éternisé, promu en même temps au rang de spectacle piquant et de symbole para-chrétien. Et si le bouddhisme n'est pas à la lettre chrétien, qu'importe puisqu'il a lui aussi des nonnes qui se font raser les cheveux (grand thème pathétique de toutes les prises de voile), puisqu'il a des moines qui s'agenouillent et se confessent à leur supérieur, puisque enfin, comme à Séville, les fidèles viennent couvrir d'or la statue du dieu [1]. Il est vrai que ce sont toujours les « formes » qui accusent le mieux l'identité des religions ; mais bien loin que cette identité ici les démasque, elle les intronise, les porte toutes au crédit d'une catholicité supérieure.

On sait bien que le syncrétisme a toujours été l'une des grandes techniques d'assimilation de l'Eglise. Au XVIIe siècle, dans ce même Orient, dont *Continent perdu* nous montre les prédispositions chrétiennes, les jésuites allèrent fort loin dans l'œcuménisme des formes : ce furent les rites malabares, que le pape finit d'ailleurs par condamner. C'est ce même « tout est semblable » qu'insinuent nos ethnographes : Orient et Occident,

---

1. On tient ici un bel exemple du pouvoir mystificateur de la musique : toutes les scènes « bouddhistes » sont soutenues par un vague sirop musical, qui tient à la fois de la romance américaine et du chant grégorien ; c'est monodiste (signe de monacalité).

tout est égal, il n'y a que des différences de couleurs, l'essentiel est identique, qui est la postulation éternelle de l'homme vers Dieu, le caractère dérisoire et contingent des géographies par rapport à cette nature humaine, dont le seul christianisme détient la clef. Les légendes elles-mêmes, tout ce folklore « primitif », dont on semble littéralement nous signaler l'étrangeté, n'ont pour mission que d'illustrer la « Nature » : les rites, les faits de culture ne sont jamais mis en rapport avec un ordre historique particulier, avec un statut économique ou social explicite, mais seulement avec les grandes formes neutres des lieux communs cosmiques (saisons, tempêtes, mort, etc.). S'il s'agit de pêcheurs, ce n'est nullement le mode de pêche qui est montré ; c'est plutôt, noyée dans l'éternité d'un couchant de chromo, une essence romantique de pêcheur, qualifié non comme un ouvrier tributaire dans sa technique et son profit d'une société définie, mais plutôt comme thème d'une éternelle condition, l'homme au loin exposé aux dangers de la mer, la femme pleurant et priant au foyer. De même pour les réfugiés, dont on nous montre au début une longue théorie descendant la montagne ; inutile, évidemment, de les situer : ce sont des essences éternelles de réfugiés, il est dans la *nature* de l'Orient d'en produire.

En somme l'exotisme révèle bien ici sa justification profonde, qui est de nier toute situation de l'Histoire. En affectant la réalité orientale de quelques bons signes indigènes, on la vaccine sûrement de tout contenu responsable. Un peu de « situation », la plus superficielle possible, fournit l'alibi nécessaire et dispense d'une situation plus profonde. Face à l'étranger, l'Ordre ne connaît que deux conduites qui sont toutes deux de mutilation : ou le reconnaître comme guignol ou le désamorcer comme pur reflet de l'Occident. De toute façon, l'essentiel est de lui ôter son histoire. On voit donc que les « belles images » de *Continent perdu* ne peuvent être innocentes : il ne peut être innocent de *perdre* le continent qui s'est retrouvé à Bandoeng.

Astrologie

Il paraît qu'en France, le budget annuel de la « sorcellerie » est d'environ trois cents milliards de francs. Cela vaut la peine de jeter un coup d'œil sur la semaine astrologique d'un hebdomadaire comme *Elle,* par exemple. Contrairement à ce que l'on pourrait en attendre, on n'y trouve nul monde onirique, mais plutôt une description étroitement réaliste d'un milieu social précis, celui des lectrices du journal. Autrement dit, l'astrologie n'est nullement – du moins ici – ouverture au rêve, elle est pur miroir, pure institution de la réalité

Les rubriques principales du destin *(Chance, Au-dehors, Chez vous, Votre cœur)* produisent scrupuleusement le rythme total de la vie laborieuse. L'unité en est la semaine, dans laquelle la « chance » désigne un jour ou deux. La « chance », c'est ici la part réservée de l'intériorité, de l'humeur : elle est le signe vécu de la durée, la seule catégorie par laquelle le temps subjectif s'exprime et se libère. Pour le reste, les astres ne connaissent rien d'autre qu'un emploi du temps : *Au-dehors,* c'est l'horaire professionnel, les six jours de la semaine, les sept heures par jour de bureau ou de magasin. *Chez vous,* c'est le repas du soir, le bout de soirée avant de se coucher. *Votre cœur,* c'est le rendez-vous à la sortie du travail ou l'aventure du dimanche. Mais entre ces « domaines », aucune communication : rien qui, d'un horaire à l'autre, puisse suggérer l'idée d'une aliénation totale ; les prisons sont contiguës, elles se relaient mais ne se contaminent pas. Les astres ne postulent jamais un renversement de l'ordre, ils influencent à la petite semaine, respectueux du statut social et des horaires patronaux.

Ici, le « travail » est celui d'employées, de dactylos ou de vendeuses ; le microgroupe qui entoure la lectrice est à peu près fatalement celui du bureau ou du magasin. Les variations imposées, ou plutôt proposées par les astres (car cette astrologie est théologienne prudente, elle n'exclut pas le libre arbitre), sont faibles, elles ne tendent jamais à bouleverser une vie : le poids du destin s'exerce uniquement sur le goût au travail, l'énervement ou l'aisance, l'assiduité ou le relâchement, les petits déplacements, les vagues promotions, les rapports d'aigreur ou de complicité avec les collègues et surtout la fatigue, les astres prescrivant avec beaucoup d'insistance et de sagesse de dormir plus, toujours plus.

Le foyer, lui, est dominé par des problèmes d'humeur, d'hostilité ou de confiance du milieu ; il s'agit bien souvent d'un foyer de femmes, où les rapports les plus importants sont ceux de la mère et de la fille. La maison petite-bourgeoise est ici fidèlement présente, avec les visites de la « famille », distincte d'ailleurs des « parents par alliance », que les étoiles ne paraissent pas tenir en très haute estime. Cet entourage semble à peu près exclusivement familial, il y a peu d'allusions aux amis, le monde petit-bourgeois est essentiellement constitué de parents et de collègues, il ne comporte pas de véritables crises relationnelles, seulement de petits affrontements d'humeur et de vanité. L'amour, c'est celui du Courrier du cœur ; c'est un « domaine » bien à part, celui des « affaires » sentimentales. Mais tout comme la transaction commerciale, l'amour connaît ici des « débuts prometteurs », des « mécomptes » et de « mauvais choix ». Le malheur y est de faible amplitude : telle semaine, un cortège d'admirateurs moins nombreux, une indiscrétion, une jalousie sans fondement. Le ciel sentimental ne s'ouvre vraiment grand que devant la « solution tant souhaitée », le mariage : encore faut-il qu'il soit « assorti ».

Un seul trait idéalise tout ce petit monde astral, fort concret d'un autre côté, c'est qu'il n'y est jamais question d'argent. L'humanité astrologique roule sur son salaire mensuel : il est ce qu'il est, on n'en parle jamais, puisqu'il permet la « vie ». Vie que les astres décrivent beaucoup plus qu'ils ne la prédisent ; l'avenir est rarement risqué, et la prédiction toujours neutralisée par le balancement des possibles : s'il y a des échecs, ils seront peu importants, s'il y a des visages rembrunis, votre belle humeur les déridera, des relations ennuyeuses, elles seront utiles, etc ; et si votre état général doit s'améliorer, ce sera à la suite d'un traitement que vous aurez suivi, ou peut-être aussi grâce à l'absence de tout traitement *(sic)*.

Les astres sont moraux, ils acceptent de se laisser fléchir par la vertu : le courage, la patience, la bonne humeur, le contrôle de soi sont toujours requis face aux mécomptes timidement annoncés. Et le paradoxe, c'est que cet univers du pur déterminisme est tout de suite dompté par la liberté du caractère : l'astrologie est avant tout une école de volonté. Pourtant, même si les issues en sont de pure mystification, même si les problèmes de conduite y sont escamotés, elle reste institution du réel devant la conscience de ses lectrices : elle n'est pas voie d'évasion, mais évidence réaliste des conditions de vie de l'employée, de la vendeuse,

A quoi donc peut-elle servir, cette pure description, puisqu'elle ne semble comporter aucune compensation onirique ? Elle sert à exorciser le réel en le nommant. A ce titre, elle prend place parmi toutes les entreprises de semi-aliénation (ou de semi-libération) qui se donnent à tâche d'objectiver le réel, sans pourtant aller jusqu'à le démystifier. On connaît bien au moins une autre de ces tentatives nominalistes : la Littérature, qui, dans ses formes dégradées, ne peut aller plus loin que nommer le vécu ; astrologie et Littérature ont la même tâche d'institution « retardée » du réel : l'astrologie *est* la Littérature du monde petit-bourgeois.

L'art vocal bourgeois

Il paraîtra impertinent de faire la leçon à un excellent baryton, Gérard Souzay, mais un disque où ce chanteur a enregistré quelques mélodies de Fauré me semble bien illustrer toute une mythologie musicale où l'on retrouve les principaux signes de l'art bourgeois. Cet art est essentiellement *signalétique*, il n'a de cesse d'imposer non l'émotion, mais les signes de l'émotion. C'est ce que fait précisément Gérard Souzay : ayant, par exemple, à chanter une *tristesse affreuse,* il ne se contente ni du simple contenu sémantique de ces mots, ni de la ligne musicale qui les soutient : il lui faut encore dramatiser la phonétique de l'affreux, suspendre puis faire exploser la double fricative, déchaîner le malheur dans l'épaisseur même des lettres ; nul ne peut ignorer qu'il s'agit d'affres particulièrement terribles. Malheureusement ce pléonasme d'intentions étouffe et le mot et la musique, et principalement leur jonction, qui est l'objet même de l'art vocal. Il en est de la musique comme des autres arts, y compris la littérature : la forme la plus haute de l'expression artistique est du côté de la littéralité, c'est-à-dire en définitive d'une certaine algèbre : il faut que toute forme tende à l'abstraction, ce qui, on le sait, n'est nullement contraire à la sensualité.

Et c'est précisément ce que l'art bourgeois refuse ; il veut toujours prendre ses consommateurs pour des naïfs à qui il faut mâcher le travail et surindiquer l'intention, de peur qu'elle ne soit suffisamment saisie (mais l'art est aussi une ambiguïté, il contredit toujours, en un sens, son propre message, et singulièrement la musique, qui n'est jamais, à la lettre, ni triste ni gaie). Souligner le mot par le relief abusif de sa phonétique, vouloir que la gutturale du mot *creuse* soit la pioche qui entame la terre, et la dentale de *sein* la douceur qui pénètre, c'est pratiquer une littéralité d'intention, non de description, c'est établir des correspondances abusives. Il faut d'ailleurs rappeler ici que l'esprit mélodramatique, dont relève l'interprétation de Gérard Souzay, est précisément l'une des acquisitions historiques de la bourgeoisie : on retrouve cette même surcharge d'intentions dans l'art de nos acteurs traditionnels, qui sont, on le sait, des acteurs formés par la bourgeoisie et pour elle.

Cette sorte de pointillisme phonétique, qui donne à chaque lettre une importance incongrue, touche parfois à l'absurde : c'est une *solennité* bouffonne que celle qui tient au redoublement des *n* de *solennel,* et c'est un *bonheur* un peu écœurant que celui qui nous est signifié par cette emphase initiale qui expulse le bonheur de la bouche comme un noyau. Ceci rejoint d'ailleurs une constante mythologique, dont nous avons déjà parlé à propos de la poésie : concevoir l'art comme une addition de détails réunis, c'est-à-dire pleinement signifiants : la perfection pointilliste de Gérard Souzay équivaut très exactement au goût de Minou Drouet pour la métaphore de détail, ou aux costumes des volatiles de *Chantecler,* faits (en 1910) de plumes superposées une à une. Il y a dans cet art une intimidation par le détail, qui est évidemment à l'opposé du réalisme, puisque le réalisme suppose une typification, c'est-à-dire une présence de la structure, donc de la durée.

Cet art analytique est voué à l'échec surtout en musique, dont la vérité ne peut être jamais que d'ordre respiratoire, prosodique et non phonétique. Ainsi les phrasés de Gérard Souzay sont sans cesse détruits par l'expression excessive d'un mot, chargé maladroitement d'inoculer un ordre intellectuel parasite dans la nappe sans couture du chant. Il semble que l'on touche ici à une difficulté majeure de l'exécution musicale : faire surgir la nuance d'une zone interne de la musique, et à aucun prix ne l'imposer de l'extérieur comme un signe purement intellectif : il y a une vérité sensuelle de la musique, vérité suffisante, qui ne souffre pas la gêne d'une *expression.* C'est pour cela que l'interprétation d'excellents virtuoses laisse si souvent insatisfaits : leur *rubato,* trop spectaculaire, fruit d'un effort visible vers la signification, détruit un organisme qui contient scrupuleusement en lui-même son propre message. Certains amateurs, ou mieux encore certains professionnels qui ont su retrouver ce que l'on pourrait appeler la lettre totale du texte musical, comme Panzéra pour le chant, ou Lipatti pour le piano, parviennent à n'ajouter à la musique aucune *intention* : ils ne s'affairent pas officieusement autour de chaque détail, contrairement à l'art bourgeois, qui est toujours indiscret. Ils font confiance à la matière immédiatement définitive de la musique.

Le plastique

Malgré ses noms de berger grec (Polystyrène, Phénoplaste, Polyvinyle, Polyéthylène), le plastique, dont on vient de concentrer les produits dans une exposition, est essentiellement une substance alchimique. A l'entrée du stand, le public fait longuement la queue pour voir s'accomplir l'opération magique par excellence : la conversion de la matière ; une machine idéale, tubulée et oblongue (forme propre à manifester le secret d'un itinéraire) tire sans effort d'un tas de cristaux verdâtres, des vide-poches brillants et cannelés.

D'un côté la matière brute, tellurique, et de l'autre, l'objet parfait, humain ; et entre ces deux extrêmes, rien ; rien qu'un trajet, à peine surveillé par un employé en casquette, mi-dieu, mi-robot.

Ainsi, plus qu'une substance, le plastique est l'idée même de sa transformation infinie, il est, comme son nom vulgaire l'indique, l'ubiquité rendue visible ; et c'est d'ailleurs en cela qu'il est une matière miraculeuse : le miracle est toujours une conversion brusque de la nature. Le plastique reste tout imprégné de cet étonnement : il est moins objet que trace d'un mouvement.

Et comme ce mouvement est ici à peu près infini, transformant les cristaux originels en une multitude d'objets de plus en plus surprenants, le plastique est en somme un spectacle à déchiffrer : celui-là même de ses aboutissements. Devant chaque forme terminale (valise, brosse, carrosserie d'auto, jouet, étoffe, tuyau, cuvette ou papier), l'esprit ne cesse de poser la matière primitive comme un rébus. C'est que le frégolisme du plastique est total : il peut former aussi bien des seaux que des bijoux. D'où un étonnement perpétuel, le songe de l'homme devant les proliférations de la matière, devant les liaisons qu'il surprend entre le singulier de l'origine et le pluriel des effets. Cet étonnement est d'ailleurs heureux, puisqu'à l'étendue des transformations, l'homme mesure sa puissance, et que l'itinéraire même du plastique lui donne l'euphorie d'un glissement prestigieux le long de la Nature.

Mais la rançon de cette réussite, c'est que le plastique, sublimé comme mouvement, n'existe presque pas comme substance. Sa constitution est négative : ni dur ni profond, il doit se contenter d'une qualité substantielle neutre en dépit de ses avantages utilitaires : la *résistance*, état qui suppose le simple suspens d'un abandon. Dans l'ordre poétique des grandes substances, c'est un matériau disgracié, perdu entre l'effusion des caoutchoucs et la dureté plate du métal : il n'accomplit aucun des produits véritables de l'ordre minéral, mousse, fibres, strates. C'est une substance *tournée* : en quelque état qu'il se conduise, le plastique garde une apparence floconneuse, quelque chose de trouble, de crémeux et de figé, une impuissance à atteindre jamais au lisse triomphant de la Nature. Mais ce qui le trahit le plus, c'est le son qu'il rend, creux et plat à la fois ; son bruit le défait, comme aussi les couleurs, car il semble ne pouvoir en fixer que les plus chimiques : du jaune, du rouge et du vert, il ne retient que l'état agressif, n'usant d'eux que comme d'un nom, capable d'afficher seulement des concepts de couleurs.

La mode du plastique accuse une évolution dans le mythe du *simili*. On sait que le *simili* est un usage historiquement bourgeois (les premiers postiches vestimentaires datent de l'avènement du capitalisme) ; mais jusqu'à présent, le *simili* a toujours marqué de la prétention, il faisait partie d'un monde du paraître, non de l'usage ; il visait à reproduire à moindres frais les substances les plus rares, le diamant, la soie, la plume, la fourrure, l'argent, toute la brillance luxueuse du monde. Le plastique en rabat, c'est une substance ménagère. C'est la première matière magique qui consent au prosaïsme ; mais c'est précisément parce que ce prosaïsme lui est une raison triomphante d'exister : pour la première fois, l'artifice vise au commun, non au rare. Et du même coup, la fonction ancestrale de la nature est modifiée : elle n'est plus l'Idée, la pure Substance à retrouver ou à imiter ; une matière artificielle, plus féconde que tous les gisements du monde, va la remplacer, commander l'invention même des formes. Un objet luxueux tient toujours à la terre, rappelle toujours d'une façon précieuse son origine minérale ou animale, le thème naturel dont il n'est qu'une actualité. Le plastique est tout entier englouti dans son usage : à la limite, on inventera des objets pour le plaisir d'en user. La hiérarchie des substances est abolie, une seule les remplace toutes : le monde entier *peut* être plastifié, et la vie elle-même, puisque, paraît-il, on commence à fabriquer des aortes en plastique.

La grande famille des hommes

On a présenté à Paris une grande exposition de photographies, dont le but était de montrer l'universalité des gestes humains dans la vie quotidienne de tous les pays du monde :

naissance, mort, travail, savoir, jeux imposent partout les mêmes conduites ; il y a une famille de l'Homme.

The Family of Man, tel a été du moins le titre originel de cette exposition, qui nous est venue des Etats-Unis. Les Français ont traduit : *La Grande Famille des Hommes*. Ainsi, ce qui, au départ, pouvait passer pour une expression d'ordre zoologique, retenant simplement de la similitude des comportements, l'unité d'une espèce, est ici largement moralisé, sentimentalisé. Nous voici tout de suite renvoyés à ce mythe ambigu de la « communauté » humaine, dont l'alibi alimente toute une partie de notre humanisme.

Ce mythe fonctionne en deux temps : on affirme d'abord la différence des morphologies humaines, on surenchérit sur l'exotisme, on manifeste les infinies variations de l'espèce, la diversité des peaux, des crânes et des usages, on babelise à plaisir l'image du monde. Puis, de ce pluralisme, on tire magiquement une unité : l'homme naît, travaille, rit et meurt partout de la même façon ; et s'il subsiste encore dans ces actes quelque particularité ethnique, on laisse du moins entendre qu'il y a au fond de chacun d'eux une « nature » identique, que leur diversité n'est que formelle et ne dément pas l'existence d'une matrice commune. Ceci revient évidemment à postuler une essence humaine, et voilà Dieu réintroduit dans notre Exposition : la diversité des hommes affiche sa puissance, sa richesse ; l'unité de leurs gestes démontre sa volonté. C'est ce que nous a confié le prospectus de présentation, qui nous affirme, sous la plume de M. André Chamson, que « ce regard sur la condition humaine doit un peu ressembler au regard bienveillant de Dieu sur notre dérisoire et sublime fourmilière ».

Le dessein spiritualiste est accentué par les citations qui accompagnent chaque chapitre de l'Exposition : ces citations sont souvent des proverbes « primitifs », des versets de l'Ancien Testament ; ils définissent tous une sagesse éternelle, un ordre d'affirmations évadé de l'Histoire : « La Terre est une mère qui ne périt jamais, Mange le pain et le sel et dis la vérité, etc. » ; c'est le règne des vérités gnomiques, la jonction des âges de l'humanité, au degré le plus neutre de leur identité, là où l'évidence du truisme n'a plus de valeur qu'au sein d'un langage purement « poétique ». Tout ici, contenu et photogénie des images, discours qui les justifie, vise à supprimer le poids déterminant de l'Histoire : nous sommes retenus à la surface d'une identité, empêchés par la sentimentalité même de pénétrer dans cette zone ultérieure des conduites humaines, là où l'aliénation historique introduit de ces « différences » que nous appellerons tout simplement ici des « injustices ».

Ce mythe de la « condition » humaine repose sur une très vieille mystification, qui consiste toujours à placer la Nature au fond de l'Histoire. Tout humanisme classique postule qu'en grattant un peu l'histoire des hommes, la relativité de leurs institutions ou la diversité superficielle de leur peau (mais pourquoi ne pas demander aux parents d'Emmet Till, le jeune nègre assassiné par des Blancs, ce qu'ils pensent, eux, de *la grande famille des hommes* ?), on arrive très vite au tuf profond d'une nature humaine universelle. L'humanisme progressiste, au contraire, doit toujours penser à inverser les termes de cette très vieille imposture, à décaper sans cesse la nature, ses « lois » et ses « limites » pour y découvrir l'Histoire et poser enfin la Nature comme elle-même historique.

Des exemples ? Mais ceux-là mêmes de notre exposition. La naissance, la mort ? Oui, ce sont des faits de nature, des faits universels. Mais si on leur ôte l'Histoire, il n'y a plus rien à en dire, le commentaire en devient purement tautologique ; l'échec de la photographie me paraît ici flagrant : *redire* la mort ou la naissance n'apprend, à la lettre, rien. Pour que ces faits naturels accèdent à un langage véritable, il faut les insérer dans un ordre du savoir, c'est-à-dire postuler qu'on peut les transformer, soumettre précisément leur naturalité à notre critique d'hommes. Car tout universels qu'ils soient, ils sont les signes d'une écriture historique. Sans doute, l'enfant naît *toujours*, mais dans le volume général du problème humain, que nous importe l'« essence » de ce geste au prix de ses modes d'être, qui, eux, sont parfaitement historiques ? Que l'enfant naisse bien ou mal, qu'il coûte ou non de la souffrance à sa mère, qu'il soit frappé ou non de mortalité, qu'il accède à telle ou telle forme d'avenir, voilà ce dont nos Expositions devraient nous parler, et non d'une éternelle lyrique de la naissance. Et de même pour la mort : devons-nous vraiment chanter une fois de plus son essence, risquer ainsi d'oublier que nous pouvons encore tant contre elle ? C'est ce pouvoir encore tout jeune, trop jeune, que nous devons magnifier, et non l'identité stérile de la mort « naturelle ».

Et que dire du travail, que l'Exposition place au nombre des grands faits universels, l'alignant sur la naissance et la mort, comme s'il s'agissait tout évidemment du même ordre de fatalité ? Que le travail soit un fait ancestral ne l'empêche nullement de rester un fait parfaitement historique. D'abord, de toute évidence, dans ses modes, ses mobiles, ses fins et ses profits, au point qu'il ne sera jamais loyal de confondre dans une identité purement gestuelle l'ouvrier colonial et l'ouvrier occidental (demandons aussi aux travailleurs nord-africains de la Goutte-d'Or ce qu'ils pensent de *la grande famille des hommes*). Et puis dans sa fatalité même : nous savons bien que le travail est « naturel » dans la mesure même où il est « profitable », et qu'en modifiant la fatalité du profit, nous modifierons peut-être un jour la fatalité du travail. C'est de ce travail, entièrement historifié, qu'il faudrait nous parler, et non d'une éternelle esthétique des gestes laborieux.

Aussi, je crains bien que la justification finale de tout cet adamisme ne soit de donner à l'immobilité du monde la caution d'une « sagesse » et d'une « lyrique » qui n'éternisent les gestes de l'homme que pour mieux les désamorcer.

Au music-hall

Le temps du théâtre, quel qu'il soit, est toujours lié. Celui du music-hall est, par définition, interrompu ; c'est un temps immédiat. Et c'est là le sens de la *variété* : que le temps scénique soit un temps juste, réel, sidéral, le temps de la chose elle-même, non celui de sa prévision (tragédie) ou de sa révision (épopée). L'avantage de ce temps littéral, c'est que c'est le meilleur qui puisse servir le geste, car il est bien évident que le geste n'existe comme spectacle qu'à partir du moment où le temps est coupé (on le voit bien dans la peinture historique, où le geste surpris du personnage, ce que j'ai appelé ailleurs le *numen,* suspend la durée). Au fond, la variété n'est pas une simple technique de distraction, c'est une condition de l'artifice (au sens baudelairien du terme). Sortir le geste de sa pulpe douceâtre de durée, le présenter dans un état superlatif, définitif, lui donner le caractère d'une visualité pure, le dégager de toute cause, l'épuiser comme spectacle et non comme signification, telle est l'esthétique originelle du music-hall. Objets (de plongeurs) et gestes (d'acrobates), désempoissés du temps (c'est-à-dire à la fois d'un pathos et d'un logos), brillent comme des artifices purs, qui ne sont pas sans rappeler la froide précision des visions baudelairiennes de haschich, d'un monde absolument purifié de toute spiritualité parce qu'il a précisément renoncé au temps.

Tout est donc fait, dans le music-hall, pour préparer une véritable promotion de l'objet et du geste (ce qui dans l'Occident moderne, ne peut se faire que contre les spectacles psychologiques, et notamment contre le théâtre). Un numéro de music-hall est presque toujours constitué par l'affrontement d'un geste et d'un matériau : patineurs et leur tremplin laqué, corps échangés des acrobates, des danseurs et des antipodistes (j'avoue une grande prédilection pour ces numéros d'antipodistes, car le corps y est objectivé *en douceur* : il n'est pas objet dur et catapulté comme dans la pure acrobatie, mais plutôt substance molle et dense, docile à de très courts mouvements), sculpteurs humoristes et leurs pâtes multicolores, prestidigitateurs broutant du papier, de la soie, des cigarettes, pickpockets et leur glissement de montres, de portefeuilles, etc. Or le geste et son objet sont les matériaux naturels d'une valeur qui n'a eu accès à la scène que par le music-hall (ou le cirque), et qui est le Travail. Le music-hall, du moins dans sa partie *variée* (car la chanson, qui passe en vedette américaine, relève d'une autre mythologie), le music-hall est la forme esthétique du travail.

Chaque numéro s'y présente soit comme l'exercice, soit comme le produit d'un labeur : tantôt l'acte (celui du jongleur, de l'acrobate, du mime) apparaît comme la somme finale d'une longue nuit d'entraînement, tantôt le travail (dessinateurs, sculpteurs, humoristes) est recréé complètement devant le public *ab origine*. De toute façon, c'est un événement neuf qui se produit, et cet événement est constitué par la perfection fragile d'un effort. Ou plutôt, artifice plus subtil, l'effort est saisi à son sommet, à ce moment presque impossible où il va s'engloutir dans la perfection de son accomplissement, sans avoir pourtant tout à fait abandonné le risque de son échec. Au music-hall, tout est *presque* acquis ; mais c'est précisément ce *presque* qui constitue le spectacle, et lui garde, en dépit de son apprêt, sa vertu de travail. Aussi, ce que le spectacle de music-hall donne à voir, ce n'est pas le résultat de l'acte, c'est son mode d'être, c'est la ténuité de sa surface réussie. C'est là une façon de rendre possible un état contradictoire de l'histoire humaine : que dans le geste de l'artiste soient visibles à la fois la musculature grossière d'un labeur ardu, à titre de passé, et le lisse aérien d'un acte facile, issu d'un ciel magique : le music-hall est le travail humain mémorialisé et sublimé ; le danger et l'effort sont signifiés dans le même temps qu'ils sont subsumés sous le rire ou sous la grâce.

Naturellement, il faut au music-hall une féerie profonde qui efface au labeur toute rugosité et n'en laisse que l'épure. Là règnent les boules brillantes, les bâtons légers, les meubles tubulaires, les soies chimiques, les blancs crissants et les massues scintillantes ; le luxe visuel affiche ici la *facilité,* déposée dans la clarté des substances et le lié des gestes : tantôt l'homme est support dressé, arbre le long duquel glisse une femme-tige ; tantôt c'est, partagée par toute une salle, la cénesthésie de l'élan, de la pesanteur, non vaincue mais sublimée par le rebondissement. Dans ce monde métallisé, d'anciens mythes de germination surgissent, donnent à cette représentation du travail la caution de très vieux mouvements naturels, la nature étant toujours image du continu, c'est-à-dire, tout compte fait, du facile.

Toute cette magie musculaire du music-hall est essentiellement urbaine : ce n'est pas sans cause que le music-hall est un
fait anglo-saxon, né dans le monde des brusques concentrations
urbaines et des grands mythes quakeristes du travail : la promotion des objets, des métaux et des gestes rêvés, la sublimation
du travail par son effacement magique et non par sa consécra-
tion, comme dans le folklore rural, tout cela participe de l'artifice des villes. La ville rejette l'idée d'une nature informe, elle
réduit l'espace à un continu d'objets solides, brillants, *produits,*
auxquels précisément l'acte de l'artiste donne le statut prestigieux d'une pensée tout humaine : le travail, surtout mythifié,
fait la matière heureuse, parce que, spectaculairement, il semble
la penser ; métallifiés, lancés, rattrapés, maniés, tout lumineux
de mouvements en dialogue perpétuel avec le geste, les objets
perdent ici le sinistre entêtement de leur absurdité : artificiels et
ustensiles, ils cessent un instant d'*ennuyer.*

« *La Dame aux camélias* »

On joue encore, je ne sais où dans le monde, *la Dame aux
camélias* (et on la jouait il y a quelque temps à Paris). Ce succès
doit alerter sur une mythologie de l'Amour qui probablement
dure encore, car l'aliénation de Marguerite Gautier devant la
classe des maîtres n'est pas fondamentalement différente de
celle des petites-bourgeoises d'aujourd'hui dans un monde tout
aussi classifié.

Or, en fait, le mythe central de *la Dame aux camélias,* ce n'est
pas l'Amour, c'est la Reconnaissance, Marguerite aime pour se
faire reconnaître, et à ce titre sa passion (au sens plus étymolo-
gique que sentimental) vient tout entière d'autrui. Armand, lui
(c'est le fils d'un receveur général), témoigne de l'amour classique, bourgeois, hérité de la culture essentialiste et qui se pro-
longera dans les analyses de Proust : c'est un amour ségrégatif,
celui du propriétaire qui emporte sa proie ; amour intériorisé qui
ne reconnaît le monde que par intermittence et toujours dans un

sentiment de frustration, comme si le monde n'était jamais que la menace d'un vol (jalousies, brouilles, méprises, inquiétudes, éloignements, mouvements d'humeur, etc.). L'Amour de Marguerite est tout à l'opposé. Marguerite a d'abord été touchée de se sentir *reconnue* par Armand, et la passion n'a été ensuite pour elle que la sollicitation permanente de cette reconnaissance ; c'est pourquoi le sacrifice qu'elle consent à M. Duval en renonçant à Armand, n'est nullement moral (en dépit de la phraséologie), il est existentiel ; il n'est que la conséquence logique du postulat de reconnaissance, un moyen supérieur (bien plus supérieur que l'amour) de se faire reconnaître par le monde des maîtres. Et si Marguerite cache son sacrifice et lui donne le masque du cynisme, ce ne peut être qu'au moment où l'argument devient vraiment Littérature : le regard reconnaissant des bourgeois est ici délégué au lecteur qui, à son tour, *reconnaît* Marguerite à travers la méprise même de son amant.

C'est dire que les malentendus qui font avancer l'intrigue ne sont pas ici d'ordre psychologique (même si le langage l'est abusivement) : Armand et Marguerite ne sont pas du même monde social et il ne peut s'agir entre eux ni de tragédie racinienne ni de marivaudage. Le conflit est extérieur : on n'a pas affaire à une même passion divisée contre elle-même, mais à deux passions de nature différente, parce qu'elles proviennent de lieux différents de la société. La passion d'Armand, ce type bourgeois, appropriatif, est par définition meurtre d'autrui ; et la passion de Marguerite ne peut couronner l'effort qu'elle mène pour se faire reconnaître, que par un sacrifice qui constituera à son tour le meurtre indirect de la passion d'Armand. La simple disparité sociale, relayée et amplifiée par l'opposition de deux idéologies amoureuses, ne peut donc produire ici qu'un amour impossible, impossibilité dont la mort de Marguerite (pour sirupeuse qu'elle soit sur la scène) est en quelque sorte le symbole algébrique.

La différence des amours provient évidemment d'une différence des lucidités : Armand vit dans une essence et une éternité d'amour, Marguerite vit dans la conscience de son aliénation, elle ne vit qu'en elle : elle se sait, et en un certain sens, se *veut* courtisane. Et ses propres conduites d'adaptation sont, elles aussi, entièrement, des conduites de reconnaissance : tantôt elle assume avec excès sa propre légende, s'enfonce dans le tourbillon classique de la vie courtisane (semblable à ces pédérastes qui s'assument en s'affichant), tantôt elle annonce un pouvoir de dépassement qui vise à faire reconnaître moins une vertu « naturelle » qu'un dévouement de condition, comme si son sacrifice avait pour fonction de manifester non point le meurtre de la courtisane qu'elle est mais d'afficher au contraire une courtisane superlative, majorée sans rien perdre d'elle-même, d'un haut sentiment bourgeois.

On voit ainsi se préciser le contenu mythique de cet amour, archétype de la sentimentalité petite-bourgeoise. C'est un état très particulier du mythe, défini par une semi-lucidité ou, pour être plus exact, une lucidité parasite (c'est la même que l'on a signalée dans le réel astrologique). Marguerite *connaît* son aliénation, c'est-à-dire qu'elle voit le réel comme une aliénation. Mais elle prolonge cette connaissance par des conduites de pure servilité : ou bien elle joue le personnage que les maîtres attendent d'elle, ou bien elle essaye de rejoindre une *valeur* proprement intérieure à ce même monde des maîtres. Dans les deux cas, Marguerite n'est jamais rien de plus qu'une lucidité aliénée : elle voit qu'elle souffre mais n'imagine aucun autre remède que parasite à sa propre souffrance : elle se sait objet mais ne se pense pas d'autre destination que de meubler le musée des maîtres. En dépit du grotesque de l'affabulation, un tel personnage ne manque pas d'une certaine richesse dramatique : sans doute il n'est ni tragique (la fatalité qui pèse sur Marguerite est sociale, non métaphysique), ni comique (la conduite de Marguerite tient à sa condition, non à son essence), ni encore, bien entendu, révolutionnaire (Marguerite n'exerce aucune critique sur son aliénation). Mais il lui faudrait au fond peu de chose pour atteindre au statut du personnage brechtien, objet aliéné mais source de critique. Ce qui l'en éloigne – irrémédiablement – c'est sa positivité : Marguerite Gautier, « touchante » par sa tuberculose et ses belles phrases, empoisse tout son public, lui communique son aveuglement : sotte dérisoire-

ment, elle eût ouvert les yeux petits-bourgeois. Phraseuse et
noble, en un mot « sérieuse », elle ne fait que les endormir.

Poujade et les intellectuels

Qui sont les intellectuels, pour Poujade ? Essentiellement les
« professeurs » (« sorbonnards, vaillants pédagogues, intellectuels
de chef-lieu-de-canton ») et les techniciens (« technocrates, polytechniciens, polyvalents ou poly-voleurs »). Il se peut qu'à l'origine la sévérité de Poujade à l'égard des intellectuels soit fondée
sur une simple rancœur fiscale : le « professeur » est un profiteur ;
d'abord parce que c'est un salarié (« Mon pauvre Pierrot, tu ne
connaissais pas ton bonheur quand tu étais salarié [1] ») ; et puis
parce qu'il ne déclare pas ses leçons particulières. Quant au technicien, c'est un sadique : sous la forme haïe du contrôleur, il torture le contribuable. Mais comme le poujadisme a cherché tout
de suite à construire ses grands archétypes, l'intellectuel a bien
vite été transporté de la catégorie fiscale dans celle des mythes.

Comme tout être mythique, l'intellectuel participe d'un thème
général, d'une substance : l'*air*, c'est-à-dire (bien que ce soit là
une identité peu scientifique) le *vide*. Supérieur, l'intellectuel
plane, il ne « colle » pas à la réalité (la réalité, c'est évidemment
la terre, mythe ambigu qui signifie à la fois la race, la ruralité, la
province, le bon sens, l'obscur innombrable, etc.). Un restaura-
teur, qui reçoit régulièrement des intellectuels, les appelle des
« hélicoptères », image dépréciative qui retire au survol la puissance virile de l'avion : l'intellectuel se détache du réel, mais
reste en l'air, sur place, à tourner en rond : son ascension est
pusillanime, également éloignée du grand ciel religieux et de la
terre solide du sens commun. Ce qui lui manque, ce sont des
« racines » au cœur de la nation. Les intellectuels ne sont ni des
idéalistes, ni des réalistes, ce sont des êtres embrumés, « abru-

---

1. La plupart des citations proviennent du livre de Poujade : *J'ai choisi
le combat.*

tis ». Leur altitude exacte est celle de la *nuée*, vieille rengaine aristophanesque (l'intellectuel, alors, c'était Socrate). Suspendus dans le vide supérieur, les intellectuels en sont tout emplis, ils sont « le tambour qui résonne avec du vent » : on voit ici apparaître le fondement inévitable de tout anti-intellectualisme : la suspicion du langage, la réduction de toute parole adverse à un bruit, conformément au procédé constant des polémiques petites-bourgeoises, qui consiste à démasquer chez autrui une infirmité complémentaire à celle que l'on ne voit pas en soi, à charger l'adversaire des effets de ses propres fautes, à appeler obscurité son propre aveuglement et dérèglement verbal sa propre surdité.

L'altitude des esprits « supérieurs » est ici une fois de plus assimilée à l'abstraction, sans doute par l'intermédiaire d'un état commun à la hauteur et au concept et qui est la raréfaction. Il s'agit d'une abstraction mécanique, les intellectuels n'étant que des machines à penser (ce qui leur manque, ce n'est pas le « cœur », comme diraient les philosophies sentimentalistes, c'est la « roublardise », sorte de tactique alimentée par l'intuition). Ce thème de la pensée machinale est naturellement pourvu d'attributs pittoresques qui en renforcent le maléfice : d'abord le ricanement (les intellectuels sont sceptiques devant Poujade), ensuite la malignité, car la machine, dans son abstraction, est sadique : les fonctionnaires de la rue de Rivoli sont des « vicieux » qui prennent plaisir à faire souffrir le contribuable : suppôts du Système, ils en ont la froide complication, cette sorte d'invention stérile, de prolifération négative, qui déjà, à propos des jésuites, faisait pousser les hauts cris à Michelet. Les polytechniciens ont d'ailleurs, chez Poujade, à peu près le même rôle que les jésuites pour les libéraux d'autrefois : source de tous les maux fiscaux (par l'intermédiaire de *la rue de Rivoli*, désignation euphémique de l'Enfer), édificateurs du Système auquel ensuite ils obéissent comme des cadavres, *perinde ac cadaver*, selon le mot jésuite.

C'est que la science, chez Poujade, est curieusement capable d'excès. Tout fait humain, même mental, n'existant qu'à titre de quantité, il suffit de comparer son volume à la capacité du poujadiste moyen pour le décréter excessif : il est probable que les *excès* de la science sont précisément ses vertus, et qu'elle commence très exactement là où Poujade la trouve inutile. Mais cette quantification est précieuse à la rhétorique poujadiste, puisqu'elle engendre des monstres, ces polytechniciens, tenants d'une science pure, abstraite, qui ne s'applique au réel que sous une forme punitive.

Ce n'est pas que le jugement de Poujade sur les polytechniciens (et les intellectuels) soit désespérant : il sera possible, sans doute, de « redresser » « l'intellectuel de France ». Ce dont il souffre, c'est une hypertrophie (on pourra donc l'opérer), c'est d'avoir apposé à la quantité normale d'intelligence du petit commerçant, un appendice d'une lourdeur excessive : cet appendice est curieusement constitué par la science même, à la fois objectivée et conceptualisée, sorte de matière pondéreuse qui s'accole à l'homme ou s'enlève de lui exactement comme la pomme mobile ou la parcelle de beurre que l'épicier ajoute ou retire pour obtenir une pesée juste. Que le polytechnicien soit *abruti par les mathématiques,* cela veut dire que, passé un certain taux de science, on aborde au monde qualitatif des poisons. Sortie des limites saines de la quantification, la science est discréditée dans la mesure où l'on ne peut plus la définir comme un *travail.* Les intellectuels, polytechniciens, professeurs, sorbonnards et fonctionnaires, ne font rien : ce sont des esthètes, ils fréquentent, non le bon bistrot de province, mais *les bars chic de la rive gauche.* Ici apparaît un thème cher à tous les régimes forts : l'assimilation de l'intellectualité à l'oisiveté, l'intellectuel est par définition un paresseux, il faudrait le mettre une bonne fois *au boulot,* convertir une activité qui ne se laisse mesurer que dans son excès nocif en un travail *concret,* c'est-à-dire qui soit accessible à la mensuration poujadiste. On sait qu'à la limite il ne peut y avoir de travail plus quantifié – et donc plus bénéfique – que de creuser des trous ou d'entasser des pierres : cela, c'est le travail à l'état pur, et c'est d'ailleurs celui que tous les régimes post-poujadistes finissent logiquement par réserver à l'*intellectuel oisif.*

Cette quantification du travail entraîne naturellement une promotion de la force physique, celle des muscles, de la poitrine, des bras ; inversement la tête est un lieu suspect dans la mesure même où ses produits sont qualitatifs, non quantitatifs. On retrouve ici l'ordinaire discrédit jeté sur le cerveau (*le poisson pourrit par la tête,* dit-on souvent chez Poujade), dont la disgrâce fatale est évidemment l'excentricité même de sa position, tout en haut du corps, près de la *nue,* loin des *racines.* On exploite à fond l'ambiguïté même de la *supériorité* ; toute une cosmogonie se construit, qui joue sans cesse sur de vagues similitudes entre le physique, le moral et le social : que le corps lutte contre la tête, c'est toute la lutte des *petits,* de l'obscur vital contre l'en-haut.

Poujade lui-même a très vite développé la légende de sa force physique : pourvu d'un diplôme de moniteur, ancien de la RAF, rugbyman, ces antécédents répondent de sa *valeur* : le chef livre à ses troupes, en échange de leur adhésion, une force essentiellement mesurable, puisque c'est celle du corps. Aussi le premier prestige de Poujade (entendez le fondement de la confiance marchande que l'on peut avoir en lui), c'est sa résistance (« Poujade, c'est le diable en personne, il est increvable »). Ses premières campagnes ont été avant tout des performances physiques qui touchaient à la surhumanité (« C'est le diable en personne »). Cette force d'acier produit l'ubiquité (Poujade est partout à la fois), elle plie la matière même (Poujade crève toutes les voitures dont il se sert). Pourtant il y a en Poujade une autre valeur que la résistance : une sorte de *charme* physique, prodigué en sus de la force-marchandise, comme l'un de ces objets superfétatoires par lequel, dans des droits très anciens, l'acquéreur enchaînait le vendeur d'un bien immobilier : ce « pourboire », qui fonde le chef et apparaît comme le génie de Poujade, la part réservée de la qualité dans cette économie de la pure computation, c'est *sa voix.* Sans doute est-elle issue d'un lieu privilégié du corps, lieu à la fois médian et musclé, le thorax, qui est dans toute cette mythologie corporelle l'antitête par excellence ; mais la voix, véhicule du verbe redresseur, échappe à la dure loi des quantités : au devenir de l'usure, sort des objets communs, elle substitue sa fragilité, risque glorieux des objets de luxe ; pour elle, ce n'est pas le mépris héroïque de la fatigue, l'implacable endurance, qui

convient : c'est la délicate caresse du vaporisateur, l'aide moel-
leuse du micro ; la voix de Poujarde reçoit en transfert l'impondérable et prestigieuse valeur dévolue, dans d'autres
mythologies, au cerveau de l'intellectuel.

Il va de soi que le lieutenant de Poujade doit participer de la
même prestance, plus grossière, moins diabolique toutefois,
c'est le « costaud » : « le viril Launay, ancien joueur de rugby...
avec ses avant-bras velus et puissants... n'a pas l'air d'un
enfant de Marie », Cantalou, « grand, costaud, taillé dans la
masse, a le regard droit, la poignée de main virile et franche ».
Car, selon une crase bien connue, la plénitude physique fonde
une clarté morale : seul l'être fort peut être franc. On se doute
que l'essence commune à tous ces prestiges, c'est la virilité,
dont le substitut moral est le « caractère », rival de l'intelligence, qui, elle, n'est pas admise au ciel poujadiste : on l'y remplace par une vertu intellectuelle particulière, *la roublardise* ; le
héros, chez Poujade, c'est un être doué à la fois d'agressivité et
de malice (« C'est un gars futé »). Cette astuce, pour intellective
qu'elle soit, ne réintroduit pas la raison abhorrée dans le panthéon poujadiste : les dieux petits-bourgeois la donnent ou la
retirent à leur gré, selon un ordre pur de *la chance* : c'est
d'ailleurs, tout compte fait, un don à peu près physique, comparable au flair animal ; elle n'est qu'une fleur rare de la force, un
pouvoir tout nerveux de capter le vent (« Moi, je marche au
radar »).

Inversement, c'est à travers sa disgrâce corporelle que l'intellectuel est condamné : Mendès est *fichu comme l'as de pique*, il a
l'air *d'une bouteille de Vichy* (double mépris adressé à l'eau et à
la dyspepsie). Réfugié dans l'hypertrophie d'une tête fragile et
inutile, tout l'être intellectuel est atteint par la plus lourde des
tares physiques, *la fatigue* (substitut corporel de la décadence) :
bien qu'oisif, il est congénitalement fatigué, tout comme le poujadiste, quoique laborieux, est toujours dispos. On touche ici à
l'idée profonde de toute moralité du corps humain : l'idée de
race. Les intellectuels sont une race, les poujadistes en sont une
autre.

Pourtant Poujade a une conception de la race, à première

vue, paradoxale. Constatant que le Français moyen est le produit de mélanges multiples (air connu : la France, creuset des
races), c'est cette variété d'origines que Poujade oppose superbement à la secte étroite de ceux qui ne se sont jamais croisés
qu'entre eux (entendez, bien sûr, les Juifs). Il s'écrie en dési-
gnant Mendès-France : « C'est toi le raciste ! » ; puis il com-
mente : « De nous deux, c'est lui qui peut être raciste, car il a,
lui, une race. » Poujade pratique à fond ce que l'on pourrait
appeler le racisme du mélange, sans risque d'ailleurs, puisque le
« mélange » tant vanté n'a jamais brassé, selon Poujade lui-
même, que des Dupont, des Durand et des Poujade, c'est-à-dire
le même et le même. Evidemment l'idée d'une « race » synthétique est précieuse, car elle permet de jouer tantôt sur le syncrétisme, tantôt sur la race. Dans le premier cas, Poujade dispose
de la vieille idée, autrefois révolutionnaire, de nation, qui a alimenté tous les libéralismes français (Michelet contre Augustin
Thierry, Gide contre Barrès, etc.) : « Mes aïeux, les Celtes, les
Arvernes, tous se sont mélangés. Je suis le fruit du creuset des
invasions et des exodes. » Dans le second cas, il retrouve sans
peine l'objet raciste fondamental, le Sang (ici, c'est surtout le
sang celte, celui de Le Pen, *Breton solide* séparé par un abîme
racial des *esthètes de la Nouvelle Gauche,* ou le sang gaulois,
dont est privé Mendès). Comme pour l'intelligence, on a affaire
ici à une distribution arbitraire des valeurs : l'addition de certains sangs (celui des Dupont, des Durand et des Poujade) ne
produit que du sang pur, et l'on peut rester dans l'ordre rassurant d'une sommation de quantités homogènes ; mais d'autres
sangs (celui, notamment, des *technocrates apatrides*) sont des
phénomènes purement qualificatifs, par là même discrédités
dans l'univers poujadiste ; ils ne peuvent se mélanger, accéder
au salut de la grosse quantité française, à ce « vulgaire », dont le
triomphe numérique est opposé à la fatigue des intellectuels
« distingués ».

Cette opposition raciale entre les forts et les fatigués, les
Gaulois et les apatrides, le vulgaire et le distingué, c'est
d'ailleurs tout simplement l'opposition de la province et de
Paris. Paris résume tout le vice français : le Système, le

sadisme, l'intellectualité, la fatigue : « Paris est un monstre, car
la vie est désaxée : c'est la vie trépidante, étourdissante, abrutis-
sante, du matin au soir, etc. » Paris participe de ce même poi-
son, substance essentiellement qualitative (ce que Poujade
appelle ailleurs, ne croyant pas si bien dire : la dialectique),
dont on a vu qu'elle s'opposait au monde quantitatif du bon
sens. Affronter la « qualité » a été pour Poujade l'épreuve décisive, son Rubicon : *monter sur Paris,* y récupérer les députés
modérés de province corrompus par la capitale, véritables réné-
gats de leur race, attendus au village avec des fourches, ce saut
a défini une grande migration raciale, plus encore qu'une extension politique.

Face à une suspicion aussi constante, Poujade pouvait-il sauver quelque forme de l'intellectuel, donner de lui une image
idéale, en un mot postuler un intellectuel poujadiste ? Poujade
nous dit seulement que seuls entreront dans son Olympe « les
intellectuels dignes de ce nom ». Nous voici donc revenus, une
fois de plus, à l'une de ces fameuses définitions par identité (A
= A), que j'ai appelées ici même et à plusieurs reprises des tau-
tologies, c'est-à-dire au néant. Tout anti-intellectualisme finit
ainsi dans la mort du langage, c'est-à-dire dans la destruction de
la sociabilité.

La plupart de ces thèmes poujadistes, si paradoxal que cela
puisse paraître, sont des thèmes romantiques dégradés. Lorsque
Poujade veut définir le Peuple, c'est la préface de *Ruy Blas* qu'il
cite longuement : et l'intellectuel vu par Poujade, c'est, à peu de
chose près, le légiste et le jésuite de Michelet, l'homme sec,
vain, stérile et ricaneur. C'est que la petite bourgeoisie recueille
aujourd'hui l'héritage idéologique de la bourgeoisie libérale
d'hier, celle précisément qui a aidé à sa promotion sociale : le
sentimentalisme de Michelet contenait bien des germes réac-
tionnaires. Barrès le savait. N'était toute la distance du talent,
Poujade pourrait encore signer certaines pages du *Peuple,* de
Michelet (1846).

C'est pourquoi, sur ce problème précis des intellectuels, le
poujadisme déborde de beaucoup Poujade ; l'idéologie anti-
intellectualiste saisit des milieux politiques variés, et il n'est pas

nécessaire d'être poujadiste pour avoir la haine de l'idée. Car ce qui est ici visé, c'est toute forme de culture explicative, engagée, et ce qui est sauvé, c'est la culture « innocente », celle dont la naïveté laisse les mains libres au tyran. C'est pourquoi les écrivains, au sens propre, ne sont pas exclus de la famille poujadiste (certains, fort connus, ont envoyé à Poujade leurs œuvres munies de dédicaces flatteuses). Ce qui est condamné, c'est l'intellectuel, c'est-à-dire une conscience, ou mieux encore : un Regard (Poujade rappelle quelque part combien, jeune lycéen, il souffrait d'être regardé par ses condisciples). Que personne ne nous regarde, tel est le principe de l'anti-intellectualisme poujadiste. Seulement, du point de vue de l'ethnologue, les conduites d'intégration et d'exclusion sont évidemment complémentaires, et, en un sens, qui n'est pas celui qu'il croit, Poujade a besoin des intellectuels, car s'il les condamne, c'est au titre de mal magique : dans la société poujadiste, l'intellectuel a la part maudite et nécessaire d'un sorcier dégradé.

2

Le mythe, aujourd'hui

Qu'est-ce qu'un mythe, aujourd'hui ? Je donnerai tout de suite une première réponse très simple, qui s'accorde parfaitement avec l'étymologie : *le mythe est une parole* [1].

Le mythe est une parole

Naturellement, ce n'est pas n'importe quelle parole : il faut au langage des conditions particulières pour devenir mythe, on va les voir à l'instant. Mais ce qu'il faut poser fortement dès le début, c'est que le mythe est un système de communication, c'est un message. On voit par là que le mythe ne saurait être un objet, un concept, ou une idée ; c'est un mode de signification, c'est une forme. Il faudra plus tard poser à cette forme des limites historiques, des conditions d'emploi, réinvestir en elle la société : cela n'empêche pas qu'il faut d'abord la décrire comme forme. On voit qu'il serait tout à fait illusoire de prétendre à une discrimination substantielle entre les objets mythiques : puisque le mythe est une parole, tout peut être mythe, qui est justiciable d'un discours. Le mythe ne se définit pas par l'objet de son message, mais par la façon dont il le profère : il y a des limites formelles au mythe, il n'y en a pas de substantielles. Tout peut donc être mythe ? Oui, je le crois, car l'univers est infiniment suggestif. Chaque objet du monde peut

1. On m'objectera mille autres sens du mot *mythe*. Mais j'ai cherché à définir des choses, non des mots.

passer d'une existence fermée, muette, à un état oral, ouvert à l'appropriation de la société, car aucune loi, naturelle ou non, n'interdit de parler des choses. Un arbre est un arbre. Oui, sans doute. Mais un arbre dit par Minou Drouet, ce n'est déjà plus tout à fait un arbre, c'est un arbre décoré, adapté à une certaine consommation, investi de complaisances littéraires, de révoltes, d'images, bref d'un *usage* social qui s'ajoute à la pure matière.

Evidemment, tout n'est pas dit en même temps : certains objets deviennent proie de la parole mythique pendant un moment, puis ils disparaissent, d'autres prennent leur place, accèdent au mythe. Y a-t-il des objets *fatalement* suggestifs, comme Baudelaire le disait de la Femme ? Sûrement pas : on peut concevoir des mythes très anciens, il n'y en a pas d'éternels ; car c'est l'histoire humaine qui fait passer le réel à l'état de parole, c'est elle et elle seule qui règle la vie et la mort du langage mythique. Lointaine ou non, la mythologie ne peut avoir qu'un fondement historique, car le mythe est une parole choisie par l'histoire : il ne saurait surgir de la « nature » des choses.

Cette parole est un message. Elle peut donc être bien autre chose qu'orale ; elle peut être formée d'écritures ou de représentations : le discours écrit, mais aussi la photographie, le cinéma, le reportage, le sport, les spectacles, la publicité, tout cela peut servir de support à la parole mythique. Le mythe ne peut se définir ni par son objet, ni par sa matière, car n'importe quelle matière peut être dotée arbitrairement de signification : la flèche que l'on apporte pour signifier un défi est elle aussi une parole. Sans doute, dans l'ordre de la perception, l'image et l'écriture, par exemple, ne sollicitent pas le même type de conscience ; et dans l'image elle-même, il y a bien des modes de lecture : un schéma se prête à la signification beaucoup plus qu'un dessin, une imitation plus qu'un original, une caricature plus qu'un portrait. Mais précisément, il ne s'agit déjà plus ici d'un mode théorique de représentation : il s'agit de *cette* image, donnée pour *cette* signification : la parole mythique est formée d'une matière *déjà* travaillée en vue d'une communication appropriée : c'est parce que tous les matériaux du mythe, qu'ils soient représentatifs ou graphiques, présupposent une conscience signifiante, que l'on peut raisonner sur eux indépendamment de leur matière. Cette matière n'est pas indifférente : l'image est, certes, plus impérative que l'écriture, elle impose la signification d'un coup, sans l'analyser, sans la disperser. Mais ceci n'est plus une différence constitutive. L'image devient une écriture, dès l'instant qu'elle est significative : comme l'écriture, elle appelle une *lexis.*

On entendra donc ici, désormais, par *langage, discours, parole,* etc., toute unité ou toute synthèse significative, qu'elle soit verbale ou visuelle : une photographie sera pour nous parole au même titre qu'un article de journal ; les objets eux-mêmes pourront devenir parole, s'ils signifient quelque chose. Cette façon générique de concevoir le langage est d'ailleurs justifiée par l'histoire même des écritures : bien avant l'invention de notre alphabet, des objets comme le kipou inca, ou des dessins comme les pictogrammes ont été des paroles régulières. Ceci ne veut pas dire qu'on doive traiter la parole mythique comme la langue : à vrai dire, le mythe relève d'une science générale extensive à la linguistique, et qui est la *sémiologie.*

Le mythe comme système sémiologique

Comme étude d'une parole, la mythologie n'est en effet qu'un fragment de cette vaste science des signes que Saussure a postulée il y a une quarantaine d'années sous le nom de *sémiologie.* La sémiologie n'est pas encore constituée. Pourtant, depuis Saussure même et parfois indépendamment de lui, toute une partie de la recherche contemporaine revient sans cesse au problème de la signification : la psychanalyse, le structuralisme, la psychologie eidétique, certaines tentatives nouvelles de critique littéraire dont Bachelard a donné l'exemple, ne veulent plus étudier le fait qu'en tant qu'il signifie. Or postuler une signification, c'est recourir à la sémiologie. Je ne veux pas dire que la sémiologie rendrait également compte de toutes ces recherches : elles ont des contenus différents. Mais elles ont un statut commun, elles sont toutes sciences des valeurs; elles ne se contentent pas de rencontrer le fait : elles le définissent et l'explorent comme un *valant-pour*.

La sémiologie est une science des formes, puisqu'elle étudie des significations indépendamment de leur contenu. Je voudrais dire un mot de la nécessité et des limites d'une telle science formelle. La nécessité, c'est celle-là même de tout langage exact. Jdanov se moquait du philosophe Alexandrov, qui parlait de « la structure sphérique de notre planète ». « Il semblait jusqu'ici, dit Jdanov, que seule la forme pouvait être sphérique. » Jdanov avait raison : on ne peut parler de structures en termes de formes, et réciproquement. Il se peut bien que sur le plan de la « vie », il n'y ait qu'une totalité indiscernable de structures et de formes. Mais la science n'a que faire de l'ineffable : il lui faut parler la « vie », si elle veut la transformer. Contre un certain donquichottisme, d'ailleurs, hélas, platonique, de la synthèse, toute critique doit consentir à l'ascèse, à l'artifice de l'analyse, et dans l'analyse, elle doit approprier les méthodes et les langages. Moins terrorisée par le spectre du « formalisme », la critique historique eût été peut-être moins stérile ; elle eût compris que l'étude spécifique des formes ne contredit en rien aux principes nécessaires de la totalité et de l'Histoire. Bien au contraire : plus un système est spécifiquement défini dans ses formes, et plus il est docile à la critique historique. Parodiant un mot connu, je dirai qu'un peu de formalisme éloigne de l'Histoire, mais que beaucoup y ramène. Y a-t-il meilleur exemple d'une critique totale, que la description à la fois formelle et historique, sémiologique et idéologique, de la sainteté, dans le *Saint Genet* de Sartre ? Le danger, c'est au contraire de considérer les formes comme des objets ambigus, mi-formes et mi-substances, de douer la forme d'une substance de forme, comme l'a fait par exemple le réalisme jdanovien. La sémiologie, posée dans ses limites, n'est pas un piège métaphysique : elle est une science parmi d'autres, nécessaire mais non suffisante. L'important, c'est de voir que l'unité d'une explication ne peut tenir à l'amputation de telle ou telle de ses approches, mais, conformément au mot d'Engels, à la coordination dialectique des sciences spéciales qui y sont engagées. Il en va ainsi de la mythologie : elle fait partie à la fois de la sémiologie comme science formelle et de l'idéologie comme science historique : elle étudie des idées-en-forme [1].

Je rappellerai donc que toute sémiologie postule un rapport entre deux termes, un signifiant et un signifié. Ce rapport porte sur des objets d'ordre différent, et c'est pour cela qu'il n'est pas une égalité mais une équivalence. Il faut ici prendre garde que contrairement au langage commun qui me dit simplement que le signifiant *exprime* le signifié, j'ai affaire dans tout système sémiologique non à deux, mais à trois termes différents ; car ce que je saisis, ce n'est nullement un terme, l'un après l'autre, mais la corrélation qui les unit : il y a donc le signifiant, le signifié et le signe, qui est le total associatif des deux premiers termes. Soit un bouquet de roses : je lui fais *signifier* ma passion. N'y a-t-il donc ici qu'un signifiant et un signifié, les roses et ma passion ? Même pas : à dire vrai, il n'y a ici que des roses « passionnalisées ». Mais sur le plan de l'analyse, il y a bien trois termes ; car ces roses chargées de passion se laissent parfaitement et justement décomposer en roses et en passion : les unes et l'autre existaient avant de se joindre et de former ce troisième objet, qui est le signe. Autant il est vrai, sur le plan vécu, je ne puis dissocier les roses du message qu'elles portent, autant, sur le plan de l'analyse, je ne puis confondre les roses comme signifiant et les roses comme signe : le signifiant est vide, le signe est plein, il est un sens. Soit encore un caillou noir : je puis le faire signifier de plusieurs façons, c'est un simple signifiant ; mais si je le charge d'un signifié définitif

---

1. Le développement de la publicité, de la grande presse, de la radio, de l'illustration, sans parler de la survivance d'une infinité de rites communicatifs (rites du paraître social) rend plus urgente que jamais la constitution d'une science sémiologique. Combien, dans une journée, de champs véritablement *insignifiants* parcourons-nous ? Bien peu, parfois aucun. Je suis là, devant la mer : sans doute, elle ne porte aucun message. Mais sur la plage, quel matériel sémiologique ! Des drapeaux, des slogans, des panonceaux, des vêtements, une bruniture même, qui me sont autant de messages.

(condamnation à mort, par exemple, dans un vote anonyme), il deviendra un signe. Naturellement, il y a entre le signifiant, le signifié et le signe, des implications fonctionnelles (comme de la partie au tout) si étroites que l'analyse peut en paraître vaine ; mais on verra à l'instant que cette distinction a une importance capitale pour l'étude du mythe comme schème sémiologique.

Naturellement, ces trois termes sont purement formels, et on peut leur donner des contenus différents. Voici quelques exemples : pour Saussure, qui a travaillé sur un système sémiologique particulier, mais méthodologiquement exemplaire, la langue, le signifié, c'est le concept, le signifiant, c'est l'image acoustique (d'ordre psychique) et le rapport du concept et de l'image, c'est le signe (le mot, par exemple), ou entité concrète [1]. Pour Freud, on le sait, le psychisme est une épaisseur d'équivalences, de *valant-pour*. Un terme (je m'abstiens de lui donner une précellence) est constitué par le sens manifeste de la conduite, un autre par son sens latent ou sens propre (c'est par exemple le substrat du rêve) ; quant au troisième terme, il est ici aussi une corrélation des deux premiers : c'est le rêve lui-même, dans sa totalité, l'acte manqué ou la névrose, conçus comme des compromis, des économies opérées grâce à la jonction d'une forme (premier terme) et d'une fonction intentionnelle (second terme). On voit ici combien il est nécessaire de distinguer le signe du signifiant : le rêve, pour Freud, n'est pas plus son donné manifeste que son contenu latent, il est la liaison fonctionnelle des deux termes. Dans la critique sartrienne enfin (je me bornerai à ces trois exemples connus), le signifié est constitué par la crise originelle du sujet (la séparation loin de la mère chez Baudelaire, la nomination du vol chez Genet) ; la Littérature comme discours forme le signifiant ; et le rapport de la crise et du discours définit l'œuvre, qui est une signification. Naturellement, ce schéma tridimensionnel, pour constant qu'il soit dans sa forme, ne s'accomplit pas de la même façon : on ne saurait donc trop répéter que la sémiologie ne peut avoir d'unité

1. La notion de *mot* est l'une des plus discutées en linguistique. Je la garde, pour simplifier.

qu'au niveau des formes, non des contenus; son champ est limité, elle ne porte que sur un langage, elle ne connaît qu'une seule opération : la lecture ou le déchiffrement.

On retrouve dans le mythe le schéma tridimensionnel dont je viens de parler : le signifiant, le signifié et le signe. Mais le mythe est un système particulier en ceci qu'il s'édifie à partir d'une chaîne sémiologique qui existe avant lui : *c'est un système sémiologique second.* Ce qui est signe (c'est-à-dire total associatif d'un concept et d'une image) dans le premier système, devient simple signifiant dans le second. Il faut ici rappeler que les matières de la parole mythique (langue proprement dite, photographie, peinture, affiche, rite, objet, etc.), pour différentes qu'elles soient au départ, et dès lors qu'elles sont saisies par le mythe, se ramènent à une pure fonction signifiante : le mythe ne voit en elles qu'une même matière première; leur unité, c'est qu'elles sont réduites toutes au simple statut de langage. Qu'il s'agisse de graphie littérale ou de graphie picturale, le mythe ne veut voir là qu'un total de signes, qu'un signe global, le terme final d'une première chaîne sémiologique. Et c'est précisément ce terme final qui va devenir premier terme ou terme partiel du système agrandi qu'il édifie. Tout se passe comme si le mythe décalait d'un cran le système formel des premières significations. Comme cette translation est capitale pour l'analyse du mythe, je la représenterai de la façon suivante, étant bien entendu que la spatialisation du schéma n'est ici qu'une simple métaphore :

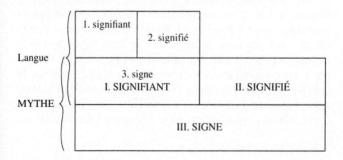

On le voit, il y a dans le mythe deux systèmes sémiologiques, dont l'un est déboîté par rapport à l'autre : un système linguistique, la langue (ou les modes de représentation qui lui sont assimilés), que j'appellerai *langage-objet,* parce qu'il est le langage dont le mythe se saisit pour construire son propre système ; et le mythe lui-même, que j'appellerai *méta-langage,* parce qu'il est une seconde langue, *dans laquelle* on parle de la première. Réfléchissant sur un méta-langage, le sémiologue n'a plus à s'interroger sur la composition du langage-objet, il n'a plus à tenir compte du détail du schème linguistique : il n'aura à en connaître que le terme total ou signe global, et dans la mesure seulement où ce terme va se prêter au mythe. Voilà pourquoi le sémiologue est fondé à traiter de la même façon l'écriture et l'image : ce qu'il retient d'elles, c'est qu'elles sont toutes deux des *signes,* elles arrivent au seuil du mythe, douées de la même fonction signifiante, elles constituent l'une et l'autre un langage-objet.

Il est temps de donner un ou deux exemples de parole mythique. J'emprunterai le premier à une remarque de Valéry [1] : je suis élève de cinquième dans un lycée français ; j'ouvre ma grammaire latine, et j'y lis une phrase, empruntée à Esope ou à Phèdre : *quia ego nominor leo.* Je m'arrête et je réfléchis : il y a une ambiguïté dans cette proposition. D'une part, les mots y ont bien un sens simple : *car moi je m'appelle lion.* Et d'autre part, la phrase est là manifestement pour me signifier autre chose : dans la mesure où elle s'adresse à moi, élève de cinquième, elle me dit clairement : je suis un exemple de grammaire destiné à illustrer la règle d'accord de l'attribut. Je suis même obligé de reconnaître que la phrase ne me *signifie* nullement son sens, elle cherche fort peu à me parler du lion et de la façon dont il se nomme ; sa signification véritable et dernière, c'est de s'imposer à moi comme présence d'un certain accord de l'attribut. Je conclus que je suis devant un système sémiologique particulier, agrandi, puisqu'il est extensif à la langue : il y a bien un signifiant, mais ce signifiant est lui-même formé par un total de signes, il est à lui seul un premier système sémiologique *(je m'appelle lion)*. Pour le reste, le schème formel se déroule correctement : il y a un signifié *(je suis un exemple de grammaire)* et il y a une signification globale, qui n'est rien d'autre que la corrélation du signifiant et du signifié ; car ni la dénomination du lion, ni l'exemple de grammaire ne me sont donnés séparément.

Et voici maintenant un autre exemple : je suis chez le coiffeur, on me tend un numéro de *Paris-Match*. Sur la couverture, un jeune nègre vêtu d'un uniforme français fait le salut militaire, les yeux levés, fixés sans doute sur un pli du drapeau tricolore. Cela, c'est le *sens* de l'image. Mais, naïf ou pas, je vois bien ce qu'elle me signifie : que la France est un grand Empire, que tous ses fils, sans distinction de couleur, servent fidèlement sous son drapeau, et qu'il n'est de meilleure réponse aux détracteurs d'un colonialisme prétendu, que le zèle de ce noir à servir ses prétendus oppresseurs. Je me trouve donc, ici encore, devant un système sémiologique majoré : il y a un signifiant, formé lui-même, déjà, d'un système préalable *(un soldat noir fait le salut militaire français)* ; il y a un signifié (c'est ici un mélange intentionnel de francité et de militarité) ; il y a enfin une *présence* du signifié à travers le signifiant.

Avant de passer à l'analyse de chaque terme du système mythique, il convient de s'entendre sur une terminologie. On le sait, maintenant, le signifiant peut être envisagé, dans le mythe, de deux points de vue : comme terme final du système linguistique ou comme terme initial du système mythique : il faut donc ici deux noms : sur le plan de la langue, c'est-à-dire comme terme final du premier système, j'appellerai le signifiant : *sens (je m'appelle lion, un nègre fait le salut militaire français)* ; sur le plan du mythe, je l'appellerai : *forme*. Pour le signifié, il n'y a pas d'ambiguïté possible : nous lui laisserons le nom de *concept*. Le troisième terme est la corrélation des deux premiers : dans le système de la langue, c'est le *signe* ; mais il n'est pas possible de reprendre ce mot sans ambiguïté, puisque, dans le mythe (et c'est là sa particularité principale), le signifiant est déjà formé des *signes* de la langue. J'appellerai le troisième terme du mythe, la *signification* : le mot est ici d'autant mieux justifié que

le mythe a effectivement une double fonction : il désigne et il
notifie, il fait comprendre et il impose.

La forme et le concept

Le signifiant du mythe se présente d'une façon ambiguë : il
est à la fois sens et forme, plein d'un côté, vide de l'autre.
Comme sens, le signifiant postule déjà une lecture, je le saisis
des yeux, il a une réalité sensorielle (au contraire du signifiant
linguistique, qui est d'ordre purement psychique), il a une
richesse : la dénomination du lion, le salut du nègre sont des
ensembles plausibles, ils disposent d'une rationalité suffisante ;
comme total de signes linguistiques, le sens du mythe a une
valeur propre, il fait partie d'une histoire, celle du lion ou celle
du nègre : dans le sens, une signification est déjà construite, qui
pourrait fort bien se suffire à elle-même, si le mythe ne la sai-
sissait et n'en faisait tout d'un coup une forme vide, parasite.
Le sens est *déjà* complet, il postule un savoir, un passé, une
mémoire, un ordre comparatif de faits, d'idées, de décisions.

En devenant forme, le sens éloigne sa contingence ; il se vide,
il s'appauvrit, l'histoire s'évapore, il ne reste plus que la lettre. Il
y a ici une permutation paradoxale des opérations de lecture, une
régression anormale du sens à la forme, du signe linguistique au
signifiant mythique. Si l'on enferme *quia ego nominor leo* dans
un système purement linguistique, la proposition y retrouve une
plénitude, une richesse, une histoire : je suis un animal, un lion,
je vis dans tel pays, je reviens de chasser, on voudrait que je
partage ma proie avec une génisse, une vache et une chèvre ;
mais étant le plus fort, je m'attribue toutes les parts pour des raisons diverses, dont la dernière est tout simplement que *je m'appelle lion*. Mais comme forme du mythe, la proposition ne
contient presque plus rien de cette longue histoire. Le sens
contenait tout un système de valeurs : une histoire, une géographie. une morale, une zoologie, une Littérature. La forme a éloigné toute cette richesse : sa pauvreté nouvelle appelle une

signification qui la remplisse. Il faut reculer beaucoup l'histoire
du lion pour faire place à l'exemple de grammaire, il faut mettre
entre parenthèses la biographie du nègre, si l'on veut libérer
l'image, la disposer à recevoir son signifié.

Mais le point capital en tout ceci, c'est que la forme ne supprime pas le sens, elle ne fait que l'appauvrir, l'éloigner, elle le
tient à sa disposition. On croit que le sens va mourir, mais c'est
une mort en sursis : le sens perd sa valeur, mais garde la vie,
dont la forme du mythe va se nourrir. Le sens sera pour la
forme comme une réserve instantanée d'histoire, comme une
richesse soumise, qu'il est possible de rappeler et d'éloigner
dans une sorte d'alternance rapide : il faut sans cesse que la
forme puisse reprendre racine dans le sens et s'y alimenter en
nature ; il faut surtout qu'elle puisse s'y cacher. C'est ce jeu
intéressant de cache-cache entre le sens et la forme qui définit
le mythe. La forme du mythe n'est pas un symbole : le nègre
qui salue n'est pas le symbole de l'Empire français, il a trop de
présence pour cela, il se donne pour une image riche, vécue,
spontanée, innocente, *indiscutable*. Mais en même temps cette
présence est soumise, éloignée, rendue comme transparente,
elle se recule un peu, se fait complice d'un concept qui lui vient
tout armé, l'impérialité française : elle devient *empruntée*.

Voyons maintenant le signifié : cette histoire qui s'écoule
hors de la forme, c'est le concept qui va l'absorber toute. Le
concept, lui, est déterminé : il est à la fois historique et intentionnel ; il est le mobile qui fait proférer le mythe. L'exemplarité grammaticale, l'impérialité française sont la pulsion même
du mythe. Le concept rétablit une chaîne de causes et d'effets,
de mobiles et d'intentions. Contrairement à la forme, le concept
n'est nullement abstrait : il est plein d'une situation. Par le
concept, c'est toute une histoire nouvelle qui est implantée dans
le mythe : dans la dénomination du lion, préalablement vidée
de sa contingence, l'exemple de grammaire va appeler toute
mon existence : le Temps, qui me fait naître à telle époque où la
grammaire latine est enseignée ; l'Histoire, qui me distingue par
tout un jeu de ségrégation sociale des enfants qui n'apprennent
pas le latin ; la tradition pédagogique qui fait choisir cet

exemple dans Esope ou dans Phèdre ; mes propres habitudes linguistiques, qui voient dans l'accord de l'attribut un fait notable, digne d'être illustré. De même pour le nègre saluant : comme forme, le sens en est court, isolé, appauvri ; comme concept de l'impérialité française, voici qu'il est noué de nouveau à la totalité du monde : à l'Histoire générale de la France, à ses aventures coloniales, à ses difficultés présentes. A vrai dire, ce qui s'investit dans le concept, c'est moins le réel qu'une certaine connaissance du réel ; en passant du sens à la forme, l'image perd du savoir : c'est pour mieux recevoir celui du concept. En fait, le savoir contenu dans le concept mythique est un savoir confus, formé d'associations molles, illimitées. Il faut bien insister sur ce caractère ouvert du concept ; ce n'est nullement une essence abstraite, purifiée ; c'est une condensation informe, instable, nébuleuse, dont l'unité, la cohérence tiennent surtout à la fonction.

En ce sens, on peut dire que le caractère fondamental du concept mythique, c'est d'être *approprié* : l'exemplarité grammaticale con-cerne très précisément une classe d'élèves déterminée, l'impérialité française doit toucher tel groupe de lecteurs et non tel autre : le concept répond étroitement à une fonction, il se définit comme une tendance. Ceci ne peut manquer de rappeler le signifié d'un autre système sémiologique, le freudisme : chez Freud, le second terme du système, c'est le sens latent (le contenu) du rêve, de l'acte manqué, de la névrose. Or Freud note bien que le sens second de la conduite en est le sens propre, c'est-à-dire approprié à une situation complète, profonde ; il est, tout comme le concept mythique, l'intention même de la conduite.

Un signifié peut avoir plusieurs signifiants : c'est notamment le cas du signifié linguistique et du signifié psychanalytique. C'est aussi le cas du concept mythique : il a à sa disposition une masse illimitée de signifiants : je puis trouver mille phrases latines qui me rendent présent l'accord de l'attribut, je puis trouver mille images qui me signifient l'impérialité française. Ceci veut dire que *quantitativement,* le concept est bien plus pauvre que le signifiant, il ne fait souvent que se re-présenter.

De la forme au concept, pauvreté et richesse sont en proportion inverse : à la pauvreté qualitative de la forme, dépositaire d'un sens raréfié, correspond une richesse du concept ouvert à toute l'Histoire ; et, à l'abondance quantitative des formes, correspond un petit nombre de concepts. Cette répétition du concept à travers des formes différentes est précieuse pour le mythologue, elle permet de déchiffrer le mythe : c'est l'insistance d'une conduite qui livre son intention. Ceci confirme qu'il n'y a pas de rapport régulier entre le volume du signifié et celui du signifiant : dans la langue, ce rapport est proportionné, il n'excède guère le mot, ou tout au moins l'unité concrète. Dans le mythe au contraire, le concept peut s'étendre à travers une étendue très grande de signifiant : par exemple, c'est un livre entier qui sera le signifiant d'un seul concept ; et inversement, une forme minuscule (un mot, un geste, même latéral, pourvu qu'il soit remarqué) pourra servir de signifiant à un concept gonflé d'une très riche histoire. Bien qu'elle ne soit pas habituelle dans la langue, cette disproportion entre le signifiant et le signifié n'est pas spéciale au mythe : chez Freud, par exemple, l'acte manqué est un signifiant d'une minceur sans proportion avec le sens propre qu'il trahit.

Je l'ai dit, il n'y a aucune fixité dans les concepts mythiques : ils peuvent se faire, s'altérer, se défaire, disparaître complètement. Et c'est précisément parce qu'ils sont historiques, que l'histoire peut très facilement les supprimer. Cette instabilité oblige le mythologue à une terminologie adaptée, dont je voudrais dire un mot ici, parce qu'elle est souvent source d'ironie : il s'agit du néologisme. Le concept est un élément constituant du mythe : si je veux déchiffrer des mythes, il me faut bien pouvoir nommer des concepts. Le dictionnaire m'en fournit quelques-uns : la Bonté, la Charité, la Santé, l'Humanité, etc. Mais par définition, puisque c'est le dictionnaire qui me les donne, ces concepts-là ne sont pas historiques. Or ce dont j'ai le plus souvent besoin, c'est de concepts éphémères, liés à des contingences limitées : le néologisme est ici inévitable. La Chine est une chose, l'idée que pouvait s'en faire, il n'y a pas longtemps encore, un petit-bourgeois français en est une autre :

pour ce mélange spécial de clochettes, de pousse-pousse et de fumeries d'opium, pas d'autre mot possible que celui de *sinité*. Ce n'est pas beau ? Que l'on se console au moins en reconnaissant que le néologisme conceptuel n'est jamais arbitraire : il est construit sur une règle proportionnelle fort sensée [1].

La signification

En sémiologie, le troisième terme n'est rien d'autre, on le sait, que l'association des deux premiers : c'est le seul qui soit donné à voir d'une façon pleine et suffisante, c'est le seul qui soit effectivement consommé. Je l'ai appelé : signification. On le voit, la signification est le mythe même, tout comme le signe saussurien est le mot (ou plus exactement l'entité concrète). Mais avant de donner les caractères de la signification, il faut réfléchir un peu sur la façon dont elle se prépare, c'est-à-dire sur les modes de corrélation du concept et de la forme mythiques.

Il faut d'abord noter que dans le mythe, les deux premiers termes sont parfaitement manifestes (contrairement à ce qui se passe dans d'autres systèmes sémiologiques) : l'un n'est pas « enfoui » derrière l'autre, ils sont donnés tous deux *ici* (et non l'un ici et l'autre là). Si paradoxal que cela puisse paraître, *le mythe ne cache rien* : sa fonction est de déformer, non de faire disparaître. Il n'y a aucune latence du concept par rapport à la forme : il n'est nullement besoin d'un inconscient pour expliquer le mythe. Evidemment on a affaire à deux types différents de manifestation : la présence de la forme est littérale, immédiate : elle est, de plus, étendue. Cela tient – on ne saurait trop le répéter – à la nature déjà linguistique du signifiant mythique : puisqu'il est constitué par un sens déjà tracé, il ne peut se donner qu'à travers une matière (alors que dans la langue, le signi-

---

1. Latin / latinité = basque / x
   (x = basquité)

fiant reste psychique). Dans le cas du mythe oral, cette extension est linéaire *(car je m'appelle lion)* ; dans celui du mythe visuel, l'extension est multidimensionnelle (au centre, l'uniforme du nègre, en haut, le noir de son visage, à gauche, le salut militaire, etc.). Les éléments de la forme ont donc entre eux des rapports de place, de proximité : le mode de présence de la forme est spatial. Le concept au contraire, se donne d'une façon globale, il est une sorte de nébuleuse, la condensation plus ou moins floue d'un savoir. Ses éléments sont noués par des rapports associatifs : il est supporté non par une étendue, mais par une épaisseur (encore que cette métaphore reste peut-être trop spatiale) : son mode de présence est mémoriel.

Le rapport qui unit le concept du mythe au sens est essentiellement un rapport de *déformation*. On retrouve ici une certaine analogie formelle avec un système sémiologique complexe comme celui des psychanalyses. De même que pour Freud, le sens latent de la conduite déforme son sens manifeste, de même dans le mythe, le concept déforme le sens. Naturellement, cette déformation n'est possible que parce que la forme du mythe est déjà constituée par un sens linguistique. Dans un système simple comme la langue, le signifié ne peut rien déformer du tout, parce que le signifiant, vide, arbitraire, ne lui offre aucune résistance. Mais ici, tout est différent : le signifiant a en quelque sorte deux faces : une face pleine, qui est le sens (l'histoire du lion, du nègre soldat), et une face vide, qui est la forme *(car, moi, je m'appelle lion ; nègre-soldat-français-saluant-le-drapeau-tricolore)*. Ce que le concept déforme, c'est évidemment la face pleine, le sens : le lion et le nègre sont privés de leur histoire, changés en gestes. Ce que l'exemplarité latine déforme, c'est la dénomination du lion dans toute sa contingence ; et ce que l'impérialité française trouble, c'est aussi un langage premier, un discours factuel qui me racontait le salut d'un nègre en uniforme. Mais cette déformation n'est pas une abolition : le lion et le nègre restent là, le concept a besoin d'eux : on les ampute à moitié, on leur enlève la mémoire, non l'existence : ils sont à la fois têtus, silencieusement enracinés, et bavards, parole disponible tout entière au service du concept. Le concept, à la lettre, déforme mais n'abolit pas le sens : un mot rendra compte de cette contradiction : il l'aliène.

C'est qu'il faut toujours se rappeler que le mythe est un système double, il se produit en lui une sorte d'ubiquité : le départ du mythe est constitué par l'arrivée d'un sens. Pour garder une métaphore spatiale dont j'ai déjà souligné le caractère approximatif, je dirai que la signi-fication du mythe est constituée par une sorte de tourniquet incessant qui alterne le sens du signifiant et sa forme, un langage-objet et un méta-langage, une conscience purement signifiante et une conscience purement imageante ; cette alternance est en quelque sorte ramassée par le concept qui s'en sert comme d'un signifiant ambigu, à la fois intellectif et imaginaire, arbitraire et naturel.

Je ne veux pas préjuger des implications morales d'un tel mécanisme, mais je ne sortirai pas d'une analyse objective si je fais remarquer que l'ubiquité du signifiant dans le mythe reproduit très exactement la physique de *l'alibi* (on sait que ce mot est un terme spatial) : dans l'alibi aussi, il y a un lieu plein et un lieu vide, noués par un rapport d'identité négative (« je ne suis pas où vous croyez que je suis ; je suis où vous croyez que je ne suis pas »). Mais l'alibi ordinaire (policier, par exemple) a un terme, le réel l'arrête, à un certain moment, de tourner. Le mythe est une *valeur*, il n'a pas la vérité pour sanction : rien ne l'empêche d'être un alibi perpétuel : il lui suffit que son signifiant ait deux faces pour disposer toujours d'un ailleurs : le sens est toujours là pour *présenter* la forme ; la forme est toujours là pour *distancer* le sens. Et il n'y a jamais contradiction, conflit, éclatement entre le sens et la forme : ils ne se trouvent jamais dans le même point. De la même façon, si je suis en auto et que je regarde le paysage à travers la vitre, je puis accommoder à volonté sur le paysage ou sur la vitre : tantôt je saisirai la présence de la vitre et la distance du paysage ; tantôt au contraire la transparence de la vitre et la profondeur du paysage ; mais le résultat de cette alternance sera constant : la vitre me sera à la fois présente et vide, le paysage me sera à la fois irréel et plein. De même dans le signifiant mythique : la forme y est vide mais présente, le sens y est absent et pourtant plein. Je ne pourrai m'étonner de cette contradiction, que si je suspends volontairement ce tourniquet de forme et de sens, si j'accommode sur chacun d'eux comme sur un objet distinct de l'autre, et si j'applique au mythe un procédé statique de déchiffrement, bref si je contrarie sa dynamique propre : en un mot, si je passe de l'état de lecteur du mythe à celui de mythologue.

Et c'est encore cette duplicité du signifiant qui va déterminer les caractères de la signification. Nous savons désormais que le mythe est une parole définie par son intention (*je suis un exemple de grammaire*) beaucoup plus que par sa lettre (*je m'appelle lion*) ; et que pourtant l'intention y est en quelque sorte figée, purifiée, éternisée, *absentée* par la lettre. (*L'Empire français ? mais c'est tout simplement un fait : ce brave nègre qui salue comme un gars de chez nous.*) Cette ambiguïté constitutive de la parole mythique va avoir pour la signification deux conséquences : elle va se présenter à la fois comme une notification et comme un constat.

Le mythe a un caractère impératif, interpellatoire : parti d'un concept historique, surgi directement de la contingence (une classe de latin, l'Empire menacé), c'est *moi* qu'il vient chercher : il est tourné vers moi, je subis sa force intentionnelle, il me somme de recevoir son ambiguïté expansive. Si je me promène par exemple dans le Pays basque espagnol [1], je puis sans doute constater entre les maisons une unité architecturale, un style commun, qui m'engage à reconnaître la maison basque comme un produit ethnique déterminé. Toutefois je ne me sens pas concerné personnellement ni pour ainsi dire attaqué par ce style unitaire : je ne vois que trop qu'il était là avant moi, sans moi ; c'est un produit complexe qui a ses déterminations au niveau d'une très large histoire : il ne m'appelle pas, il ne me provoque pas à le nommer, sauf si je songe à l'insérer dans un vaste tableau de l'habitat rural. Mais si je suis dans la région parisienne et que j'aperçoive au bout de la rue Gambetta ou de la rue Jean-Jaurès un coquet chalet blanc aux tuiles rouges, aux

---

1. Je dis : espagnol, parce qu'en France la promotion petite-bourgeoise a fait fleurir toute une architecture « mythique » du chalet basque.

boiseries brunes, aux pans de toit asymétriques et à la façade
largement clayonnée, il me semble recevoir une invitation
impérieuse, personnelle, à nommer cet objet comme un chalet
basque : bien plus, à y voir l'essence même de la *basquité*. C'est
qu'ici, le concept se manifeste à moi dans toute son appropriation : il vient me chercher pour m'obliger à reconnaître le corps
d'intentions qui l'a motivé, disposé là comme le signal d'une
histoire individuelle, comme une confidence et une complicité :
c'est un appel véritable que m'adressent les propriétaires du
chalet. Et cet appel, pour être plus impératif, a consenti à tous
les appauvrissements : tout ce qui justifiait la maison basque
dans l'ordre de la technologie : la grange, l'escalier extérieur, le
pigeonnier, etc., tout cela est tombé : il n'y a plus qu'un signal
bref, indiscutable. Et l'adhomination est si franche qu'il me
semble que ce chalet vient d'être créé sur-le-champ, *pour moi*,
comme un objet magique surgi dans mon présent sans aucune
trace de l'histoire qui l'a produit.

Car cette parole interpellative est en même temps une parole
figée : au moment de m'atteindre, elle se suspend, tourne sur
elle-même et *rattrape* une généralité : elle se transit, elle se
blanchit, elle s'innocente. L'appropriation du concept se
retrouve tout d'un coup éloignée par la littéralité du sens. Il y a
là une sorte d'*arrêt*, au sens à la fois physique et judiciaire du
terme : l'impérialité française condamne le nègre qui salue à
n'être qu'un signifiant instrumental, le nègre m'interpelle au
nom de l'impérialité française ; mais au même moment, le salut
du nègre s'épaissit, il se vitrifie, il se fige en un considérant
éternel destiné à *fonder* l'impérialité française. A la surface du
langage, quelque chose ne bouge plus : l'usage de la signification est là, tapi derrière le fait, lui communiquant une allure
notificatrice ; mais en même temps, le fait paralyse l'intention,
lui donne comme un malaise d'immobilité : pour l'innocenter, il
la glace. C'est que le mythe est une parole *volée et rendue*. Seulement la parole que l'on rapporte n'est plus tout à fait celle
que l'on a dérobée : en la rapportant, on ne l'a pas exactement
remise à sa place. C'est ce bref larcin, ce moment furtif d'un
truquage, qui constitue l'aspect transi de la parole mythique.

Reste un dernier élément de la signification à examiner : sa motivation. On sait que dans la langue, le signe est arbitraire : rien n'oblige « naturellement » l'image acoustique *arbre* à signifier le concept *arbre* : le signe, ici, est immotivé. Pourtant cet arbitraire a des limites, qui tiennent aux rapports associatifs du mot : la langue peut produire tout un fragment du signe par analogie avec d'autres signes (par exemple, on dit *aimable,* et non *amable,* par analogie avec *aime*). La signification mythique, elle, n'est jamais complètement arbitraire, elle est toujours en partie motivée, contient fatalement une part d'analogie. Pour que l'exemplarité latine rencontre la dénomination du lion, il faut une analogie, qui est l'accord de l'attribut : pour que l'impérialité française saisisse le nègre qui salue, il faut une identité entre le salut du nègre et le salut du soldat français. La motivation est nécessaire à la duplicité même du mythe, le mythe joue sur l'analogie du sens et de la forme : pas de mythe sans forme motivée [1]. Pour saisir la puissance de motivation du mythe, il suffit de réfléchir un peu sur un cas extrême : j'ai devant moi une collection d'objets si désordonnée que je ne puis lui trouver aucun *sens* ; il semblerait qu'ici, privée de sens préalable, la forme ne puisse enraciner nulle part son analogie et que le mythe soit impossible. Mais ce que la forme peut toujours donner à lire, c'est le désordre lui-même : elle peut donner une signification à l'absurde, faire de l'absurde un mythe. C'est ce qui se passe lorsque le sens commun mythifie le surréalisme, par exemple : même l'absence de motiva-tion n'embarrasse pas le mythe ; car cette absence elle-même sera suffisamment objec-

---

1. Du point de vue éthique, ce qu'il y a de gênant dans le mythe, c'est précisément que sa forme est motivée. Car s'il y a une « santé » du langage, c'est l'arbitraire du signe qui la fonde. L'écœurant dans le mythe, c'est le recours à une fausse nature, c'est le *luxe* des formes significatives, comme dans ces objets qui décorent leur utilité d'une apparence naturelle. La volonté d'alourdir la signification de toute la caution de la nature provoque une sorte de nausée : le mythe est trop riche, et ce qu'il a en trop, c'est précisément sa motivation. Cet écœurement est le même que je ressens devant les arts qui ne veulent pas choisir entre la *physis* et *l'anti-physis,* utilisant la première comme idéal et la seconde comme épargne. Ethiquement, il y a une sorte de bassesse à jouer sur les deux tableaux.

tivée pour devenir lisible : et finalement, l'absence de motivation deviendra motivation seconde, le mythe sera rétabli.

La motivation est fatale. Elle n'en est pas moins très frag-
mentaire. D'abord, elle n'est pas « naturelle » : c'est l'histoire
qui fournit à la forme ses analogies. D'autre part, l'analogie
entre le sens et le concept n'est jamais que partielle : la forme
laisse tomber beaucoup d'analogues et n'en retient que
quelques-uns : elle garde le toit incliné, les poutres apparentes
du chalet basque, abandonne l'escalier, la grange, la patine,
etc. Il faut même aller plus loin : une image *totale* exclurait le
mythe, ou du moins l'obligerait à ne saisir en elle que sa totalité : ce dernier cas est celui de la mauvaise peinture,
construite tout entière sur le mythe du « rempli » et du « fini »
(c'est le cas inverse mais symétrique du mythe de l'absurde :
ici la forme mythifie une « absence » ; là, un trop-plein). Mais
en général, le mythe préfère travailler à l'aide d'images
pauvres, incomplètes, où le sens est déjà bien dégraissé, tout
prêt pour une signification : caricatures, pastiches, symboles,
etc. Enfin la motivation est choisie parmi d'autres possibles :
je puis donner à l'impérialité française bien d'autres signifiants que le salut militaire d'un nègre : un général français
décore un Sénégalais manchot, une bonne sœur tend de la
tisane à un bicot alité, un instituteur blanc fait la classe à de
jeunes négrillons attentifs : la presse se charge de démontrer
tous les jours que la réserve des signifiants mythiques est
inépuisable.

Il y a d'ailleurs une comparaison qui rendra bien compte de
la signification mythique : elle n'est ni plus ni moins arbitraire
qu'un idéogramme. Le mythe est un système idéographique
pur, où les formes sont encore motivées par le concept qu'elles
représentent, sans cependant, et de loin, en recouvrir la totalité
représentative. Et de même qu'historiquement l'idéogramme a
quitté peu à peu le concept pour s'associer au son, s'immotivant
ainsi de plus en plus, de même l'usure d'un mythe se reconnaît
à l'arbitraire de sa signification : tout Molière dans une colle-
rette de médecin.

Lecture et déchiffrement du mythe

Comment le mythe est-il reçu? Il faut ici revenir une fois de plus à la duplicité de son signifiant, à la fois sens et forme. Selon que j'accommoderai sur l'un ou sur l'autre ou sur les deux à la fois, je produirai trois types différents de lecture [1].

1° Si j'accommode sur un signifiant vide, je laisse le concept emplir la forme du mythe sans ambiguïté, et je me retrouve devant un système simple, où la signification redevient littérale : le nègre qui salue est un *exemple* de l'impérialité française, il en est le *symbole*. Cette manière d'accommoder est celle, par exemple, du producteur de mythe, du rédacteur de presse qui part d'un concept et lui cherche une forme [2].

2° Si j'accommode sur un signifiant plein, dans lequel je distingue nettement le sens de la forme, et partant la déformation que l'une fait subir à l'autre, je défais la signification du mythe, je le reçois comme une imposture : le nègre qui salue devient l'*alibi* de l'impérialité française. Ce type d'accommodation est celui du mythologue : il déchiffre le mythe, il comprend une déformation.

3° Enfin si j'accommode sur le signifiant du mythe comme sur un tout inextricable de sens et de forme, je reçois une signification ambiguë : je réponds au mécanisme constitutif du mythe, à sa dynamique propre, je deviens le lecteur du mythe : le nègre qui salue n'est plus ni exemple, ni symbole, encore moins alibi : il est la *présence* même de l'impérialité française.

Les deux premières accommodations sont d'ordre statique, analytique; elles détruisent le mythe, soit en affichant son intention, soit en la démasquant : la première est cynique, la

---

1. La liberté de l'accommodation est un problème qui ne relève pas de la sémiologie : elle dépend de la situation concrète du sujet.
2. Nous recevons la dénomination du lion comme un pur exemple de grammaire latine, parce que nous sommes, *en tant que grandes personnes*, dans une position de création à son égard. Je reviendrai plus tard sur la valeur du contexte dans ce schème mythique.

seconde est démystifiante. La troisième accommodation est dynamique, elle consomme le mythe selon les fins mêmes de sa structure : le lecteur vit le mythe à la façon d'une histoire à la fois vraie et irréelle.

Si l'on veut rattacher le schème mythique à une histoire générale, expliquer comment il répond à l'intérêt d'une société définie, bref passer de la sémiologie à l'idéologie, c'est évidemment au niveau de la troisième accommodation qu'il faut se placer : c'est le lecteur de mythes lui-même qui doit en révéler la fonction essentielle. Comment, *aujourd'hui*, reçoit-il le mythe ? S'il le reçoit d'une façon innocente, quel intérêt y a-t-il à le lui proposer ? Et s'il le lit d'une façon réfléchie, comme le mythologue, qu'importe l'alibi présenté ? Si le lecteur de mythe ne voit pas dans le nègre saluant, l'impérialité française, il était inutile de l'en charger ; et s'il la voit, le mythe n'est rien d'autre qu'une proposition politique loyalement énoncée. En un mot, ou bien l'intention du mythe est trop obscure pour être efficace, ou bien elle est trop claire pour être crue. Dans les deux cas, où est l'ambiguïté ?

Ceci n'est qu'une fausse alternative. Le mythe ne cache rien et il n'affiche rien : il déforme ; le mythe n'est ni un mensonge ni un aveu : c'est une inflexion. Placé devant l'alternative dont je parlais à l'instant, le mythe trouve une troisième issue. Menacé de disparaître s'il cède à l'une ou l'autre des deux premières accommodations, il s'en tire par un compromis, il est ce compromis : chargé de « faire passer » un concept intentionnel, le mythe ne rencontre dans le langage que trahison, car le langage ne peut qu'effacer le concept s'il le cache ou le démasquer s'il le dit. L'élaboration d'un *second* système sémiologique va permettre au mythe d'échapper au dilemme : acculé à dévoiler ou à liquider le concept, il va le *naturaliser*.

Nous sommes ici au principe même du mythe ; il transforme l'histoire en nature. On comprend maintenant pourquoi, *aux yeux du consommateur de mythes*, l'intention, l'adhomination du concept peut rester manifeste sans paraître pourtant intéressée : la cause qui fait proférer la parole mythique est parfaitement explicite, mais elle est aussitôt transie dans une nature ; elle

n'est pas lue comme mobile, mais comme raison. Si je lis le
nègre-saluant comme symbole pur et simple de l'impérialité, il
me faut renoncer à la réalité de l'image, elle se discrédite à mes
yeux en devenant instrument. A l'inverse, si je déchiffre le salut
du nègre comme alibi de la colonialité, j'anéantis encore plus
sûrement le mythe sous l'évidence de son mobile. Mais pour le
lecteur de mythe, l'issue est toute différente : tout se passe
comme si l'image provoquait *naturellement* le concept, comme
si le signifiant *fondait* le signifié : le mythe existe à partir du
moment précis où l'impérialité française passe à l'état de
nature : le mythe est une parole *excessivement* justifiée.

Voici un nouvel exemple qui fera comprendre clairement
comment le lecteur de mythe en vient à rationaliser le signifié
par le signifiant. Nous sommes en juillet, je lis en gros titre
dans *France-Soir* : PRIX : PREMIER FLÉCHISSEMENT. LÉGUMES : LA
BAISSE EST AMORCÉE. Etablissons rapidement le schème sémiologique : l'exemple est une phrase, le premier système est purement linguistique. Le signifiant du second système est ici
constitué par un certain nombre d'accidents lexicaux (les mots :
premier, amorcé, la [baisse]), ou typographiques : d'énormes
lettres en manchette, là où le lecteur reçoit ordinairement les
nouvelles capitales du monde. Le signifié ou concept, c'est ce
qu'il faut bien appeler d'un néologisme barbare mais inévitable : la *gouvernementalité,* le Gouvernement conçu par la
grande presse comme Essence d'efficacité. La signification du
mythe s'ensuit clairement : fruits et légumes baissent *parce que*
le gouvernement l'a décidé. Or il se trouve, cas somme toute
assez rare, que le journal lui-même, soit assurance, soit honnê-
teté, a démonté deux lignes plus bas, le mythe qu'il venait
d'élaborer ; il ajoute (il est vrai, en caractères modestes) : « La
baisse est facilitée par le retour à l'abondance saisonnière. » Cet
exemple est instructif pour deux raisons. D'abord on y voit à
plein le caractère impressif du mythe : ce qu'on attend de lui,
c'est un effet immédiat : peu importe si le mythe est ensuite
démonté, son action est présumée plus forte que les explications
rationnelles qui peuvent un peu plus tard le démentir. Ceci veut
dire que la lecture du mythe s'épuise tout d'un coup. Je jette en

courant un coup d'œil sur le *France-Soir* de mon voisin : je n'y cueille qu'un *sens*, mais j'y lis une signification véritable : je *reçois* la présence de l'action gouvernementale dans la baisse des fruits et des légumes. C'est tout, cela suffit. Une lecture plus appuyée du mythe n'en augmentera nullement ni la puissance ni l'échec : le mythe est à la fois imperfectible et indiscutable : le temps ni le savoir ne lui ajouteront rien, ne lui enlèveront rien. Et puis, la naturalisation du concept, que je viens de donner pour la fonction essentielle du mythe, est ici exemplaire : dans un système premier (exclusivement linguistique), la causalité serait, à la lettre, naturelle : fruits et légumes baissent parce que c'est la saison. Dans le système second (mythique), la causalité est artificielle, fausse, mais elle se glisse en quelque sorte dans les fourgons de la Nature. C'est pour cela que le mythe est vécu comme une parole innocente : non parce que ses intentions sont cachées : si elles étaient cachées, elles ne pourraient être efficaces ; mais parce qu'elles sont naturalisées.

En fait, ce qui permet au lecteur de consommer le mythe innocemment, c'est qu'il ne voit pas en lui un système sémiologique, mais un système inductif : là où il n'y a qu'une équivalence, il voit une sorte de procès causal : le signifiant et le signifié ont, à ses yeux, des rapports de nature. On peut exprimer cette confusion autrement : tout système sémiologique est un système de valeurs ; or le consommateur du mythe prend la signification pour un système de faits : le mythe est lu comme un système factuel alors qu'il n'est qu'un système sémiologique.

Le mythe comme langage volé

Quel est le propre du mythe ? C'est de transformer un sens en forme. Autrement dit, le mythe est toujours un vol de langage. Je vole le nègre qui salue, le chalet blanc et brun, la baisse saisonnière des fruits, non pour en faire des exemples ou des symboles, mais pour naturaliser, à travers eux, l'Empire, mon goût des choses basques, le Gouvernement. Tout langage premier est-il fatalement la proie du mythe ? N'y a-t-il aucun sens qui puisse résister à cette capture dont la forme le menace ? En fait, rien ne peut être à l'abri du mythe, le mythe peut développer son schème second à partir de n'importe quel sens, et, nous l'avons vu, à partir de la privation de sens elle-même. Mais tous les langages ne résistent pas de la même façon.

La langue, qui est le langage le plus fréquemment volé par le mythe, offre une résistance faible. Elle contient elle-même certaines dispositions mythiques, l'ébauche d'un appareil de signes destinés à manifester l'intention qui la fait employer ; c'est ce que l'on pourrait appeler l'*expressivité* de la langue : les modes impératif ou subjonctif, par exemple, sont la forme d'un signifié particulier, différent du sens : le signifié est ici ma volonté ou ma prière. C'est pour cela que certains linguistes ont défini l'indicatif, par exemple, comme un état ou degré zéro, face au subjonctif et à l'impératif. Or, dans le mythe pleinement constitué, le sens n'est jamais au degré zéro, et c'est pour cela que le concept peut le déformer, le naturaliser. Il faut se rappeler encore une fois que la privation de sens n'est nullement un degré zéro : c'est pourquoi le mythe peut très bien s'en saisir, lui donner par exemple la signification de l'absurde, du surréalisme, etc. Au fond, il n'y aurait que le degré zéro qui pourrait résister au mythe.

La langue se prête au mythe d'une autre façon : il est très rare qu'elle impose dès l'abord un sens plein, indéformable. Cela tient à l'abstraction de son concept : le concept d'*arbre* est vague, il se prête à des contingences multiples. Sans doute la langue dispose de tout un appareil appropriatif (*cet arbre*, *l'arbre qui*, etc.). Mais il reste toujours, autour du sens final, une épaisseur virtuelle où flottent d'autres sens possibles : le sens peut presque constamment être *interprété*. On pourrait dire que la langue propose au mythe un sens ajouré. Le mythe peut facilement s'insinuer, se gonfler en lui : c'est un vol par colonisation (par exemple : *la* baisse est amorcée. Mais quelle baisse ? celle

de la saison ou celle du gouvernement ? la signification se fait
ici le parasite de l'article, pourtant défini).

Lorsque le sens est trop plein pour que le mythe puisse l'en-
vahir, il le tourne, le ravit dans son entier. C'est ce qui arrive au
langage mathématique. En soi, c'est un langage indéformable,
qui a pris toutes les précautions possibles contre *l'interprétation* : aucune signification parasite ne peut s'insinuer en lui.
Et c'est pourquoi précisément le mythe va l'emporter en bloc ;
il prendra telle formule mathématique ($E = mc^2$), et fera de ce
sens inaltérable le signifiant pur de la mathématicité. On le voit,
ce que le mythe vole ici, c'est une résistance, une pureté. Le
mythe peut tout atteindre, tout corrompre, et jusqu'au mouvement même qui se refuse à lui ; en sorte que plus le langage-
objet résiste au début, plus sa prostitution finale est grande : qui
résiste totalement, cède ici totalement : Einstein d'un côté,
Paris-Match de l'autre. On peut donner de ce conflit une image
temporelle : le langage mathématique est un langage *achevé,* et
qui tire sa perfection même de cette mort consentie ; le mythe
est au contraire un langage qui ne veut pas mourir : il arrache
aux sens dont il s'alimente une survie insidieuse, dégradée, il
provoque en eux un sursis artificiel dans lequel il s'installe à
l'aise, il en fait des cadavres parlants.

Voici un autre langage qui résiste autant qu'il peut au
mythe : notre langage poétique. La poésie contemporaine [1] est
un système sémiologique régressif. Alors que le mythe vise à une
ultra-signification, à l'amplification d'un système premier, la
poésie au contraire tente de retrouver une infra-signification, un
état présémiologique du langage ; bref, elle s'efforce de retrans-

---

1. La poésie classique, au contraire, serait un système fortement
mythique, puisqu'elle impose au sens un signifié supplémentaire, qui est la
régularité. L'alexandrin, par exemple, vaut à la fois comme sens d'un discours et comme signifiant d'un total nouveau, qui est sa signification poétique. La réussite, quand elle a lieu, tient au degré de fusion apparente des
deux systèmes. On le voit, il ne s'agit nullement d'une harmonie entre le
fond et la forme mais d'une absorption *élégante* d'une forme dans une
autre. J'entends par *élégance* la meilleure économie possible des moyens.
C'est par un abus séculaire que la critique confond le *sens* et le *fond.* La
langue n'est jamais qu'un système de formes, le sens est une forme.

former le signe en sens : son idéal – tendanciel – serait d'atteindre non au sens des mots, mais au sens des choses mêmes [1]. C'est pourquoi elle trouble la langue, accroît autant qu'elle peut l'abstraction du concept et l'arbitraire du signe et distend à la limite du possible la liaison du signifiant et du signifié ; la structure « flottée » du concept est ici exploitée au maximum : c'est, contrairement à la prose, tout le potentiel du signifié que le signe poétique essaye de rendre présent, dans l'espoir d'atteindre enfin à une sorte de qualité transcendante de la chose, à son sens naturel (et non humain). D'où les ambitions essentialistes de la poésie, la conviction qu'elle seule saisit *la chose même,* dans la mesure précisément où elle se veut un antilangage. En somme, de tous les usagers de la parole, les poètes sont les moins formalistes, car eux seuls croient que le sens des mots n'est qu'une forme, dont les réalistes qu'ils sont ne sauraient se contenter. C'est pourquoi notre poésie moderne s'affirme toujours comme un meurtre du langage, une sorte d'analogue spatial, sensible, du silence. La poésie occupe la position inverse du mythe : le mythe est un système sémiologique qui prétend se dépasser en système factuel ; la poésie est un système sémiologique qui prétend se rétracter en système essentiel.

Mais ici encore, comme pour le langage mathématique, c'est la résistance même de la poésie qui en fait une proie idéale pour le mythe : le désordre apparent des signes, face poétique d'un ordre essentiel, est capturé par le mythe, transformé en signifiant vide, qui servira à *signifier* la poésie. Ceci explique le caractère *improbable* de la poésie moderne : en refusant farouchement le mythe, la poésie se livre à lui pieds et poings liés. A l'inverse, la *règle* de la poésie classique constituait un mythe consenti, dont l'arbitraire éclatant formait une certaine perfection, puisque l'équilibre d'un système sémiologique tient à l'arbitraire de ses signes.

---

1. On retrouve ici le *sens,* tel que l'entend Sartre, comme qualité naturelle des choses, située hors d'un système sémiologique (*Saint Genet,* p. 283).

Le consentement volontaire au mythe peut d'ailleurs définir toute notre Littérature traditionnelle : normativement, cette Littérature est un système mythique caractérisé : il y a un sens, celui du discours ; il y a un signifiant, qui est ce même discours comme forme ou écriture ; il y a un signifié, qui est le concept de littérature ; il y a une signification, qui est le discours littéraire. J'ai abordé ce problème dans *Le Degré zéro de l'écriture,* qui n'était, à tout prendre, qu'une mythologie du langage littéraire. J'y définissais l'écriture comme le signifiant du mythe littéraire, c'est-à-dire comme une forme déjà pleine de sens et qui reçoit du concept de Littérature une signification nouvelle [1]. J'ai suggéré que l'histoire, modifiant la conscience de l'écrivain, avait provoqué, il y a une centaine d'années environ, une crise morale du langage littéraire : l'écriture s'est dévoilée comme signifiant, la Littérature comme signification : rejetant la fausse nature du langage littéraire traditionnel, l'écrivain s'est violemment déporté vers une antinature du langage. La subversion de l'écriture a été l'acte radical par lequel un certain nombre d'écrivains ont tenté de nier la littérature comme système mythique. Chacune de ses révoltes a été un meurtre de la Littérature comme signification : toutes ont postulé la réduction du discours littéraire à un système sémiologique simple, ou même, dans le cas de la poésie, à un système présémiologique : c'est une tâche immense, qui demandait des conduites radicales : on sait que certaines ont été jusqu'au sabordage pur et simple du discours, le silence, réel ou transposé, se manifestant comme la seule arme possible contre le pouvoir majeur du mythe : sa récurrence.

---

1. Le *style,* tel du moins que je le définissais, n'est pas une forme, il ne relève pas d'une analyse sémiologique de la Littérature. En fait, le style est une substance sans cesse menacée de formalisation : d'abord, il peut très bien se dégrader en écriture : il y a une écriture-Malraux, et chez Malraux lui-même. Et puis, le style peut très bien devenir un langage particulier : celui dont l'écrivain use pour *lui-même et pour lui seul* : le style est alors une sorte de mythe solipsiste, la langue que l'écrivain *se* parle : on comprend qu'à ce degré de solidification, le style appelle un déchiffrement, une critique profonde. Les travaux de J.-P. Richard sont un exemple de cette nécessaire critique des styles.

Il apparaît donc extrêmement difficile de réduire le mythe de l'intérieur, car ce mouvement même que l'on fait pour s'en dégager, le voilà qui devient à son tour proie du mythe : le mythe peut toujours en dernière instance signifier la résistance qu'on lui oppose. A vrai dire, la meilleure arme contre le mythe, c'est peut-être de le mythifier à son tour, c'est de produire un *mythe artificiel* : et ce mythe reconstitué sera une véritable mythologie. Puisque le mythe vole du langage, pourquoi ne pas voler le mythe ? Il suffira pour cela d'en faire lui-même le point de départ d'une troisième chaîne sémiologique, de poser sa signification comme premier terme d'un second mythe. La Littérature offre quelques grands exemples de ces mythologies artificielles. J'en retiendrai ici le *Bouvard et Pécuchet* de Flaubert. C'est ce que l'on pourrait appeler un mythe expérimental, un mythe au second degré. Bouvard et son ami Pécuchet représentent une certaine bourgeoisie (en conflit d'ailleurs avec d'autres couches bourgeoises) : leurs discours constituent *déjà* une parole mythique : la langue y a bien un sens, mais ce sens est la forme vide d'un signifié conceptuel, qui est ici une sorte d'insatiété technologique ; la rencontre du sens et du concept forme, dans ce premier système mythique, une signification qui est la rhétorique de Bouvard et Pécuchet. C'est ici (je décompose pour les besoins de l'analyse) que Flaubert intervient : à ce premier système mythique, qui est déjà un second système sémiologique, il va superposer une troisième chaîne, dans laquelle le premier maillon sera la signification, ou terme final, du premier mythe : la rhétorique de Bouvard et Pécuchet va devenir la forme du nouveau système ; le concept sera ici produit par Flaubert lui-même, par le regard de Flaubert sur le mythe que s'étaient construit Bouvard et Pécuchet : ce sera leur velléité constitutive, leur inassouvissement, l'alternance panique de leurs apprentissages, bref ce que je voudrais bien pouvoir appeler (mais je sens des foudres à l'horizon) : la bouvard-et-pécuché-ité. Quant à la signification finale, c'est l'œuvre, c'est *Bouvard et Pécuchet* pour nous. Le pouvoir du second mythe, c'est de fonder le premier en naïveté regardée. Flaubert s'est livré à une véritable restauration archéologique d'une parole mythique : c'est le Viollet-le-Duc d'une certaine idéologie bourgeoise. Mais moins naïf que Viollet-le-Duc, il a disposé dans sa reconstitution des ornements supplémentaires qui la démysti-fient ; ces ornements (qui sont la forme du second mythe) sont de l'ordre subjonctif : il y a une équivalence sémiologique entre la restitution subjonctive des discours de Bouvard et Pécuchet, et leur velléitarisme [1].

Le mérite de Flaubert (et de toutes les mythologies artificielles : il y en a de remarquables dans l'œuvre de Sartre), c'est d'avoir donné au problème du réalisme une issue franchement sémiologique. C'est un mérite certes imparfait, car l'idéologie de Flaubert, pour qui le bourgeois n'était qu'une hideur esthétique, n'a rien eu de réaliste. Mais du moins a-t-il évité le péché majeur en littérature, qui est de confondre le réel idéologique et le réel sémiologique. Comme idéologie, le réalisme littéraire ne dépend absolument pas de la langue parlée par l'écrivain. La langue est une forme, elle ne saurait être réaliste ou irréaliste. Tout ce qu'elle peut être, c'est mythique ou non, ou encore, comme dans *Bouvard et Pécuchet,* contre-mythique. Or, il n'y a malheureusement aucune antipathie entre le réalisme et le mythe. On sait combien souvent notre littérature « réaliste » est mythique (ne serait-ce que comme mythe grossier du réalisme), et combien notre littérature « irréaliste » a au moins le mérite de l'être peu. La sagesse serait évidemment de définir le réalisme de l'écrivain comme un problème essentiellement idéologique. Ce n'est certes pas qu'il n'y ait une responsabilité de la forme à l'égard du réel. Mais cette responsabilité ne peut se mesurer qu'en termes sémiologiques. Une forme ne peut se juger (puisque procès il y a) que comme signification, non comme expression. Le langage de l'écrivain n'a pas à charge de *représenter* le réel, mais de le signifier. Ceci devrait imposer à la critique l'obligation d'user de deux méthodes rigoureusement distinctes : il faut traiter le réalisme de l'écrivain ou bien

1. Forme subjonctive, parce que c'est de cette façon que le latin exprimait le « style ou discours indirect », admirable instrument de démystification.

comme une substance idéologique (par exemple : les thèmes marxistes dans l'œuvre de Brecht), ou bien comme une valeur sémiologique (les objets, l'acteur, la musique, les couleurs dans la dramaturgie brechtienne). L'idéal serait évidemment de conjuguer ces deux critiques ; l'erreur constante est de les confondre : l'idéologie a ses méthodes, la sémiologie a les siennes.

La bourgeoisie
comme société anonyme

Le mythe se prête à l'histoire en deux points : par sa forme, qui n'est que relativement motivée ; par son concept, qui est par nature historique. On peut donc imaginer une étude diachronique des mythes, soit qu'on les soumette à une rétrospection (et c'est alors fonder une mythologie historique), soit qu'on suive certains mythes d'hier jusqu'à leur forme d'aujourd'hui (et c'est alors faire de l'histoire prospective). Si je m'en tiens ici à une esquisse synchronique des mythes contemporains, c'est pour une raison objective : notre société est le champ privilégié des significations mythiques. Il faut maintenant dire pourquoi.

Quels que soient les accidents, les compromis, les concessions et les aventures politiques, quels que soient les changements techniques, économiques ou même sociaux que l'histoire nous apporte, notre société est encore une société bourgeoise. Je n'ignore pas que depuis 1789, en France, plusieurs types de bourgeoisie se sont succédé au pouvoir ; mais le statut profond demeure, qui est celui d'un certain régime de propriété, d'un certain ordre, d'une certaine idéologie. Or il se produit dans la dénomination de ce régime, un phénomène remarquable : comme fait économique, la bourgeoisie est *nommée* sans difficulté : le capitalisme se professe [1]. Comme fait politique, elle se

---

1. « Le capitalisme est condamné à enrichir l'ouvrier », nous dit *Match*.

reconnaît mal : il n'y a pas de partis «bourgeois» à la Chambre. Comme fait idéologique, elle disparaît complètement : la bourgeoisie a effacé son nom en passant du réel à sa représentation, de l'homme économique à l'homme mental : elle s'arrange des faits, mais ne compose pas avec les valeurs, elle fait subir à son statut une opération véritable *d'ex-nomination* ; la bourgeoisie se définit comme *la classe sociale qui ne veut pas être nommée.* «Bourgeois», «petit-bourgeois», «capitalisme [1]», «prolétariat [2]», sont les lieux d'une hémorragie incessante : hors d'eux le sens s'écoule, jusqu'à ce que le nom en devienne inutile.

Ce phénomène d'ex-nomination est important, il faut l'examiner un peu en détail. Politiquement, l'hémorragie du nom bourgeois se fait à travers l'idée de *nation.* Ce fut une idée progressive en son temps, qui servit à exclure l'aristocratie ; aujourd'hui, la bourgeoisie se dilue dans la nation, quitte à en rejeter les éléments qu'elle décrète allogènes (les communistes). Ce syncrétisme dirigé permet à la bourgeoisie de recueillir la caution numérique de ses alliés temporaires, toutes les classes intermédiaires, donc «informes». Un usage déjà long n'a pu dépolitiser profondément le mot *nation* ; le substrat politique est là, tout proche, telle circonstance tout d'un coup le manifeste : il y a, à la Chambre, des partis «nationaux», et le syncrétisme nominal affiche ici ce qu'il prétendait cacher : une disparité essentielle. On le voit, le vocabulaire politique de la bourgeoisie postule déjà qu'il y a un universel : en elle, la politique est déjà une représentation, un fragment d'idéologie.

Politiquement, quel que soit l'effort universaliste de son vocabulaire, la bourgeoisie finit par se heurter à un noyau résistant, qui est, par définition, le parti révolutionnaire. Mais le

---

1. Le mot «capitalisme» n'est pas tabou économiquement, il l'est idéologiquement : il ne saurait pénétrer dans le vocabulaire des représentations bourgeoises. Il fallait l'Egypte de Farouk pour qu'un tribunal condamnât nommément un prévenu pour «menées anticapitalistes».

2. La bourgeoisie n'emploie jamais le mot «prolétariat», qui est réputé un mythe de gauche, sauf lorsqu'il y a intérêt à imaginer le prolétariat dévoyé par le parti communiste.

parti ne peut constituer qu'une richesse politique : en société bourgeoise, il n'y a ni culture ni morale prolétarienne, il n'y a pas d'art prolétarien : idéologiquement, tout ce qui n'est pas bourgeois est obligé d'*emprunter* à la bourgeoisie. L'idéologie bourgeoise peut donc emplir tout et sans danger y perdre son nom : personne, ici, ne le lui renverra ; elle peut sans résistance subsumer le théâtre, l'art, l'homme bourgeois sous leurs analogues éternels ; en un mot, elle peut s'ex-nommer sans frein, quand il n'y a plus qu'une seule et même nature humaine : la défection du nom bourgeois est ici totale.

Il y a sans doute des révoltes contre l'idéologie bourgeoise. C'est ce qu'on appelle en général l'avant-garde. Mais ces révoltes sont socialement limitées, elles restent récupérables. D'abord parce qu'elles proviennent d'un fragment même de la bourgeoisie, d'un groupe minoritaire d'artistes, d'intellectuels, sans autre public que la classe même qu'ils contestent, et qui restent tributaires de son argent pour s'exprimer. Et puis, ces révoltes s'inspirent toujours d'une distinc-tion très forte entre le bourgeois éthique et le bourgeois politique : ce que l'avant-garde conteste, c'est le bourgeois en art, en morale, c'est, comme au plus beau temps du romantisme, l'épicier, le philistin ; mais de contestation politique, aucune [1]. Ce que l'avant-garde ne tolère pas dans la bourgeoisie, c'est son langage, non son statut. Ce statut, ce n'est pas forcément qu'elle l'approuve ; mais elle le met entre parenthèses : quelle que soit la violence de la provocation, ce qu'elle assume finalement, c'est l'homme délaissé, ce n'est pas l'homme aliéné ; et l'homme délaissé, c'est encore l'Homme Eternel [2].

1. Il est remarquable que les adversaires éthiques (ou esthétiques) de la bourgeoisie restent pour la plupart indifférents, sinon même attachés à ses déterminations politiques. Inversement, les adversaires politiques de la bourgeoisie négligent de condamner profondément ses représentations : ils vont même souvent jusqu'à les partager. Cette rupture des attaques profite à la bourgeoisie, elle lui permet de brouiller son nom. Or la bourgeoisie ne devrait se comprendre que comme synthèse de ses déterminations et de ses représentations.

2. Il peut y avoir des figures « désordonnées » de l'homme délaissé (Ionesco par exemple). Cela n'enlève rien à la sécurité des Essences.

Cet anonymat de la bourgeoisie s'épaissit encore lorsqu'on passe de la culture bourgeoise proprement dite à ses formes étendues, vulgarisées, utilisées, à ce que l'on pourrait appeler la philosophie publique, celle qui alimente la morale quotidienne, les cérémoniaux civils, les rites profanes, bref les normes non écrites de la vie relationnelle en société bourgeoise. C'est une illusion de réduire la culture dominante à son noyau inventif : il y a aussi une culture bourgeoise de pure consommation. La France tout entière baigne dans cette idéologie anonyme : notre presse, notre cinéma, notre théâtre, notre littérature de grand usage, nos cérémoniaux, notre Justice, notre diplomatie, nos conversations, le temps qu'il fait, le crime que l'on juge, le mariage auquel on s'émeut, la cuisine que l'on rêve, le vête- ment que l'on porte, tout, dans notre vie quotidienne, est tribu- taire de la représentation que la bourgeoisie *se fait et nous fait* des rapports de l'homme et du monde. Ces formes « normali- sées » appellent peu l'attention, à proportion même de leur éten- due ; leur origine peut s'y perdre à l'aise : elles jouissent d'une position intermédiaire : n'étant ni directement politiques, ni directement idéologiques, elles vivent paisiblement entre l'ac- tion des militants et le contentieux des intellectuels ; plus ou moins abandonnées des uns et des autres, elles rejoignent la masse énorme de l'indifférencié, de l'insignifiant, bref de la nature. C'est pourtant par son éthique que la bourgeoisie pénètre la France : pratiquées nationalement, les normes bour- geoises sont vécues comme les lois évidentes d'un ordre natu- rel : plus la classe bourgeoise propage ses représentations, plus elles se naturalisent. Le fait bourgeois s'absorbe dans un uni- vers indistinct, dont l'habitant unique est l'Homme Eternel, ni prolétaire, ni bourgeois.

C'est donc en pénétrant dans les classes intermédiaires que l'idéologie bourgeoise peut perdre le plus sûrement son nom. Les normes petites-bourgeoises sont des résidus de la culture bourgeoise, ce sont des vérités bourgeoises dégradées, appau- vries, commercialisées, légèrement archaïsantes, ou si l'on pré- fère : démodées. L'alliance politique de la bourgeoisie et de la petite-bourgeoisie décide depuis plus d'un siècle de l'histoire de la France : elle a été rarement rompue, et chaque fois sans lendemain (1848, 1871, 1936). Cette alliance s'épaissit avec le temps, elle devient peu à peu symbiose ; des réveils provisoires peuvent se produire, mais l'idéologie commune n'est plus jamais mise en cause : une même pâte « naturelle » recouvre toutes les représentations « nationales » : le grand mariage bourgeois, issu d'un rite de classe (la présentation et la consumption des richesses), ne peut avoir aucun rapport avec le statut économique de la petite-bourgeoisie : mais par la presse, les actualités, la littérature, il devient peu à peu la norme même, sinon vécue, du moins rêvée, du couple petit-bourgeois. La bourgeoisie ne cesse d'absorber dans son idéologie toute une humanité qui n'a point son statut profond, et qui ne peut le vivre que dans l'imaginaire, c'est-à-dire dans une fixation et un appauvrissement de la conscience [1]. En répandant ses représentations à travers tout un catalogue d'images collectives à usage petit-bourgeois, la bourgeoisie consacre l'indifférenciation illusoire des classes sociales : c'est à partir du moment où une dactylo à vingt-cinq mille francs par mois *se reconnaît* dans le grand mariage bourgeois que l'ex-nomination bourgeoise atteint son plein effet.

La défection du nom bourgeois n'est donc pas un phénomène illusoire, accidentel, accessoire, naturel ou insignifiant : il est l'idéologie bourgeoise même, le mouvement par lequel la bourgeoisie transforme la réalité du monde en image du monde, l'Histoire en Nature. Et cette image a ceci de remarquable qu'elle est une image renversée [2]. Le statut de la bourgeoisie est particulier, historique : l'homme qu'elle représente sera universel, éternel ; la classe bourgeoise a édifié justement son pouvoir sur des progrès techniques, scientifiques, sur une transformation illimitée de la nature : l'idéologie bourgeoise restituera une

---

1. La provocation d'un imaginaire collectif est toujours une entreprise inhumaine, non seulement parce que le rêve essentialise la vie en destin, mais aussi parce que le rêve est pauvre et qu'il est la caution d'une absence.
2. « Si les hommes et leurs conditions apparaissent dans toute l'idéologie renversés comme dans une chambre noire, ce phénomène découle de leur processus vital historique… » Marx, *Idéologie allemande*, I, p. 157.

nature inaltérable : les premiers philosophes bourgeois péné-
traient le monde de significations, soumettaient toute chose à
une rationalité, les décrétant destinées à l'homme : l'idéologie
bourgeoise sera scientiste ou intuitive, elle constatera le fait ou
percevra la valeur, mais refusera l'explication : l'ordre du
monde sera suffisant ou ineffable, il ne sera jamais signifiant.
Enfin, l'idée première d'un monde perfectible, mobile, produira
l'image renversée d'une humanité immuable, définie par une
identité infiniment recommencée. Bref, en société bourgeoise
contemporaine, le passage du réel à l'idéologique se définit
comme le passage d'une *anti-physis* à une *pseudo-physis.*

Le mythe est une parole dépolitisée

Et c'est ici que l'on retrouve le mythe. La sémiologie nous a
appris que le mythe a pour charge de fonder une intention historique en nature, une contingence en éternité. Or cette démarche,
c'est celle-là même de l'idéologie bourgeoise. Si notre société
est objectivement le champ privilégié des significations
mythiques, c'est parce que le mythe est formellement l'instrument le mieux approprié au renversement idéologique qui la
définit : à tous les niveaux de la communication humaine, le
mythe opère le renversement de *l'anti-physis* en *pseudo-physis.*

Ce que le monde fournit au mythe c'est un réel historique,
défini, si loin qu'il faille remonter, par la façon dont les
hommes l'ont produit ou utilisé ; et ce que le mythe restitue,
c'est une image *naturelle* de ce réel. Et tout comme l'idéologie
bourgeoise se définit par la défection du nom bourgeois, le
mythe est constitué par la déperdition de la qualité historique
des choses : les choses perdent en lui le souvenir de leur fabrication. Le monde entre dans le langage comme un rapport dialectique d'activités, d'actes humains : il sort du mythe comme
un tableau harmonieux d'essences. Une prestidigitation s'est
opérée, qui a retourné le réel, l'a vidé d'histoire et l'a rempli de
nature, qui a retiré aux choses leur sens humain de façon à leur

faire signifier une insignifiance humaine. La fonction du mythe, c'est d'évacuer le réel : il est, à la lettre, un écoulement incessant, une hémorragie, ou, si l'on préfère, une évaporation, bref une absence sensible.

Il est possible de compléter maintenant la définition sémiologique du mythe en société bourgeoise : *le mythe est une parole dépolitisée.* Il faut naturellement entendre : *politique* au sens profond, comme ensemble des rapports humains dans leur structure réelle, sociale, dans leur pouvoir de fabrication du monde ; il faut surtout donner une valeur active au suffixe *dé* : il représente ici un mouvement opératoire, il actualise sans cesse une défection. Dans le cas du nègre-soldat, par exemple, ce qui est évacué, ce n'est certes pas l'impérialité française (bien au contraire, c'est elle qu'il faut rendre présente) ; c'est la qualité contingente, historique, en un mot : *fabriquée,* du colonialisme. Le mythe ne nie pas les choses, sa fonction est au contraire d'en parler ; simplement, il les purifie, les innocente, les fonde en nature et en éternité, il leur donne une clarté qui n'est pas celle de l'explication, mais celle du constat : si je *constate* l'impérialité française sans l'expliquer, il s'en faut de bien peu que je ne la trouve naturelle, *allant de soi* : me voici rassuré. En passant de l'histoire à la nature, le mythe fait une économie : il abolit la complexité des actes humains, leur donne la simplicité des essences, il supprime toute dialectique, toute remontée au-delà du visible immédiat, il organise un monde sans contradictions parce que sans profondeur, un monde étalé dans l'évidence, il fonde une clarté heureuse ; les choses ont l'air de signifier toutes seules [1].

Mais quoi, le mythe est-il toujours une parole dépolitisée ? Autrement dit, le réel est-il toujours politique ? Suffit-il de parler d'une chose naturellement pour qu'elle devienne mythique ? On pourrait répondre avec Marx que l'objet le plus naturel contient, si faible, si dissipée soit-elle, une trace politique, la

---

1. Au principe de plaisir de l'homme freudien, on pourrait ajouter le principe de clarté de l'humanité mythologique. C'est là toute l'ambiguïté du mythe : sa clarté est euphorique.

présence plus ou moins mémorable de l'acte humain qui l'a produit, aménagé, utilisé, soumis ou rejeté[1]. Cette trace, le langage-objet, qui parle *les* choses, peut la manifester facilement, le méta-langage, qui parle *des* choses, beaucoup moins. Or le mythe est toujours du méta-langage : la dépolitisation qu'il opère intervient souvent sur un fond déjà naturalisé, dépolitisé par un méta-langage général, dressé à *chanter* les choses, et non plus à les *agir* : il va de soi que la force nécessaire au mythe pour déformer son objet sera bien moindre dans le cas d'un arbre que dans celui d'un Soudanais : ici, la charge politique est toute proche, il faut une grande quantité de nature artificielle pour l'évaporer ; là, elle est lointaine, purifiée par toute une épaisseur séculaire de méta-langage. Il y a donc des mythes forts et des mythes faibles ; dans les premiers, le quantum politique est immédiat, la dépolitisation est abrupte, dans les seconds, la qualité politique de l'objet est *passée,* comme une couleur, mais un rien peut la revigorer brutalement : quoi de plus *naturel* que la mer ? et quoi de plus « politique » que la mer chantée par les cinéastes de *Continent perdu*[2] ?

En fait, le méta-langage forme pour le mythe une sorte de réserve. Les hommes ne sont pas avec le mythe dans un rapport de vérité, mais d'usage : ils dépolitisent selon leurs besoins ; il y a des objets mythiques laissés en sommeil pour un temps ; ce ne sont alors que de vagues schèmes mythiques, dont la charge politique paraît presque indifférente. Mais c'est là, uniquement, une opportunité de situation, non une différence de structure. C'est le cas de notre exemple de grammaire latine. Il faut remarquer qu'ici la parole mythique agit sur une matière déjà transformée depuis longtemps : la phrase d'Esope appartient à la littérature, elle est, au départ même, mythifiée (donc innocentée) par la fiction. Mais il suffit de replacer un instant le terme initial de la chaîne dans sa nature de langage-objet, pour mesurer l'évacuation du réel opérée par le mythe : qu'on imagine les sentiments d'une société *réelle* d'animaux transformée

1. V. Marx et l'exemple du Cerisier. *Idéologie allemande*, I, p. 161.
2. Voir p. 663.

en exemple de grammaire, en nature attributive ! Pour juger la
charge politique d'un objet et le creux mythique qui l'épouse,
ce n'est jamais du point de vue de la signification qu'il faut se
placer, c'est du point de vue du signifiant, c'est-à-dire de la
chose dérobée et dans le signifiant, du langage-objet, c'est-à-
dire du sens : nul doute que si l'on consultait un lion *réel,* il
affirmerait que l'exemple de grammaire est un état *fortement*
dépolitisé, il revendiquerait comme pleinement *politique,* la
jurisprudence qui lui fait s'attribuer une proie parce qu'il est le
plus fort, à moins que nous n'ayons affaire à un lion bourgeois
qui ne manquerait pas de mythifier sa force en lui donnant la
forme d'un devoir.

On voit bien qu'ici l'insignifiance politique du mythe tient à
sa situation. Le mythe, nous le savons, est une valeur : il suffit
de modifier ses entours, le système général (et précaire) dans
lequel il prend place, pour régler au plus près sa portée. Le
champ du mythe est ici réduit à une classe de cinquième d'un
lycée français. Mais je suppose qu'un enfant *captivé* par l'histoire du lion, de la génisse et de la vache et retrouvant par la vie
imaginaire la réalité même de ces animaux, apprécierait avec
beaucoup moins de désinvolture que nous l'évanouissement de
ce lion transformé en attribut. En fait, si nous jugeons ce mythe
politiquement insignifiant, c'est tout simplement qu'il n'est pas
fait pour nous.

Le mythe, à gauche

Si le mythe est une parole dé-politisée, il y a au moins une
parole qui s'oppose au mythe, c'est la parole qui *reste* politique.
Il faut ici revenir à la distinction entre langage-objet et méta-
langage. Si je suis un bûcheron et que j'en vienne à nommer
l'arbre que j'abats, quelle que soit la forme de ma phrase, je
parle l'arbre, je ne parle pas *sur* lui. Ceci veut dire que mon
langage est opératoire, lié à son objet d'une façon transitive :
entre l'arbre et moi, il n'y a rien d'autre que mon travail, c'est-

à-dire un acte : c'est là un langage politique ; il me présente la nature dans la mesure seulement où je vais la transformer, c'est un langage par lequel j'*agis* l'objet : l'arbre n'est pas pour moi une image, il est simplement le sens de mon acte. Mais si je ne suis pas bûcheron, je ne puis plus parler l'arbre, je ne puis que parler *de* lui, *sur* lui ; ce n'est plus mon langage qui est l'instrument d'un arbre agi, c'est l'arbre chanté qui devient l'instrument de mon langage ; je n'ai plus avec l'arbre qu'un rapport intransitif ; l'arbre n'est plus le sens du réel comme acte humain, il est une *image-à-disposition* : face au langage réel du bûcheron, je crée un langage second, un méta-langage, dans lequel je vais agir, non les choses, mais leurs noms, et qui est au langage premier ce que le geste est à l'acte. Ce langage second n'est pas tout entier mythique, mais il est le lieu même où s'installe le mythe ; car le mythe ne peut travailler que sur des objets qui ont déjà reçu la médiation d'un premier langage.

Il y a donc un langage qui n'est pas mythique, c'est le langage de l'homme producteur : partout où l'homme parle pour transformer le réel et non plus pour le conserver en image, partout où il lie son langage à la fabrication des choses, le méta-langage est renvoyé à un langage-objet, le mythe est impossible. Voilà pourquoi le langage proprement révolutionnaire ne peut être un langage mythique. La révolution se définit comme un acte cathartique destiné à révéler la charge politique du monde : elle *fait* le monde, et son langage, tout son langage, est absorbé fonctionnellement dans ce faire. C'est parce qu'elle produit une parole *pleinement,* c'est-à-dire initialement et finalement politique, et non comme le mythe, une parole initialement politique et finalement naturelle, que la révolution exclut le mythe. De même que l'ex-nomination bourgeoise définit à la fois l'idéologie bourgeoise et le mythe, de même la nomination révolutionnaire identifie la révolution et la privation de mythe : la bourgeoisie se masque comme bourgeoisie et par là même produit le mythe ; la révolution s'affiche comme révolution et par là même abolit le mythe.

On m'a demandé s'il y avait des mythes « à gauche ». Bien sûr, dans la mesure même où la gauche n'est pas la révolution.

Le mythe de gauche surgit précisément au moment où la révolution se transforme en « gauche », c'est-à-dire accepte de se masquer, de voiler son nom, de produire un méta-langage innocent et de se déformer en « Nature ». Cette ex-nomination révolutionnaire peut être tactique ou non, ce n'est pas le lieu ici d'en discuter. En tout cas elle est tôt ou tard sentie comme un procédé contraire à la révolution, et c'est toujours plus ou moins par rapport au mythe que l'histoire révolutionnaire définit ses « déviationnismes ». Un jour est venu, par exemple, où c'est le socialisme lui-même qui a défini le mythe stalinien. Staline comme objet parlé a présenté pendant des années, à l'état pur, les caractères constitutifs de la parole mythique : un sens, qui était le Staline réel, celui de l'histoire ; un signifiant, qui était l'invocation rituelle à Staline, le caractère *fatal* des épithètes de nature dont on entourait son nom ; un signifié, qui était l'intention d'orthodoxie, de discipline, d'unité, *appropriée* par les partis communistes à une situation définie ; une signification enfin, qui était un Staline sacralisé, dont les déterminations historiques se retrouvaient fondées en nature, sublimées sous le nom du Génie, c'est-à-dire de l'irrationnel et de l'inexprimable : ici, la dépolitisation est évidente, elle dénonce à plein le mythe [1].

Oui, le mythe existe à gauche, mais il n'y a pas du tout les mêmes qualités que le mythe bourgeois. *Le mythe de gauche est inessentiel.* D'abord les objets qu'il saisit sont rares, ce ne sont que quelques notions politiques, sauf à recourir lui-même à tout l'arsenal des mythes bourgeois. Jamais le mythe de gauche n'atteint le champ immense des relations humaines, la très vaste surface de l'idéologie « insignifiante ». La vie quotidienne lui est inaccessible : il n'y a pas, en société bourgeoise, de mythe « de gauche » concernant le mariage, la cuisine, la maison, le théâtre, la justice, la morale, etc. Et puis, c'est un mythe accidentel, son usage ne fait pas partie d'une stratégie, comme c'est

1. Il est remarquable que le khrouchtchevisme se soit donné non comme un changement politique, mais essentiellement et uniquement comme une *conversion de langage.* Conversion d'ailleurs incomplète, car Khrouchtchev a dévalorisé Staline, il ne l'a pas expliqué : il ne l'a pas re-politisé.

le cas du mythe bourgeois, mais seulement d'une tactique, ou, au pire, d'une déviation ; s'il se produit, c'est un mythe approprié à une commodité, non à une nécessité.

Enfin et surtout, c'est un mythe pauvre, essentiellement pauvre. Il ne sait proliférer ; produit sur commande et dans une vue temporelle limitée, il s'invente mal. Un pouvoir majeur lui manque, celui de la fabulation. Quoi qu'il fasse, il reste en lui quelque chose de raide et de littéral un relent de mot d'ordre : comme on dit expressivement, il reste sec. Quoi de plus maigre, en fait, que le mythe stalinien ? Aucune invention, ici, une appropriation malhabile : le signifiant du mythe (cette forme dont nous savons l'infinie richesse dans le mythe bourgeois) n'est nullement varié : il se réduit à la litanie.

Cette imperfection, si j'ose dire, tient à la nature de la « gauche » : quelle que soit l'indétermination de ce terme, la gauche se définit toujours par rapport à l'opprimé, prolétaire ou colonisé [1]. Or, la parole de l'opprimé ne peut être que pauvre, monotone, immédiate : son dénuement est la mesure même de son langage : il n'en a qu'un, toujours le même, celui de ses actes ; le méta-langage est un luxe, il ne peut encore y accéder. La parole de l'opprimé est réelle, comme celle du bûcheron, c'est une parole transitive : elle est quasi impuissante à mentir ; le mensonge est une richesse, il suppose un avoir, des vérités, des formes de rechange. Cette pauvreté essentielle produit des mythes rares, maigres : ou fugitifs, ou lourdement indiscrets ; ils affichent en eux leur nature de mythe, désignent leur masque du doigt ; et ce masque est à peine celui d'une pseudo-physis : cette physis-là est encore une richesse, l'opprimé ne peut que l'emprunter ; il est impuissant à vider le sens réel des choses, à leur donner le luxe d'une forme vide, ouverte à l'innocence d'une fausse Nature. On peut dire qu'en un sens, le mythe de gauche est toujours un mythe artificiel, un mythe reconstitué : d'où sa maladresse.

---

1. C'est aujourd'hui le colonisé qui assume pleinement la condition éthique et politique décrite par Marx comme condition du prolétaire.

Le mythe, à droite

Statistiquement, le mythe est à droite. Là, il est essentiel : bien nourri, luisant, expansif, bavard, il s'invente sans cesse. Il saisit tout : les justices, les morales, les esthétiques, les diplomaties, les arts ménagers, la Littérature, les spectacles. Son expansion a la mesure même de l'ex-nomination bourgeoise. La bourgeoisie veut conserver l'être sans le paraître : c'est donc la négativité même du paraître bourgeois, infinie comme toute négativité, qui sollicite infiniment le mythe. L'opprimé n'est rien, il n'a en lui qu'une parole, celle de son émancipation ; l'oppresseur est tout, sa parole est riche, multiforme, souple, disposant de tous les degrés possibles de dignité : il a l'exclusivité du méta-langage. L'opprimé *fait* le monde, il n'a qu'un langage actif, transitif (politique) ; l'oppresseur le conserve, sa parole est plénière, intransitive, gestuelle, théâtrale : c'est le Mythe ; le langage de l'un vise à transformer, le langage de l'autre vise à éterniser.

Cette plénitude des mythes de l'Ordre (c'est ainsi que la bourgeoisie se nomme elle-même) comporte-t-elle des différences intérieures ? Y a-t-il, par exemple, des mythes bourgeois et des mythes petits-bourgeois ? Il ne peut y avoir de différences fondamentales, car quel que soit le public qui le consomme, le mythe postule l'immobilité de la Nature. Mais il peut y avoir des degrés d'accomplissement ou d'expansion : certains mythes mûrissent mieux dans certaines zones sociales ; pour le mythe aussi, il y a des microclimats.

Le mythe de l'Enfance-Poète, par exemple, est un mythe bourgeois *avancé* : il sort à peine de la culture inventive (Cocteau par exemple) et ne fait qu'aborder sa culture consommée (*l'Express*) : une part de la bourgeoisie peut encore le trouver trop inventé, trop peu mythique pour se reconnaître le droit de le consacrer (toute une partie de la critique bourgeoise ne travaille qu'avec des matériaux dûment mythiques) : c'est un mythe qui n'est pas encore bien rodé, il ne contient pas encore assez de *nature* : pour faire de l'Enfant-Poète l'élément d'une cosmogonie, il faut renoncer au prodige (Mozart, Rimbaud, etc.), et accepter des normes nouvelles, celles de la psychopédagogie, du freudisme, etc. : c'est un mythe encore vert.

Chaque mythe peut ainsi comporter son histoire et sa géographie : l'une est d'ailleurs le signe de l'autre ; un mythe mûrit parce qu'il s'étend. Je n'ai pu faire aucune étude véritable sur la géographie sociale des mythes. Mais il est très possible de tracer ce que les linguistes appelleraient les isoglosses d'un mythe, les lignes qui définissent le lieu social où il est parlé. Comme ce lieu est mouvant, il vaudrait mieux parler des ondes d'implantation du mythe. Le mythe Minou Drouet a ainsi connu au moins trois ondes amplifiantes : 1° *l'Express ;* 2° *Paris-Match, Elle ;* 3° *France-Soir.* Certains mythes oscillent : passeront-ils dans la grande presse, chez le rentier de banlieue, dans les salons de coiffure, dans le métro ? La géographie sociale des mythes restera difficile à établir tant qu'il nous manquera une sociologie analytique de la presse [1]. Mais on peut dire que sa place existe déjà.

Faute de pouvoir encore établir les formes dialectales du mythe bourgeois, on peut toujours esquisser ses formes rhétoriques. Il faut entendre ici par rhétorique un ensemble de figures fixes, réglées, insistantes, dans lesquelles viennent se ranger les formes variées du signifiant mythique. Ces figures sont transparentes, en ceci qu'elles ne troublent pas la plasticité du signifiant ; mais elles sont déjà suffisamment conceptualisées pour s'adapter à une représentation historique du monde (tout comme la rhétorique classique peut rendre compte d'une représentation de type aristotélicien). C'est par leur rhétorique que

---

1. Les tirages des journaux sont des données insuffisantes. Les autres renseignements sont accidentels. *Paris-Match* a donné – fait significatif, à des fins de publicité – la composition de son public en termes de niveau de vie (*Le Figaro,* 12 juillet 1955) : sur 100 acheteurs, à la ville, 53 ont une automobile, 49 ont une salle de bains, etc., alors que le niveau de vie moyen du Français s'établit ainsi : automobile : 22 %, salle de bains : 13 %. Que le pouvoir d'achat du lecteur de *Match* soit élevé, la mythologie de cette publication permettait de le prévoir.

les mythes bourgeois dessinent la perspective générale de cette pseudo-physis, qui définit le rêve du monde bourgeois contemporain. En voici les principales figures :

1° *La vaccine.* J'ai déjà donné des exemples de cette figure très générale, qui consiste à confesser le mal accidentel d'une institution de classe pour mieux en masquer le mal principiel. On immunise l'imaginaire collectif par une petite inoculation de mal reconnu ; on le défend ainsi contre le risque d'une subversion généralisée. Ce traitement *libéral* n'eût pas été possible, il y a seulement cent ans ; à ce moment-là, le bien bourgeois ne composait pas, il était tout raide ; il s'est beaucoup assoupli depuis : la bourgeoisie n'hésite plus à reconnaître quelques subversions localisées : l'avant-garde, l'irrationnel enfantin, etc. ; elle vit désormais dans une économie de compensation : comme dans toute société anonyme bien faite, les petites parts compensent juridiquement (mais non réellement) les grosses parts.

2° *La privation d'Histoire.* Le mythe prive l'objet dont il parle de toute Histoire [1]. En lui, l'histoire s'évapore ; c'est une sorte de domestique idéale : elle apprête, apporte, dispose, le maître arrive, elle disparaît silencieusement : il n'y a plus qu'à jouir sans se demander d'où vient ce bel objet. Ou mieux : il ne peut venir que de l'éternité : de tout temps il était fait pour l'homme bourgeois, de tout temps, l'Espagne du *Guide bleu* était faite pour le touriste, de tout temps, les « primitifs » ont préparé leurs danses en vue d'une réjouissance exotique. On voit tout ce que cette figure heureuse fait disparaître de gênant : à la fois le déterminisme et la liberté. Rien n'est produit, rien n'est choisi : il n'y a plus qu'à posséder ces objets neufs, dont on a fait disparaître toute trace salissante d'origine ou de choix. Cette évaporation miraculeuse de l'histoire est une autre forme d'un concept commun à la plupart des mythes bourgeois, l'irresponsabilité de l'homme.

3° *L'identification.* Le petit-bourgeois est un homme impuis-

---

1. Marx : « ... nous devons nous occuper de cette histoire, puisque l'idéologie se réduit, soit à une conception erronée de cette histoire, *soit à une abstraction complète de cette histoire.* » *Idéologie allemande,* I, p. 153.

sant à imaginer l'Autre [1]. Si l'autre se présente à sa vue, le petit-bourgeois s'aveugle, l'ignore et le nie, ou bien il le transforme en lui-même. Dans l'univers petit-bourgeois, tous les faits de confrontation sont des faits réverbérants, tout autre est réduit au même. Les spectacles, les tribunaux, lieux où risque de s'exposer l'autre, deviennent miroir. C'est que l'autre est un scandale qui attente à l'essence. Dominici, Gérard Dupriez ne peuvent accéder à l'existence sociale que s'ils sont préalablement réduits à l'état de petits simulacres du président des assises, du procureur général : c'est le prix qu'il faut mettre pour les condamner en toute justice, puisque la Justice est une opération de balance, et que la balance ne peut peser que le même et le même. Il y a dans toute conscience petite-bourgeoise de petits simulacres du voyou, du parricide, du pédéraste, etc., que périodiquement le corps judiciaire extrait de sa cervelle, pose sur le banc d'accusé, gourmande et condamne : on ne juge jamais que des analogues *dévoyés* : question de route, non de nature, car *l'homme est ainsi fait*. Parfois – rarement – l'Autre se dévoile irréductible : non par un scrupule soudain, mais parce que le *bon sens* s'y oppose : tel n'a pas la peau blanche, mais noire, tel autre boit du jus de poire et non du *Pernod*. Comment assimiler le Nègre, le Russe ? Il y a ici une figure de secours : l'exotisme. L'Autre devient pur objet, spectacle, guignol : relégué aux confins de l'humanité, il n'attente plus à la sécurité du chez-soi. Ceci est surtout une figure petite-bourgeoise. Car, même s'il ne peut vivre l'Autre, le bourgeois peut du moins en imaginer la place : c'est ce qu'on appelle le libéralisme, qui est une sorte d'économie intellectuelle des places reconnues. La petite-bourgeoisie n'est pas libérale (elle produit le fascisme, alors que la bourgeoisie l'utilise) : elle fait en retard l'itinéraire bourgeois.

4° *La tautologie.* Oui, je sais, le mot n'est pas beau. Mais la chose est fort laide aussi. La tautologie est ce procédé verbal

---

1. Marx : « ... ce qui en fait des représentants de la petite bourgeoisie, c'est que leur esprit, leur conscience ne dépassent pas les limites que cette classe se trace à ses activités » *(18 Brumaire)*. Et Gorki : le petit-bourgeois, c'est l'homme qui s'est préféré.

qui consiste à définir le même par le même *(« Le théâtre, c'est le théâtre »)*. On peut voir en elle l'une de ces conduites magiques dont Sartre s'est occupé dans son *Esquisse d'une théorie des émotions* : on se réfugie dans la tautologie comme dans la peur, ou la colère, ou la tristesse, quand on est à court d'explication ; la carence accidentelle du langage s'identifie magiquement avec ce que l'on décide d'être une résistance naturelle de l'objet. Il y a dans la tautologie un double meurtre : on tue le rationnel parce qu'il vous résiste ; on tue le langage parce qu'il vous trahit. La tautologie est un évanouissement à point venu, une aphasie salutaire, elle est une mort, ou si l'on veut une comédie, la « représentation » indignée des *droits* du réel contre le langage. Magique, elle ne peut, bien entendu, que s'abriter derrière un argument d'autorité : ainsi les parents à bout répondent-ils à l'enfant quémandeur d'explications : « c'est comme ça, parce que c'est comme ça », ou mieux encore : « parce que, un point, c'est tout » : acte de magie honteuse, qui fait le mouvement verbal du rationnel mais l'abandonne aussitôt, et croit en être quitte avec la causalité parce qu'elle en a proféré le mot introducteur. La tautologie atteste une profonde méfiance à l'égard du langage : on le rejette parce qu'il vous manque. Or tout refus du langage est une mort. La tautologie fonde un monde mort, un monde immobile.

5° *Le ninisme.* J'appelle ainsi cette figure mythologique qui consiste à poser deux contraires et à balancer l'un par l'autre de façon à les rejeter tous deux. (Je ne veux *ni* de ceci, *ni* de cela.) C'est plutôt une figure de mythe bourgeois, car elle ressortit à une forme moderne de libéralisme. On retrouve ici la figure de la balance : le réel est d'abord réduit à des analogues ; ensuite on le pèse ; enfin, l'égalité constatée, on s'en débarrasse. Il y a ici aussi une conduite magique : on renvoie dos à dos ce qu'il était gênant de choisir ; on fuit le réel intolérable en le réduisant à deux contraires qui s'équilibrent dans la mesure seulement où ils sont formels, allégés de leur poids spécifique. Le ninisme peut avoir des formes dégradées : en astrologie, par exemple, les maux sont suivis de biens égaux ; ils sont toujours prudemment prédits dans une perspective de compensation : un équilibre terminal immobilise les valeurs, la vie, le destin, etc. il n'y a plus à choisir, il faut endosser.

6° *La quantification de la qualité.* C'est là une figure qui rôde à travers toutes les figures précédentes. En réduisant toute qualité à une quantité, le mythe fait une économie d'intelligence : il comprend le réel à meilleur marché. J'ai donné plusieurs exemples de ce mécanisme, que la mythologie bourgeoise – et surtout petite-bourgeoise – n'hésite pas à appliquer aux faits esthétiques qu'elle proclame d'un autre côté participer d'une essence immatérielle. Le théâtre bourgeois est un bon exemple de cette contradiction : d'une part, le théâtre est donné comme une essence irréductible à tout langage et qui se découvre seulement au cœur, à l'intuition ; il reçoit de cette qualité une dignité ombrageuse (il est interdit comme crime de « lèse-essence » de parler du théâtre *scientifiquement* : ou plutôt, toute façon intellectuelle de poser le théâtre sera discréditée sous le nom de scientisme, de langage pédant) ; d'autre part, l'art dramatique bourgeois repose sur une pure quantification des effets : tout un circuit d'apparences computables établit une égalité quantitative entre l'argent du billet et les pleurs du comédien, le luxe d'un décor : ce qu'on appelle, par exemple, chez nous, le « naturel » de l'acteur est avant tout une quantité bien visible d'effets.

7° *Le constat.* Le mythe tend au proverbe. L'idéologie bourgeoise investit ici ses intérêts essentiels : l'universalisme, le refus d'explication, une hiérarchie inaltérable du monde. Mais il faut distinguer de nouveau le langage-objet du méta-langage. Le proverbe populaire, ancestral, participe encore d'une saisie instrumentale du monde comme objet. Un constat rural, tel que « il fait beau », garde une liaison réelle avec l'utilité du beau temps ; c'est un constat implicitement technologique ; le mot, ici, en dépit de sa forme générale, abstraite, prépare des actes, il s'insère dans une économie de fabrication : le rural ne parle pas *sur* le beau temps, il l'agit, l'attire dans son travail. Tous nos proverbes populaires représentent de cette façon une parole active qui s'est peu à peu solidifiée en parole réflexive, mais d'une réflexion écourtée, réduite à un constat, et timide en quelque sorte, prudente, attachée au plus près à l'empirisme. Le proverbe populaire prévoit beaucoup plus qu'il n'affirme, il reste la parole d'une humanité qui se fait, non qui est. L'aphorisme bourgeois, lui, appartient au méta-langage, c'est un langage second qui s'exerce sur des objets déjà préparés. Sa forme classique est la maxime. Ici, le constat n'est plus dirigé vers un monde à faire ; il doit couvrir un monde déjà fait, enfouir les traces de cette production sous une évidence éternelle : c'est une contre-explication, l'équivalent noble de la tautologie, de ce *parce que* impératif que les parents en mal de savoir suspendent au-dessus de la tête de leurs enfants. Le fondement du constat bourgeois, c'est le *bon sens,* c'est-à-dire une vérité qui s'arrête sur l'ordre arbitraire de celui qui la parle.

J'ai donné ces figures de rhétorique sans ordre, et il peut y en avoir bien d'autres : certaines peuvent s'user, d'autres peuvent naître. Mais telles qu'elles sont, on voit bien qu'elles se rassemblent en deux grands compartiments, qui sont comme les signes zodiacaux de l'univers bourgeois : les Essences et les Balances. L'idéologie bourgeoise transforme continûment les produits de l'histoire en types essentiels ; comme la seiche jette son encre pour se protéger, elle n'a de cesse d'aveugler la fabrication perpétuelle du monde, de le fixer en objet de possession infinie, d'inventorier son avoir, de l'embaumer, d'injecter dans le réel quelque essence purifiante qui arrêtera sa transformation, sa fuite vers d'autres formes d'existence. Et cet avoir, ainsi fixé et figé, deviendra enfin computable : la morale bourgeoise sera essentiellement une opération de pesée : les essences seront placées dans des balances dont l'homme bourgeois restera le fléau immobile. Car la fin même des mythes, c'est d'immobiliser le monde : il faut que les mythes suggèrent et miment une économie universelle qui a fixé une fois pour toutes la hiérarchie des possessions. Ainsi, chaque jour et partout, l'homme est arrêté par les mythes, renvoyé par eux à ce prototype immobile qui vit à sa place, l'étouffe à la façon d'un immense parasite interne et trace à son activité les limites étroites où il lui est permis de souffrir sans bouger le monde : la pseudo-*physis* bourgeoise est pleinement

une interdiction à l'homme de s'inventer. Les mythes ne sont rien
d'autre que cette sollicitation incessante, infatigable, cette exigence insidieuse et inflexible, qui veut que tous les hommes se
reconnaissent dans cette image éternelle et pourtant datée qu'on a
construite d'eux un jour comme si ce dût être pour tous les
temps. Car la Nature dans laquelle on les enferme sous prétexte
de les éterniser, n'est qu'un Usage. Et c'est cet Usage, si grand
soit-il, qu'il leur faut prendre en main et transformer.

Nécessité et limites de la mythologie

Il me faut dire, pour terminer, quelques mots du mythologue
lui-même. Ce terme est bien pompeux, bien confiant. On peut
pourtant prédire au mythologue, si un jour il s'en trouve un,
quelques difficultés, sinon de méthode, du moins de sentiment.
Sans doute, il n'aura aucune peine à se sentir justifié : quels que
soient ses errements, il est certain que la mythologie participe à
un faire du monde : tenant pour constant que l'homme de la
société bourgeoise est à chaque instant plongé dans une fausse
Nature, elle tente de retrouver sous les innocences de la vie
relationnelle la plus naïve, l'aliénation profonde que ces innocences ont à charge de faire passer. Le dévoilement qu'elle
opère est donc un acte politique : fondée sur une idée responsable du langage, elle en postule par là même la liberté. Il est
sûr qu'en ce sens la mythologie est un *accord* au monde, non tel
qu'il est, mais tel qu'il veut se faire (Brecht avait pour cela un
mot efficacement ambigu : c'était l'*Einverstandnis,* à la fois
intelligence du réel et complicité avec lui).

Cet accord de la mythologie justifie le mythologue, il ne le
comble pas : son statut profond reste encore un statut d'exclusion. Justifié par le politique, le mythologue en est pourtant
éloigné. Sa parole est un méta-langage, elle n'agit rien ; tout au
plus dévoile-t-elle, et encore, pour qui ? Sa tâche reste toujours
ambiguë, embarrassée de son origine éthique. Il ne peut vivre
l'action révolutionnaire que par procuration : d'où le caractère

emprunté de sa fonction, ce quelque chose d'un peu raide et d'un peu appliqué, de brouillon et d'excessivement simplifié qui marque toute conduite intellectuelle fondée ouvertement en politique (les littératures « dégagées » sont infiniment plus « élégantes » ; elles sont à leur place dans le méta-langage).

Et puis le mythologue s'exclut de tous les consommateurs de mythe, et ce n'est pas rien. Passe encore pour tel public particulier[1]. Mais lorsque le mythe atteint la collectivité entière, si l'on veut libérer le mythe, c'est la communauté entière dont il faut s'éloigner. Tout mythe un peu général est effectivement ambigu, parce qu'il représente l'humanité même de ceux qui, n'ayant rien, l'ont emprunté. Déchiffrer le Tour de France, le bon Vin de France, c'est s'abstraire de ceux qui s'en distraient, de ceux qui s'en réchauffent. Le mythologue est condamné à vivre une socialité théorique ; pour lui, être social, c'est, dans le meilleur des cas, être vrai : sa plus grande socialité réside dans sa plus grande moralité. Sa liaison au monde est d'ordre sarcastique.

Il faut même aller plus loin : en un sens, le mythologue est exclu de l'histoire au nom même de qui il prétend agir. La destruction qu'il porte dans le langage collectif est pour lui absolue, elle emplit à ras bord sa tâche : il doit la vivre sans espoir de retour, sans présupposition de paiement. Il lui est interdit d'imaginer ce que sera sensiblement le monde, lorsque l'objet immédiat de sa critique aura disparu ; l'utopie lui est un luxe impossible : il doute fort que les vérités de demain soient l'envers exact des mensonges d'aujourd'hui. L'histoire n'assure jamais le triomphe pur et simple d'un contraire sur son contraire : elle dévoile, en se faisant, des issues inimaginables, des synthèses imprévisibles. Le mythologue n'est même pas dans une situation moïséenne : il ne voit pas la Terre promise.

---

1. Ce n'est pas seulement du public que l'on se sépare, c'est aussi parfois de l'objet même du mythe. Pour démystifier l'Enfance poétique, par exemple, il m'a fallu en quelque sorte *manquer de confiance* dans l'enfant Minou Drouet. J'ai dû ignorer en elle, sous le mythe énorme dont on l'embarrasse, comme une possibilité tendre, ouverte. Il n'est jamais bon de parler *contre* une petite fille.

Pour lui, la positivité de demain est entièrement cachée par la négativité d'aujourd'hui ; toutes les valeurs de son entreprise lui sont données comme des actes de destruction : les uns recouvrent exactement les autres, rien ne dépasse. Cette saisie subjective de l'histoire où le germe puissant de l'avenir *n'est que* l'apocalypse la plus profonde du présent, Saint-Just l'a exprimée d'un mot étrange : « Ce qui constitue la République, c'est la destruction totale de ce qui lui est opposé. » Il ne faut pas entendre ceci, je crois, au sens banal de : « il faut bien déblayer avant de reconstruire ». La copule a ici un sens exhaustif : il y a pour tel homme une nuit subjective de l'histoire, où l'avenir se fait essence, destruction essentielle du passé.

Une dernière exclusion menace le mythologue : il risque sans cesse de faire s'évanouir le réel qu'il prétend protéger. Hors de toute parole, la DS 19 est un objet technologiquement défini : elle fait une certaine vitesse, elle affronte le vent d'une certain façon, etc. Et ce réel-là, le mythologue ne peut en parler. Le mécano, l'ingénieur, l'usager même *parlent* l'objet ; le mythologue, lui, est condamné au méta-langage. Cette exclusion a déjà un nom : c'est ce qu'on appelle l'idéologisme. Le jdanovisme l'a vivement condamné (sans prouver d'ailleurs qu'il fût, *pour le moment,* évitable) dans le premier Lukács, dans la linguistique de Marr, dans des travaux comme ceux de Bénichou, de Goldmann, lui opposant la réserve d'un réel inaccessible à l'idéologie, comme le langage selon Staline. Il est vrai que l'idéologisme résout la contradiction du réel aliéné, par une amputation, non par une synthèse (mais le jdanovisme, lui, ne la résout même pas) : le vin est objectivement bon, et *en même temps,* la bonté du vin est un mythe : voilà l'aporie. Le mythologue sort de là comme il peut : il s'occupera de la bonté du vin, non du vin lui-même, tout comme l'historien s'occupera de l'idéologie de Pascal, non des *Pensées* elles-mêmes[1].

---

1. Parfois, ici même, dans ces mythologies, j'ai rusé : souffrant de travailler sans cesse sur l'évaporation du réel, je me suis mis à l'épaissir excessivement, à lui trouver une compacité surprenante, savoureuse à moi-même, j'ai donné quelques psychanalyses substantielles d'objets mythiques.

Il semble que ce soit là une difficulté d'époque : aujourd'hui, pour le moment encore, il n'y a qu'un choix possible, et ce choix ne peut porter que sur deux méthodes également excessives : ou bien poser un réel entièrement perméable à l'histoire, et idéologiser ; ou bien, à l'inverse, poser un réel *finalement* impénétrable, irréductible, et, dans ce cas, poétiser. En un mot, je ne vois pas encore de synthèse entre l'idéologie et la poésie (j'entends par poésie, d'une façon très générale, la recherche du sens inaliénable des choses).

C'est sans doute la mesure même de notre aliénation présente que nous n'arrivions pas à dépasser une saisie instable du réel : nous voguons sans cesse entre l'objet et sa démystification, impuissants à rendre sa totalité : car si nous pénétrons l'objet, nous le libérons mais nous le détruisons ; et si nous lui laissons son poids, nous le respectons, mais nous le restituons encore mystifié. Il semblerait que nous soyons condamnés pour un certain temps à parler toujours *excessivement* du réel. C'est que sans doute l'idéologisme et son contraire sont des conduites encore magiques, terrorisées, aveuglées et fascinées par la déchirure du monde social. Et pourtant c'est cela que nous devons chercher : une réconciliation du réel et des hommes, de la description et de l'explication, de l'objet et du savoir.

Septembre 1956

Table

Du même auteur

AUX MEMES ÉDITIONS

Le Degré zéro de l'écriture, 1953
suivi de Nouveaux Essais critiques
et « Points Essais », 1972, n° 35

Michelet
« Écrivains de toujours », 1954
réédition en 1995

Sur Racine, 1963
et « Points Essais », 1979, n° 97

Essais critiques, 1964
et « Points Essais », 1981, n° 127

Critique et Vérité, 1966
et « Points Essais », 1999, n° 396

Système de la Mode, 1967
et « Points Essais », 1983, n° 147

S/Z, 1970
et « Points Essais », 1976, n° 70

Sade, Fourier, Loyola, 1971
et « Points Essais », 1980, n° 116

Le Plaisir du texte, 1973
et « Points Essais », 1982, n° 135

Roland Barthes
« Écrivains de toujours », 1975, 1995

Fragments d'un discours amoureux, *1977*

Poétique du récit
(en collaboration)
« Points Essais », 1977, n° 78

Leçon, 1978
et « Points Essais », 1989, n° 205

Sollers écrivain, *1979*

Le Grain de la voix, *1981*
Entretiens (1962-1980)
et « Points Essais », 1999, n° 395

Littérature et Réalité
(en collaboration)
« Points Essais », 1982, n° 142

Essais critiques III
L'Obvie et l'Obtus, 1982
et « Points Essais », 1992, n° 239

Essais critiques IV
Le Bruissement de la langue, 1984
et « Points Essais », 1993, n° 258

L'Aventure sémiologique, *1985*
et « Points Essais », 1991, n° 219

Incidents, *1987*

Œuvres complètes
t. 1, 1942-1965
1993
t. 2, 1966-1973
1994
t. 3, 1974-1980
1995

Le Plaisir du texte
précédé de Variations sur l'écriture
(préface de Carlo Ossola)
2000

CHEZ D'AUTRES ÉDITEURS

L'Empire des signes
Skira, 1970, 1993

Erté
Ricci, 1975

Archimboldo
Ricci, 1978

La Chambre claire
Gallimard/Seuil, 1980, 1989

Sur la littérature
(avec Maurice Nadeau)
PUG, 1980

La Tour Eiffel
(en collaboration avec André Martin)
CNP/Seuil, 1989, 1999

Janson
Altamira, 1999

COMPOSITION : CHARENTE-PHOTOGRAVURE À L'ISLE-D'ESPAGNAC
IMPRESSION : MAURY-EUROLIVRES À MANCHECOURT (09-2001)
DÉPÔT LÉGAL : MAI 1970 – N° 2570-20 – 01/06/88160

Collection Points

SÉRIE ESSAIS

DERNIERS TITRES PARUS